Zu diesem Buch

Wallraffs ‹unerwünschte Reportagen› sind unerwünscht nur für die Nutznießer autoritärer Strukturen in Arbeitswelt und Sozialgefüge, für die Verteidiger von Recht und Ordnung auf Kosten von Freiheit und Gleichheit. Mit Methoden, die der etablierte Journalismus scheut, rückt er Tatbestände in den Blick, die nicht ins Bild einer sozial gerechten und repressionsfreien Gesellschaft passen.

Wallraff recherchiert nicht nur aus professioneller Neugier, sondern läßt sich rückhaltlos mit seinem Gegenstand ein. Für seine «Industriereportagen» verdingte er sich zwei Jahre lang als Hilfsarbeiter ans Fließband und zur Akkordarbeit. Für die Berichte dieses Bandes verstieß er bewußt gegen journalistische Spielregeln, täuschte er, um nicht getäuscht zu werden. Wallraff ging als Obdachloser ins Asyl und als Alkoholiker ins Irrenhaus; er bewarb sich als Spitzel beim Verfassungsschutz und als Extremist bei Firmen; als Napalm-Fabrikant ließ er seine Skrupel von der katholischen Moraltheologie beschwichtigen; als Ministerialrat aus dem Bundesministerium des Innern erfuhr er vom Aufbau illegaler Werkselbstschutzeinheiten zum Einsatz gegen streikende Arbeiter, als hoher Verteidigungsbeamter von Forschungsarbeiten für B- und C-Waffen.

Günter Wallraff, 1942 in der Nähe von Köln geboren, wurde zunächst Buchhändler. Bis 1965 arbeitete er in fünf verschiedenen Industriebetrieben, danach war er Redakteur der Zeitschrift «Pardon». 1968 erhielt er den Förderungspreis des Landes Nordrhein-Westfalen. Da diese Verleihung von Ministerpräsident Kühn (SPD) – auf Veranlassung der oppositionellen Landtagsfraktion der CDU – kritisiert wurde, wollte Wallraff die mit dem Förderungspreis verbundenen 6000 DM zurückzahlen. Als die Landeskasse die Annahme verweigerte, überwies er die Summe der Vietnam-Hilfe und dem Rechtshilfe-Fonds der Außerparlamentarischen Opposition. Wallraff lebt in Köln.

Lieferbar als rororo: «Industriereportagen» (rororo sachbuch 6723), «Neue Reportagen, Untersuchungen und Lehrbeispiele» (rororo sachbuch 6842). Zusammen mit Bernt Engelmann: «Ihr da oben, wir da unten» (rororo sachbuch 6990). Zusammen mit Heinrich Böll: «Berichte zur Gesinnungslage der Nation. Bericht zur Gesinnungslage des Staatsschutzes» (rororo sachbuch 7134) und mit Eckart Spoo: «Unser Faschismus nebenan» (rororo sachbuch 7493) und zusammen mit Heinrich Hannover «Die unheimliche Republik» (rororo sachbuch 7836).

Günter Wallraff

13 unerwünschte Reportagen

\+ Anhang
Verbotene Aufrüstung
Giftgas für die Bundeswehr

rororo

Rowohlt

234.–239. Tausend Januar 1986

Veröffentlicht im Rowohlt Taschenbuch Verlag GmbH,
Reinbek bei Hamburg, Januar 1975

Umschlagentwurf Manfred Waller (Foto: Ulrich Kempf)
Satz Aldus (Linofilm-Super-Quick)
Gesamtherstellung Clausen & Bosse, Leck
Printed in Germany
680-ISBN 3 499 16889 8

Inhalt

Vorwort
Wallraffs Methode und Moral

Günter Wallraff lernte ich kennen, als ich vor 3 und 4 Jahren die Manuskripte seines Bundeswehrtagebuchs (noch unveröffentlicht) und seiner Industriereportagen (veröffentlicht unter dem Titel *Wir brauchen Dich*, Als Arbeiter in deutschen Industriebetrieben, München 1966) gelesen habe. Bestochen hat mich an ihm von Anfang an zweierlei: erstens sein Staunenkönnen über das, was es alles gibt an Ungereimtem in einer von ihrer Gereimtheit doch so überzeugten Gesellschaft; zweitens sein totales Sicheinlassen auf den Gegenstand, über den er schreiben will, sein Prüfen des Gegenstandes nicht durch bloßes journalistisches Recherchieren und Befragen, sondern dadurch, daß er sich ihm sozusagen mit Leib und Seele aussetzt. Wallraff hat für seine Industriereportagen nicht etwa den Arbeitsdirektor, den Personalchef, den Betriebsratsvorsitzenden befragt, wie wohl die Arbeitsbedingungen in ihrem Betrieb seien, hat nicht die Arbeiter am Fließband interviewt, wie ihnen die Arbeit gefalle – er hat sich zwei Jahre verdingt ans Fließband einer Autofabrik, als Hilfsarbeiter auf einer Werft, als Rohrschneider in einem Röhrenwerk, an die Sinteranlage eines Stahlwerks, als Plättchenschleifer im Akkord in einer Gerätefabrik. Dabei hat er nicht nur erfahren, wie mörderisch für Leib und Leben die Arbeit in deutschen Industriebetrieben nach wie vor ist, sondern auch, welche Art von Mensch Industriearbeiter heutzutage noch sein müssen, eine Spezies Mensch, die es laut offizieller Ideologie eigentlich gar nicht mehr gibt.

Angefangen hat Wallraff mit dieser «Methode» aber eigentlich schon, als es um Journalismus noch gar nicht ging. 1942 geboren, war er 1963 zur Bundeswehr eingezogen worden. Er hatte sich erst nach der Musterung als Kriegsdienstverweigerer gemeldet, das Verfahren wurde zusätzlich verschleppt, so daß er *seinen Wehrdienst*, zumindest die Grundausbildung, ableisten mußte. Damals hat Wallraff, um sich in der abstrusen Situation zurechtzufinden, Tagebuch geführt. Die Institution Bundeswehr war reichlich schockiert durch einen Rekruten, der nicht ins System einzupassen war. Das Verfahren vor dem Prüfungsausschuß wurde statt zur Prüfung zur Inquisition eskaliert, aber Wallraff, den die Bundeswehrführung offenbar weichzumachen versuchte – denn dieser Fall, ein einzelner Mann, der obstinat *Person* blieb gegen den gleichmachenden Bundeswehrbetrieb, war ihr ungeheuerlich –, Wallraff blieb bei seiner Überzeugung, und der Institution Bundeswehr blieb am Ende nichts anderes übrig, als den unangepaßten Mann *zur Beobachtung* in ein (bundeswehreigenes) psychiatrisches *Klinikum* zu verlegen, aus welchem er prompt entlassen wurde als «abnorme Persönlichkeit», verwendungsunfähig auf Dauer (für Krieg und Frieden). Die Bundeswehr hatte sich also scheinbar unangefochten aus der Affäre gezogen. Als Dokument jedoch blieb Wallraffs Bundeswehrtagebuch, ein *document humain*, das unmißverständlich belegt, daß für ein solches System die Aufzeichnung Stanislaw Jerzy Lecs gilt: «Nur wer gesunden Menschenverstand hat, wird verrückt.»

Den «gesunden Menschenverstand» bewahrte Günter Wallraff sich auch, nachdem er zum begehrten Reporter so publikumswirksamer Journale wie *pardon* und jetzt *konkret* arrivierte. Dreizehn Reportagen sind in diesem Buch versammelt. Wallraff profitierte zwar vom Verbreitungsradius dieser Zeitschriften, aber er wurde dadurch nicht angepaßter, blieb der unverwechselbare Einzelgänger, profilierte die Zeitschriften fast mehr, als diese ihm Background gaben. Wallraff blieb nämlich als *Persönlichkeit* nach wie vor resistent gegen Anpassungszwänge (und sei es durch ein *linkes* Establishment), als *Reporter* seinem Auftrag der ersten Stunde treu: er blieb der Reporter des Immer-noch-staunen-Könnens; er blieb der Journalist, der nicht durch geschickte Journalisterei und auch nicht durch scheinbare Verwissenschaftung, sondern durch totales Sicheinlassen seine erstaunlichen journalistischen Ergebnisse erzielt.

Seit er überwechselte ins *rein* journalistische Fach, nimmt man ihm auf seiten des herrschenden Establishments, kurioserweise aber auch bei der Zunft, jedoch seine *Methode* übel. Dabei weiß jeder Fachkundige, sofern er gelegentlich in sich geht, daß er mit seinem rein journalistischen Arbeitszeug selbst bei exzessivem persönlichen Engagement nur die obligate Spitze des Eisbergs unserer gesellschaftlichen Wirklichkeit erfaßt, die ohnehin sichtbar ist.

Daß die herrschende Klasse, die ihre Herrschaft für unsere Demokratie auszugeben bemüht ist, den Mann unbequem findet und zu erledigen trachtet, ist nicht verwunderlich. Bemerkenswert ist allenfalls, daß ihr keine anderen als formale *Beweismittel* dafür bleiben. In der Sache kann sie nicht kontern. Verwunderlich allerdings ist die Reaktion der Zunft, die Wallraff beleidigt einen Verstoß gegen die *demokratischen Spielregeln* vorwirft, obwohl sie weiß, wie unwirksam und schwerfällig sie mit ihren *Spielregeln* bleibt angesichts der Abgeschlossenheit des Herrschaftskartells.

Wallraff mißachtet mit seiner Methode die Kartellabsprache, die für die demokratische Moral ausgegeben wird, und er hat mit diesem Nonkonformismus nicht nur die geltende politische Moral, sondern auch die scheindemokratische journalistische außer Kurs gesetzt.

Alle Reportagen dieses Buches belegen die nicht konformierbare *Abnormalität* des Journalisten Wallraff. Wie er zwei Jahre nacheinander in fünf Industriebetrieben arbeitete, um die Situation in der *Arbeitswelt* zu erfahren, so ging er später für Monate als Obdachloser in ein Asyl, um unmenschliche Zustände aufzudecken, logierte als Alkoholiker im Irrenhaus, absolvierte als freiwilliger Helfer einen zivilen Luftschutz-Lehrgang, bewarb sich als Spitzel bei Verfassungsschutz und politischer Polizei und so weiter, und: er gab sich als Chemie-Unternehmer in Gewissensnot aus, um von der katholischen Seelsorge und Moraltheologie zu erfahren, wie sie zum Einsatz von Napalm im Vietnam-Krieg stehe; er gab sich als ein Ministerialrat Kröver eines nicht existierenden *Zivilschutzausschusses des Bundesministeriums des Innern* aus, um bei großen deutschen Industriebetrieben etwas zu erfahren über Vorbereitungen der Werkschutzeinheiten bei allfälligem Einsatz gegen streikende Arbeiter.

Die Methode ist also in allen Fällen die gleiche gewesen: Wallraff täuschte, um nicht getäuscht zu werden (und: er arbeitete hart dafür). Man stelle sich vor, er hätte sich bei dem Leiter des besagten Obdachlosenasyls als Reporter vorgestellt, der erfahren habe, daß es im Asyl unmenschliche Zustände gebe, was hätte er dann wohl erfahren?

Gleichwohl: die beiden letztgenannten Fälle brachten Wallraff Scherereien ein. Gewiß, man wird hierzulande ja nicht ganz so leicht Unternehmer oder gar Ministerialrat, wie man Arbeiter oder Obdachloser werden kann, diese Titel mußten also tatsächlich erschlichen werden, aber die Methode, in einer fremden Rolle Sachverhalte aufzudecken, die anders kaum zu erfahren sind, war doch die gleiche geblieben, und der Zweck der Aufklärung lag, recht verstanden, im *öffentlichen Interesse*. So kann man also unterstellen, daß es auch hier nicht die erschlichenen Funktionen waren, die Entrüstung erzeugten, sondern das Interesse herrschender Gruppen daran, vor der Öffentlichkeit verdeckt zu halten, was aufzudekken im öffentlichen Interesse liegt. Darum schlug das Establishment zurück. Die Napalm-Umfrage, die die Elite der katholischen Moraltheologie und damit das kirchliche Establishment in ihrem falschen Bwußtsein entlarvte, führte zu heftigen Reaktionen des kirchlichen Apparats und zu einer von betroffenen Moraltheologen über den *Volkswartbund* betriebenen Rüge durch den Deutschen Presserat. Die Werkschutzumfrage, die über geheime Notstandsvorsorgen großer deutscher Industriebetriebe öffentlich informierte, führte zu einer Strafanzeige des mitbetroffenen Bundesinnenministers gegen Wallraff, weil er, «fortgesetzt handelnd, unbefugt inländische Dienstbezeichnungen geführt und damit zugleich sich unbefugt mit der Ausübung eines öffentlichen Amtes befaßt» haben soll, wegen einer Art *Amtsanmaßung* also. Gerade das aber ist zu beachten, daß die Ankläger, die zugleich die Betroffenen sind, weil sie offenbar nicht in der Lage sind, Wallraff sachlich zu widerlegen, ihm nur jeweils einen formalen Fallstrick legen.

Zugegeben, Wallraffs Reportierkunst ist nach den geltenden Spielregeln *unfair*. Die Zunft ist so fixiert auf die Regeln der etablierten Nachrichten- und Meinungsmanipulation, daß sie vergißt, daß das formell demokratische Pressefreiheitsspiel in gar zu vielen Fällen materiell nicht die Ergebnisse erbringt, die für das tatsächliche Funktionieren der Demokratie hierzulande lebensnotwendig sind. Allzu vieles findet hier unterhalb der durch die journalistischen Fairneß-Regeln zugelassenen Gürtellinie statt.

So ist auch Wallraffs Methode durchaus koscher unter dem Aspekt der Güterabwägung. Das ist zwar ein sehr schmaler Grat der Rechtfertigung, aber gerade auf ihm hält sich Wallraff mit schlafwandlerischer Sicherheit des Urteils, was sachlich gravierend genug ist, um einen formellen Regelverstoß zuzulassen. Er ist ja nicht etwa ein Journalist des kulinarischen Typs, der, um seinen Konsumenten einen Knüller zu bieten, irgendwo in Afrika eine Exekution von Rebellen für die Kamera eigens inszenieren läßt. Die Wahl seiner Methode vielmehr bleibt permament kontrolliert vom Zweck der Reportage, über eine versteckte Realität in unserer Republik nachdrücklich aufzuklären.

Was aber an üblem Journalismus, an journalistischer Interessendienerei im Rahmen der Spielregeln, presserätlich nicht ahndbar, bei uns vorkommen kann, das zeigt gerade eine Informationsmanipulation, die betrieben wurde, um Wallraff zur Strecke zu bringen.

Die Napalm-Umfrage war dem kirchlich-katholischen Establishment natürlich ausgesprochen peinlich. Die kircheneigene *Katholische Nachrichten-Agentur (KNA)* stand also unter dem Zwang, den Mann unglaubwürdig zu machen, der durch seine Moraltheologen-Umfrage die Glaubwürdigkeit katholischer Autorität tatsächlich erschüttert hatte. Sie konterte also persönlich und fand den Ansatzpunkt in einer Aussage Wallraffs selbst. Am Schluß des Bundeswehrtagebuchs berichtet er, wie die Bundeswehr sich der Anfechtung durch den unbequemen Kriegsdienstverweigerer entledigte, indem sie ihn als «abnorme Persönlichkeit, verwendungsunfähig auf Dauer (für Frieden und Krieg)» aus ihrem Zwangsaufenthalt entließ. Der KNA war diese Selbstmitteilung Wallraffs mehr als wertvoll: Bei ihrer ersten Meldung über Wallraffs Napalm-Reportage meldet sie ohne jede sachbezogene Information: «. . . In der satirischen Monatszeitschrift *pardon* veröffentlichte Wallraff Gespräche mit den Moraltheologen . . . Auf des verkappten Napalm-Bomben-Fabrikanten Gewissensfrage *Darf ich, soll ich oder muß ich die Aufträge annehmen, auch wenn ich den Krieg unterstütze?* antworteten diese Befragten nicht zur Zufriedenheit Wallraffs. Wen sollte es wundern? Denn Wallraff, der einst den Antrag auf Kriegsdienstverweigerung zu spät eingereicht hatte, wurde nach zehnmonatigem Aufenthalt bei der Truppe als *abnorme Persönlichkeit für Krieg und Frieden untauglich entlassen . . .*» (Hervorhebung durch KNA; *Informationsdienst* vom 9. 3. 1967).

Der Sachverhalt ist klar: Die Information, daß Wallraff eine «abnorme Persönlichkeit» sei, hat KNA sich auf moralisch legalem Wege verschafft, indem sie nämlich Wallraffs Selbstbezichtigung übernahm und sich dabei zudem auf die seriöse *Abendzeitung* berufen konnte. Der Zweck der Mitteilung aber ist eindeutig, Wallraff, der sachlich unanfechtbar katholische

Moraltheologen entlarvte, als unzurechnungsfähig hinzustellen.

Aber da KNA selbst nicht mehr ganz unangefochten ist, seit in der katholischen Kirche inzwischen einige Unruhe entstanden ist über die ideologische Gradlinigkeit der kirchlichen Informationspolitik, ließ sie zwei Wochen nach jener ersten *Nachricht*, die Wallraff zu erledigen trachtete, eine wesentlich gemäßigtere *Nachricht* folgen: «... In der innerkirchlichen Diskussion über Wallraffs Artikel, die bisher unter Ausschluß der Öffentlichkeit stattfand, wird davor gewarnt, die Gewissensfrage Wallraffs dadurch abzuwerten, daß man seine Befragungsmethode als unehrenhaft bezeichnet. Auch der Hinweis, daß Wallraff nach zehnmonatigem Aufenthalt bei der Truppe mit dem Vermerk *abnorme Persönlichkeit für Krieg und Frieden untauglich* entlassen wurde, vernebele den Kern der Frage. Bei dem herrschenden Tabu in der Öffentlichkeit und einer, wie es heißt, zeitgeschichtlich zurückgebliebenen Kriegs-Moraltheologie rechtfertige sich die umstrittene Methode Wallraffs. Es wird u. a. kritisiert, daß die betreffenden Moraltheologen die Satire Wallraffs mit Schweigen quittiert haben» (*Informationsdienst* vom 23. 3. 1967).

Die *Katholische Nachrichten-Agentur* und mit ihr das kirchliche Establishment hatten sich, offenbar unter innerkirchlichem Diskussionsdruck, inzwischen eines besseren besonnen? Hätte man meinen können. Aber noch einmal acht Wochen später hallte es wieder nach der alten Melodie aus dem Informationsdienst. Inzwischen war Wallraffs Werkschutz-Reportage erschienen. Und KNA, die nichts, wirklich nichts gemein haben sollte mit den Interessen von Unternehmern, *informiert* ihre Abonnenten über diesen neuen *Fall Wallraff* wie folgt: «Unbeeindruckt von der Mißbilligung seiner Methode der Informationsbeschaffung schlüpfte der Redakteur Günter Wallraff erneut in eine *Schlangenhaut*. Hatte er sich noch im Frühjahr in einen Napalmbomben-Fabrikanten verwandelt, um bis in den Beichtstuhl hinein moral-theologische Zitate zum Vietnam-Krieg zu sammeln, gab er sich jetzt zur Sommerszeit als *Kröver vom Zivilschutzausschuß beim Bundesinnenministerium* aus, um das Vorhandensein von bewaffneten Selbstschutzgruppen in Großbetrieben auszuforschen ... Wallraff behauptet in seiner neuen Zitaten-Sammlung, was die betreffenden Werke dem Radakteur Wallraff verschwiegen hätten, vertrauten sie dem Sicherheitsbeauftragten Kröver an: die unauffällige Ausbildung von Betriebskampfgruppen ... – Der Deutsche Presserat hatte kürzlich nach einer Beschwerde mehrerer Moraltheologen Wallraffs Form der Informationsbeschaffung als den Grundsätzen eines fairen Journalismus widersprechend bezeichnet und ausdrücklich mißbilligt. Unter falschen Angaben zu seiner Person und seinem Anliegen habe er um geistlichen Rat gebeten und den Inhalt dieser in den Bereich der Privatsphäre fallenden Gespräche veröffentlicht. – Darüber ärgerten sich die *pardon*-Redakteure zwar, ließen es sich jedoch nicht merken. Vielmehr ergötzten sie sich satirisch an der Behandlung des Falles Wallraff durch die KNA. Was die liberale Münchener *Abendzeitung* schreiben durfte, wird der KNA negativ angekreidet: nämlich, daß Wallraff als *abnorme Persönlichkeit für Krieg und Frieden untauglich* aus dem Wehrdienst entlassen wurde ...» (*Informationsdienst* vom 1. 6. 1967).

Die Rechnung ist klar: Dreimal als «abnorme Persönlichkeit» abgestempelt, sollte der unbequeme Mann eigentlich erledigt sein. Wenngleich diese Rechnung allenfalls für fromme Kirchenblatt-Leser aufging. KNA hat aber dabei nicht einmal ein schlechtes Gewissen: es stand in der *Abendzeitung*, also konnte sie es getrost weiterkolportieren. Daß in der *Abendzeitung* auch der Kontex stand, weshalb die Bundeswehr sich des Wallraff nur mit einem Trick entledigen konnte, konnte KNA für ihren Hausgebrauch vernachlässigen; denn für fromme Katholiken ist die Bundeswehr ja eines der heiligen Güter.

Was Wallraffs Napalm-Umfrage bei katholischen Moraltheologen unmißverständlich ans Tageslicht brachte, bestätigt KNA unfreiwillig im nachhinein: die Funktion der kirchlichen Moraldoktrin als Dienstleistung für die staatliche oder sonstwelche Autorität. Autorität hat in ihr allemal die Vorgabe, daß nicht eigentlich schlecht sein kann, was sie tut; der Protest oder die Enthüllung eines einzelnen dagegen können dann eigentlich nur einem «abnormen» Bewußtsein entsprungen sein. Allerdings war die Moraltheologie als Rechtfertigungsideologie der Obrigkeit im Fall der Napalm-Umfrage bereits heruntergekommen zur Gefälligkeitsseelsorge für einen Unternehmer. Kirche, Unternehmerschaft und Staat erscheinen am Ende – und offenbar nicht zufällig – in ein unentwirrbares Interessenknäuel verschlungen. Jesus war zwar selbst auch nur einmal eine «abnorme Persönlichkeit», aber seit eine Kirche diesen Jesus doktrinär verwaltet, gelten in Kirche und Staat Gewissenstäter immer erst einmal als abnorm.

Der Staatsapparat hatte es bei dieser ideologischen Vorarbeit dann vermeintlich leicht, mit Wallraff fertig zu werden. Innenminister Lücke erstattete gegen Wallraff Strafanzeige – wegen Amtsanmaßung, aber nicht wegen Verleumdung. Später wurde eingeräumt, Wallraff habe vielleicht den (bewaffneten) Werkschutz mit dem Werkselbstschutz verwechselt.

Bereits am 26. Juni 1967 allerdings mußte der Bundesinnenminister selbst dem Bundestag gegenüber zugeben, daß das Bundeswirtschaftsministerium, sein eigenes Ministerium und das Bundesamt für zivile Verteidigung bereits seit 1965 zusammen mit großen Industriebetrieben «Erprobungen» des Ernstfalls mit diesem «noch gar nicht existierenden» Werkselbstschutz durchführt (BT-Drucksache V/1948). Außerdem teilte er dem Bundestag mit, daß diesen Erprobungen «Empfehlungen» des Bundesverbandes der Deutschen Industrie (BDI) aus den Jahren 1963 und 1964 zugrunde gelegt worden seien. Es sind die gleichen BDI-Empfehlungen, die Wallraff Anlaß für seine Umfrage waren. Nun hat zwar Wallraff, wie das Ministerium behauptet, bewaffneten Werkschutz, «der ausschließlich Angelegenheit der Industrie ist», und unbewaffneten Werkselbstschutz verwechselt. Doch Minister Lücke, der den Werkselbstschutz erproben ließ nach den BDI-Empfehlungen, hat vor dem Bundestag auch gesagt, daß in diesen Empfehlungen unter den Aufgaben des Werkselbstschutzes «die Sicherung der Betriebe gegen Diebstahl, Plünderung und Sabotage» vorgesehen ist (den ebenfalls vorgesehenen «Objektschutz» hat er nicht erwähnt). Auch soll der Sicherungsdienst eine Unterrichtung über die «Rechtsgrundlagen für Durchsuchung, vorläufige Festnahme, Notwehr, Waffengebrauch» erhalten. Wie man aber Betriebe ohne Waffen gegen «Diebstahl, Plünderung und Sabotage» sichert, wozu man, wenn man keine Waffen hat, Unterricht in «vorläufiger Festnahme» und «Waffengebrauch» nötig hat, sagte der Minister nicht. Vielmehr stellt er im nächsten Satz lapidar fest: «Dagegen war eine Ausbildung an Waffen irgendwelcher Art nicht vorgesehen.»

Der Minister hatte sich also salviert: der Werkschutz ist zwar bewaffnet, aber damit hat er nichts zu tun; der Werkselbstschutz, mit dem er zu tun hat, bleibt unbewaffnet, muß aber unter anderem auch die Betriebe sichern gegen Diebstahl, Plünderung und Sabotage. Obwohl also Wallraffs Bericht «von vorn und hinten schlicht und einfach falsch» war, stellt er nur Strafanzeige wegen Amtsanmaßung. Warum, so rätselt man, stellte der Minister dann nicht auch gleich Strafantrag gegen den Verbreiter falscher und ihn verleumdender Informationen?

Beim BDI stellt sich die Sache ohnehin etwas praktischer dar. Zwar mögen Werkschutz und Werkselbstschutz in der ministeriellen Theorie verschiedene Dinge sein, aber in denselben Empfehlungen, auf die der Minister sich beruft, empfiehlt der BDI auch, man solle aus Sparsamkeitsgründen den Selbstschutz aus dem Werkschutz entwickeln. Wie das? Der um Verwundete und Verletzte bemühte «rein humanitäre» Selbstschutz aus der bewaffneten Privatarmee des Unternehmers? In der Tat, so soll es sein, und so stellte das Zweite Deutsche Fernsehen zwei Monate nach Wallraffs Bericht in einer Reportage bisher unwidersprochen fest: «Der humanitäre und eigentlich unbewaffnete Werkselbstschutz ist in Wirklichkeit doch bewaffnet, weil die Selbstschutzmänner zugleich Werkschutzleute sind.» So ist das wohl zu verstehen: unter Verantwortung des Ministers tragen sie eine Rot-Kreuz-Binde am Arm, in der Tasche aber eine Pistole durch Ermächtigungsgesetz des Betriebsleiters . . .

Es hat also einen mächtigen Wirbel gegeben um Wallraffs Werkschutz-Umfrage (nachzulesen ist das alles in einem umfangreichen Anhang zu der Untersuchung von Karsten Kullmann ‹*Vorbereitungen zum Bürgerkrieg in der Bundesrepublik? Analyse des Selbstschutzgesetzes*›, die für eine Arbeitsgruppe beim Hauptvorstand der IG Metall erstellt wurde). Passiert ist allerdings trotzdem wenig. Der Minister hat abgeleugnet, der BDI hat beschwichtigt, ein paar Wochen lang haben sich die Zeitungen um die Sache bemüht. Dann war's die Öffentlichkeit zufrieden, daß der Bundesinnenminister Anzeige wegen Amtsanmaßung erstattet hat; denn es lag nicht in Wallraffs Zuständigkeit, als falscher Ministerialrat Informationen zu erlangen, deren Kenntnis für unsere Demokratie lebenswichtig ist. Die Methode wurde ihm also angerechnet, das Ergebnis darob ignoriert. Übriggeblieben von der Affäre ist eben jene Strafanzeige, in welcher Sache am 9. Mai 1968 der Frankfurter Oberstaatsanwalt Anklage erhoben hat und die 1½ Jahre später, am 8. Dezember endlich vorm Landgericht Frankfurt verhandelt wird. Übriggeblieben ist außerdem eine verabschiedete Notstandsverfassung, durch deren Artikel 9,3 eben der Werkselbstschutz legal gemacht werden kann, den Wallraff anprangerte.

Vor knapp 40 Jahren noch wurde ein Journalist angeklagt, wenn er ein Staatsgeheimnis verraten hatte. Carl von Ossietzky wurde seiner Informationen über den Aufbau einer «schwarzen Reichswehr» wegen verurteilt. Heutzutage reicht schon eine Anklage wegen Amtsanmaßung aus, um die enthüllten Tatsachen wieder zu verschleiern. Die Öffentlichkeit möchte einfach nicht wissen, was ihr an Manipulation bis Unterdrückung demokratischer Aktion durch Regierende und andere Machtgruppen angetan wird und noch blüht. Sie beruhigt sich darüber, daß die Herrschenden gegen die Aufklärung durch den einzelnen Journalisten versichern, daß sie es so schlimm gar nicht meinen, wie sie es tatsächlich vorbereiten.

Solange es um das demokratische Bewußtsein der Masse der Bürger hierzulande derart bestellt ist – ich rede nicht von den Managern des Machtkartells, denn die haben ein natürliches Interesse, es zu manipulieren –, solange es also bei uns keine politisierten Demokraten gibt, so lange werden demokratische Journalisten wie Wallraff hierzulande auch in Zukunft als «abnorme Persönlichkeiten» herumlaufen müssen.

Aber immerhin, bei ihm kann man in die Schule gehen, zu lernen, was die Basis der Demokratie ist: Aufklärung; und die Grundmethode demokratischen Bewußtseins: Mißtrauen gegen die Herrschenden.

Gerd Hirschauer

Asyl ohne Rückfahrkarte

Hamburg. Am Montag vor Weihnachten. Ich suche das Obdachlosenasyl. In der Neustädter Straße frage ich Passanten. – «So was gibt's nicht mehr, so was gab's kurz nach dem Krieg.» – «Nie gehört, Sie meinen wohl die Jugendherberge?» – «Arbeiten gehen solltet ihr, dann hättet ihr auch ein anständiges Dach über dem Kopf!» Ich frage weiter. Ohne Erfolg. Erst ein Polizist kann mir helfen. «Dort ist», sagt er von oben herab, «der Eingang von Hamburgs billigstem Hotel.» Seine ausgestreckte Hand weist auf ein Tor mit Eisenstreben. Dahinter, zwischen zwei schmutzigen, fensterlosen Hauswänden, ein schmaler Gang. Ich komme auf einen Hinterhof und stehe vor *Pik As.* Ein alter Bau. Eine rissige Holztür. Ich stoße sie auf und bin in der Empfangshalle. Hinter einer Sperre sitzen vier Männer in grauen Kitteln vor Karteikästen. Sie sehen aus wie Lageristen. In ihren Kästen sind keine Werkzeuge oder Ersatzteile registriert, sondern Personalausweisnummern, Herkunftsort, Übernachtungsgrund und Reiseziel der Untergebrachten.

Keiner hat in aufeinanderfolgenden Nächten ein Recht auf dieselbe Schlafstätte, steht auf einem großen Schild in der Halle. Die Aufgenommenen sollen sich hier nicht einleben. Auf einem zweiten Schild steht – rot unterstrichen: *Unbefugten ist das Betreten der Übernachtungsstätte strengstens untersagt.*

Der letzte der Männer ist für *W* zuständig. «Schon mal hier gewesen? Ausweis!» Er sucht in großen Karteikästen. Dann legt er eine Stammkarte für mich an. «Was willst du hier?» – «Vorübergehend», sage ich, «im Ruhrgebiet keine Arbeit mehr, vielleicht kann ich im Hafen . . .» – «Ha, vorübergehend, das sagen alle. Ich will Ihnen was sagen: geben Sie mir drei Groschen und erscheinen Sie morgens gefälligst früher, sonst kannst du sehen, wo du eine Platte machst.»

Als ich zum Treppenhaus gehe, höre ich, wie er den Telefonhörer abnimmt. Er meldet sich mit «Neustädter Straße» und gibt meinen Namen und meine Personalausweisnummer durch. Die Registratur von *Pik As* arbeitet mit der Kriminalpolizei Hand in Hand.

Auf der ersten Treppenstufe hocken drei Männer. Ein etwa 50 Jahre alter *Stammkunde* von *Pik As* und zwei kaum 20 Jahre alte Neulinge. Der ältere hält mich am Mantel fest. «Laß dir nieder. Oben in den Sälen ist nichts zu machen. Du wirst dir's schon hier bequem machen müssen. Hier, zur Stärkung!» Er greift zur Wermutflasche seines Nebenmannes und hält sie mir hin. Ich lehne ab. Er rückt zur Seite und läßt mich durch: «Du wirst ihn auch noch mal schätzen lernen, verdammt will ich sein, ja, das wirst du!»

Auf dem ersten Treppenabsatz liegt ein Mann verkrümmt in seinem eigenen Urin. Er ist etwa 60. Das Hemd ist ihm aus der Hose gerutscht. Sein Rücken, mit roten Geschwüren bedeckt, ist blutig gekratzt. Die Taschen seiner zerrissenen Jacke sind aufgetrennt und hängen in Fetzen herab. Das Gesicht ist grau und schmutzig wie der Zementboden.

«In den Rinnstein sollte man den schmeißen», sagt ein freier Hafenarbeiter, der mit ein paar Kumpels die Treppe hochkommt. Er flucht, daß er morgen schon um ½ fünf zur Schicht muß und der Mann an der Sperre zu ihm gesagt hat: «Nee, geweckt wird nicht, fünf Uhr ist Wecken für alle.» – «Jetzt könnt ich endlich die Stelle fest kriegen, wenn ich die ersten 14 Tage keinen Schiet mache und dann ist alles wieder aus, wenn ich morgen verpenne.»

Ich kann in dieser ersten Nacht nicht schlafen und auch in den folgenden Nächten sind es 3, 4, höchstens 5 Stunden Ruhe, die ich bekomme. Man muß schon sehr erschöpft sein, um es länger auszuhalten. In den fünf großen Schlafsälen liegen je 60 bis 80 Männer. Die Betten sind zweistöckige Eisengestelle. Keine Matratzen, keine Bettwäsche, keine Decken. Die oberen Plätze sind begehrt. Wer unten liegen muß, kann das Pech haben, daß der Kumpel im Oberbett im Delirium den Urin nicht halten kann. Die Säle sind überheizt. Der Schweißgeruch ist stechend. Doch trotz der Hitze hat kaum jemand mehr als den Mantel ausgezogen, der als Unterlage oder – zusammengerollt – als Kopfkissen dient. Je abgerissener man ist, um so besser für die Nacht. Wer in Lumpen geht, kann sich wenigstens nachts davon befreien. Verdreckte und zerrissene Sachen klaut selbst hier so schnell keiner.

In der zweiten Nacht liege ich neben einem jüngeren Mann. Er hat sein rechtes Bein angewinkelt über seinen Pappkoffer gelegt und mit einer Schnur den Koffer ans Bein gebunden. Mit dem Kopf liegt er auf seinen Schuhen. Die hat er noch sicherheitshalber mit den Schnürsenkeln ans Eisengestell gebunden.

Eine Woche *Pik As* reicht in der Regel, um den Mut zu verlieren.

«Ein Monat *Pik As* genügt und du schaffst es nicht mehr. Weil du einfach keine Kraft mehr hast. Schon rein physisch gesehen. Besonders, wenn der Alkohol noch dazu kommt und der kommt garantiert, sonst hältst du es gar nicht aus und du wirst verrückt.» Der das sagt, ist seit vier Jahren im Obdachlosenasyl. Mit Unterbrechungen, denn in warmen Nächten zieht er die *Wiese* vor. Er hat vor Jahren ein Studium abgebrochen. Sein Vater ist höherer NATO-Offizier. Als er durch Zufall von dessen Vergangenheit erfuhr, Folterungen und Erschießungen von Frauen und Kindern in Frankreich, hat er zu Hause alles im Stich gelassen und mit dem Trinken angefangen. Die Erschießungen, an denen sein Vater maßgeblich beteiligt gewesen sei, hätten, so sagt er, unter dem Befehl eines Generals Lammerding stattgefunden. Den gibt es tatsächlich. Er lebt jetzt als Bauunternehmer in Düsseldorf, wie ich später herausfinde.

Ich bin jetzt viel mit einem 24jährigen zusammen. Er hat Gärtner gelernt und war in Saarbrücken in eine Hehlergeschichte verwickelt. Er bekam neun Monate Gefängnis, sechs Monate wurden zur Bewährung ausgesetzt, da es seine erste Straftat war. Weil er in Hamburg zuletzt gearbeitet hatte, ließ er sich nach der Strafverbüßung eine Fahrkarte dahin ausstellen. Seine frühere Firma wollte ihn jedoch nicht mehr. Bei acht Firmen – davon zwei Werften – hat er sich bisher beworben. Keine hat ihn genommen. Sein abgerissener Zustand macht die Leute mißtrauisch. Außerdem kann er keinen festen Wohnsitz nachweisen. «Wenn Sie keinen festen Wohnsitz haben, können wir Sie leider nicht einstellen», heißt es immer. Aber ein Zimmer bekommt er erst, wenn er Geld verdient und es bezahlen kann.

Ein anderer erzählt mir nachts im Treppenhaus, daß er im Krieg einem Exekutionskommando zugeteilt gewesen sei. Er habe auf Deserteure, Partisanen und Geiseln geschossen. «Wir waren zu sechst und keiner wußte, wer den tödlichen Schuß abgab. Wir mußten es. Es waren aber einmal Kinder darunter, die den Partisanen geholfen hatten. Wir mußten schießen, sonst hätten es andere besorgt. Was blieb mir anderes übrig?» sagt er fast flehend. «Die anderen schossen sicher bereitwilliger», sage ich. Aber er sieht mich nur mit glasigen Augen an.

Ein 60jähriger mit Vollbart versteht es, «auf die fromme Tour zu reisen». Besonders an Priester macht er sich heran, um «Im Namen des Gekreuzigten» um Geld zu betteln. Aber: «Wenn Not am Mann ist, staube ich auch in Kirchen ab.» Mit einem Holzstäbchen, das er unten mit Klebstoff bestrichen hat, holt er aus den Opferstöcken die Münzen. «Wenn es ein guter Fang war, stelle ich am nächsten Tag dafür eine Kerze auf, gegen Bezahlung, versteht sich.» Einmal zeigt er mit stolz einen vergilbten Zeitungsausschnitt. Darauf steht, daß er wegen Gotteslästerung, versuchter Nötigung und Hausfriedensbruch zu 13 Monaten Gefängnis verurteilt worden ist. Er hatte sich in angetrunkenem Zustand im Ulmer Münster auf den Bischofsstuhl gesetzt, die Kerzen um sich herum angezündet und obszöne Lieder gesungen. Als der Pfarrer erschien, um ihn aus dem Münster zu jagen, wollte er ihn zwingen, vor ihm niederzuknien.

Letzte Station ist *Pik As* auch für Kranke, psychisch Kranke.

Er ist etwa 35. Und auch seine Geschichte höre ich nachts auf der Treppe. Der Alkohol hat ihn gesprächig gemacht. Bei der Geburt war sein Geschlecht nicht eindeutig feststellbar. Mit 15 operierte man ihm die Hoden aus der Leistengegend. Als er aus der Narkose erwachte, war sein erster Eindruck die Gummischürze der Operationsschwester, der erste sexuelle Reiz. Das bestimmte sein weiteres Geschlechtsleben. Er wurde Gummifetischist. Er kramt aus seiner Brieftasche vergilbte Illustriertenannoncen, auf denen Frauen für enganliegende Taucheranzüge werben. Und abgegriffene Fotos von Schauspielerinnen in glänzenden Nappalederröcken. Sie üben auf ihn die gleiche Wirkung aus.

Sonntags steht er meist auf dem Fischmarkt und beobachtet die Marktfrauen, die Fische verkaufen. In Gummischürzen. Einmal hat er eine Stelle in einer Fischfabrik angenommen. «Obwohl mir der Gestank zuwider war.» Er wurde dort bald entlassen, weil er die Gummischürze, die eine junge Arbeiterin trug, streichelte. Das war dem Mädchen unheimlich. «Ich wäre heute noch dort, wenn ich statt dessen versucht hätte, sie zu küssen oder wenn ich ihr unter den Rock gefaßt hätte», sagt er. Ein andermal wurde er wegen Hausfriedensbruch zu zwei Monaten Gefängnis verurteilt. Durch das Fenster einer Hotelküche hatte ihn eine Kaltmamsell mit Gummischürze fasziniert. Er war zu ihr hinaufgestiegen und hatte fassungslos vor ihr gestanden. Erst die herbeigerufene Polizei brachte ihn zur Besinnung.

In der Bundesobdachlosenkartei in Bethel, in der jede Asylübernachtung registriert wird, wird auch über seinen Fall buchgeführt. Nach der Folge seiner einzelnen Reisestationen hat er in den letzten fünf Jahren mehr als 30000 km, teils zu Fuß, teils per Anhalter zurückgelegt. Aber er hat noch nicht ganz aufgegeben. Kurz nach Neujahr schreibt er mir, daß er ein «neues Leben» anfangen will, er habe jetzt «eine gute Arbeit bei einer privaten Spedition», wo er, «als Roller mit der Karre» fährt. «Wenn es sich regeln läßt, werde ich sorgen, daß du da auch anfangen kannst!» und: «Vorige Woche kaufte ich mir eine Bügeltasche mit zwei Schlössern, ich kann dir sagen, Sonderklasse, eine sogenannte Chef-Aktentasche. Wenn ich bei dieser Firma längere Zeit bleibe, kaufe ich mir jede Woche ein Stück zu.»

Er blieb nicht lange bei dieser Firma.

Von den 500, die jede Nacht auf *Pik As* angewiesen sind – im vorigen Jahr und den Jahren davor waren es halb so viel – leben etwa 100 von gelegentlichen kleineren Diebstählen.

Dienstagnacht werde ich plötzlich aus dem Schlaf gerüttelt. Ein Polizist verlangt meinen Ausweis: «Polizeikontrolle.» Mit der Taschenlampe sieht er in seiner Suchliste nach. Er gibt mir den Ausweis zurück. Aus dem Nebensaal holen sie einen heraus. Er läßt sich widerstandslos abführen. Ich hatte ihn am Abend vorher in der Kneipe neben *Pik As* gesehen. Er hatte aus der Musikbox dreimal hintereinander die Platte gewählt: *Kennst Du das Land, wo immer nur die Sonne scheint und ein Mädchen auf Dich wartet?*

Einen Tag nach der Verhaftung steht in der Zeitung, daß er einen Schweizer Kaufmann umgebracht und ausgeraubt haben soll.

Wer länger als drei Nächte im *Pik As* gewesen ist, wird mit einem Schein zum Landesfürsorgeamt geschickt. Dort wird das Recht auf weitere Übernachtungen bewilligt oder verweigert. Ich muß auch dorthin. Zur Abteilung *Wohungslose, Wanderer, Durchreisende, Anmeldung Zi. 40/41.* Ich gebe meinen Schein dort ab. Der Fürsorgebeamte trägt den gleichen grauen Kittel wie die Männer auf der Anmeldung von *Pik As.* Männer in grauen Kitteln tragen Akten von einem Raum zum anderen. Ich soll draußen auf einer der Holzbänke warten, bis ich aufgerufen werde. Es sitzen noch andere auf der Bank, einige habe ich im *Pik As* schon gesehen. Die Beamten lassen uns mehr als zwei Stunden warten. Nur einer wurde abgefertigt. Als er herauskommt: «Totenköpfe ausbuddeln soll ich, was anderes käme für mich nicht in Frage.»

Endlich wird mein Name aufgerufen. Eine Fürsorgerin fragt mich aus. Ich erzähle ihr, daß ich aus dem Ruhrgebiet komme, da sei nichts mehr los. «O je», sagt sie, «was wollen Sie denn hier?» – «Ich dachte, der Hafen . . .» – Sie schüttelt den Kopf: «Da ist auch nichts los.» – «Ich muß aber da raus», sage ich, «im *Pik As* geht man vor die Hunde. Kann ich nicht in ein Überbrückungsheim?» – «Da ist überhaupt nichts zu machen, auf gut deutsch gesagt», antwortet sie. Sie verlängert meinen Schein für weitere 14 Tage. Ihr Rat: es später bei der Heilsarmee zu versuchen. «Der Staat zahlt mehr als zwei Drittel der Übernachtungskosten in *Pik As* für Sie», gibt sie mir noch als Trost mit auf den Weg.

Auf der Treppe am Ausgang hockt ein Mann, der seit drei Tagen ohne einen Pfennig in Hamburg ist. Auf St. Pauli hat er die Nutten um Geld für Brötchen angebettelt und es auch bekommen. In Frankfurt hat er neun Monate im Gefängnis gesessen. Als er begnadigt wurde, mußte er ein Reiseziel angeben. Eine Wohnung hatte er nicht, direkte Angehörige auch nicht. Er erinnerte sich an eine Tante, die ihm vor Jahren gesagt hatte: «Wenn du mal in Schwierigkeiten bist, kannst du zu mir kommen.» Sie wohnt in J. bei Buxtehude. Er bekam die Fahrkarte dorthin. Doch die Tante war zufällig verreist. Eine Bekannte der Tante gab ihm 8 Mark. Davon löste er eine Fahrkarte nach Hamburg. Jetzt geht es ihm darum, wieder eine Fahrkarte nach J. zu bekommen, denn die Tante müßte inzwischen zurück sein. Zuerst versuchte er es auf einer Polizeidienststelle. Von dort wurde er zur Gerichtsstraße nach Altona geschickt. Er ging die zehn Kilometer zu Fuß. Dort schickte ihn schon der Pförtner weg. Zum Fürsorgeamt. Die schickten ihn zur Entlassenenfürsorge. Und die schickten ihn wieder zurück.

Jetzt hat er es aufgegeben. Er will hier vor dem Landesfürsorgeamt sitzen bleiben, bis die Polizei ihn mitnimmt. Ich kann ihn überreden, mit mir zusammen noch mal zur Entlassenenfürsorge zu gehen. Der Mann dort sagt: «Was wollt ihr, du warst doch heute schon mal hier?» Und zu mir: «Was ist mit dir los?» – «Wir gehören zusammen», und der Mann fängt an, von seiner Tante zu erzählen. Der Beamte hört nicht hin, er sagt: «Kommt nach Neujahr wieder, dann ist der Andrang nicht so groß.» – Ich sage: «Es geht doch nur um eine Fahrkarte von sechs Mark, dann sind Sie den Mann endgültig los.» – «Wenn's weiter nichts ist, die kannst du kriegen», sagt der Beamte. Er ruft ins Nebenzimmer: «Händigen Sie dem Mann sechs Mark gegen Quittung aus.» Und dann, weil Weihnachten vor der Tür steht: «Ach was, geben Sie ihm zehn.» Zu uns: «Und laßt euch hier nicht wieder blicken.»

Weil Heiligabend ist, öffnet das Asyl zwei Stunden vor der üblichen Zeit. Es gibt ein Weihnachtsessen: eine heiße Bockwurst, dazu ein trockenes Brötchen, als Geschenk zusätzlich eine Schachtel HB-Filterzigaretten und einen Becher schwarzen Bohnenkaffee.

Die Heilsarmee rückt an und verteilt Konsumtüten mit Tannengrünaufdruck. Die Hälfte von uns geht leer aus. «Wir wußten ja gar nicht, daß ihr diesmal so viele seid», bedauert die Schwester. Dann setzt sie zu einer Rede an. Weil wir so laut sind, bricht sie wieder ab. Sie dreht sich zu ihrer Truppe um, hebt den Arm wie zu einem Schießbefehl. Und jetzt hören wir es alle, es dringt bis nach draußen: «Christus macht Dein Leben neu.» Sie singen uns noch das Lied «Christ der Retter ist da». Wir sollen mitsingen. Die meisten kennen das Lied aber nicht, und einige brüllen «Scheiße». Als die Heilsarmee uns verläßt, grölen Betrunkene die besser bekannten Weihnachtslieder wie «Stille Nacht» und «Holder Knabe im lockigen Haar». Andere singen Soldatenlieder dazwischen. Der «einsame Soldat am Wolgastrand» wird mehrmals gesungen.

In den nächsten beiden Tagen bin ich auf drei Armenbescherungen, die für uns veranstaltet werden. Wir müssen jedesmal viel beten und viel singen. Singen ist angenehmer, dabei dürfen wir sitzen bleiben. Am Ende bleiben die Geschenke hinter den Erwartungen zurück. Altbackene Plätzchen, als besondere Überraschung eine Dose Schuhcreme, eine Zahnbürste oder eine Tube Zahnpasta in der Weihnachtstüte. Zwischen den Bescherungen lange Ansprachen und Predigten. Von den 200 bis 300 Besuchern aus *Pik As* schlafen 20 bis 30 jedesmal ein. Die Geschenke werden immer erst zum Schluß verteilt, «weil die genau wissen, daß wir sonst wieder abhauen», sagt der Mann aus *Pik As*, den ich begleite.

Am zweiten Weihnachtstag veranstaltet die *Straßenmission* – eine staatlich unterstützte Sekte – in der Seilerstraße ihre Feier. Wir müssen 26mal singen und 11mal beten. Aber die erhofften Geschenke fallen am Ende unter den Tisch. Bruder Krebs, das Haupt der Sekte, droht einem alten Mann mit Rausschmiß, weil der Alte beim Beten sitzen geblieben ist. Auch andere Unandächtige weist er zurecht. Während der dreistündigen Feier treten 12 Sektenmitglieder einzeln auf und legen ihre Bekenntnisse ab.

Ein vorzeitig pensionierter Kapitän berichtet unter Zuckungen, wie ihm Christus einst auf hoher See in den Sternen erschienen ist. «Bis zu meinem 21. Lebensjahr war ich ein guter Jüngling. Dann erlag ich der Versuchung in den vielen Hafenstädten. Bis mich Gott in den Sternen – ich war damals 50 – von der sündigen Fleischeslust erlöste.» Die Sektenmitglieder stimmen den Choral an: «Halleluja, halleluja, der Herr ist gekommen ... jubelt, daß wir mit ihm verheiratet sind.»

Ein anderer Prediger hat eine besondere Verheißung: «Man sagte mir mal: eine einzige Atombombe genügt und alles ist aus. Da mußte ich lachen und antwortete: Im Gegenteil, da fängt es erst an.» – Das ist auch der «Wahlspruch», den er uns heute «mitgeben möchte»: «Ertragt Euer jetziges Leben in Not und Elend. Es zählt nicht. Freuet Euch auf den Tag, da Euch Christus zu sich holt, denn dann fängt das wirkliche Leben mit Jauchzen und in Herrlichkeit an!»

Als Attraktion wird uns Bruder Wolfgang vorgestellt. Er begrüßt uns: «Auch ich habe einst zu euch Elendigsten der Elendigen gehört», und er sagt, daß er «elf Jahre fern vom Heiland im Knast gesessen hat». – Einer von uns ruft: «Angeber, ich war fünfzehn Jahre drin!» Bruder Wolfgang: «Jesus Christus hat mich reich gemacht, im wahrsten Sinne des Wortes reich gemacht, auch äußerlich», und er spricht von seinem schwarzen Anzug, den er trägt und den er «gegen seinen blauen mit Streifen» tauschen durfte. Auf der Straße parkt sein Opel Kapitän, sein Dienstwagen. Er wurde ihm vom Staat für seine Missionstätigkeit in Zuchthäusern und Erziehungsanstalten zur Verfügung gestellt. Sein Rat, wie auch wir «den Weg des Heils finden» können: wir sollen «nicht länger in der Grube der Gottlosigkeit hausen», sondern wie er «in bedingungslosem Gehorsam vor dem Herrn und seinem Diener, dem Staate», leben.

Er erzählt von einer Weihnachtsfeier in einem russischen Gefangenenlager, wo ein Studienrat «durch alle Filzungen hindurch, obwohl man ihm sämtliche Haare am Körper abrasiert hatte, eine Handvoll Blätter des Neuen Testaments rettete. An einer Stelle, liebe Männer und Frauen, wo man normalerweise kein Evangelium aufbewahrt. Sie wissen Bescheid, nicht wahr?» Er erinnert sich an andere «Mithäftlinge, die das gleiche dünne Testamentpapier auf die gleiche Weise einschmuggelten und sich mit dem Papier der Heiligen Schrift Zigaretten gedreht haben». Er folgert: «Zur Strafe holten sie sich dadurch die Schwindsucht an den Hals.» – «Diese zwei Möglichkeiten bestehen immer in bezug auf das Evangelium. Man kann zum Leben kommen oder zum Tod.» Dann bricht Bruder Wolfgang vorzeitig auf. Er muß noch zu weiteren Weihnachtsfeiern in geschlossenen Anstalten, um «den Verdammten das Evangelium zu bringen». Die Sektenmitglieder singen ihm nach: «Mein Herr, wir danken Dir. Wie groß bist Du. Wie groß bist Du.»

Zurück in *Pik As*. Am Schwarzen Brett hat der Hamburger Sozial- und Arbeitssenator eine Weihnachtsbotschaft aushängen lassen: «Weihnachten» steht dort und als Leitspruch: «Vertrauen in die Zukunft!» – «Liebe Bewohner», nennt der Senator die hier Untergebrachten und fährt fort: «Sicherlich ist das Jahr, das nun seinem Ende entgegeneilt, für manche von Ihnen nicht nur eitel Freude gewesen», und zum Trost: «Für unser ganzes Volk war es ein Jahr mit enormen negativen Vorzeichen.»

Überall im Asyl sind Plakate angebracht: die Rückseite eines gebeugten alten Mannes mit Stock. Darunter steht: *Sieh dir deinen Nachbarn an, ob man ihm nicht helfen kann.*

Sollen die Blinden den Blinden helfen!

Als Alkoholiker im Irrenhaus

Eine 56 Jahre alte Steno-Kontoristin aus W. war regelmäßig ihrem Beruf nachgegangen, obwohl sie hochgradige Alkoholikerin war. Dann mußte sie sich jedoch auf richterlichen Beschluß hin vier Jahre lang in der Heil- und Pflegeanstalt Eichstätt einer Entziehungskur unterziehen. Danach war sie dem Alkohol entwöhnt. Aber sie kann nicht mehr arbeiten. Die lange zwangsweise Unterbringung zusammen mit Geisteskranken hat sie unfähig gemacht, für sich selbst zu sorgen. Sie macht heute einen abwesenden, isolierten Eindruck.

Am 25. Februar 1967 berichtete die *Offenbach-Post* über folgenden Fall: Herr P. klingelte spätabends im Beisein seiner Frau seine Ärztin in Offenbach wegen eines Beruhigungsmittels aus dem Schlaf. Die Ärztin trat ans Fenster im zweiten Stock und wollte wissen, was Herr P. wünsche. Wegen der Entfernung kam es zu Verständigungsschwierigkeiten. Herr P. beschrieb das von ihm benötigte Medikament unter anderem als «in Wasser löslich», das genaue Wort sei ihm entfallen. Er rief hinauf, «Sie wissen doch, diese Lösung . . .» Die Ärztin im zweiten Stock verstand nur «Losungswort» und vermutete, daß sich der Mann an der Tür für «den lieben Gott» halte und stellte dementsprechend gleich die Diagnose. Wenig später fuhr ein Krankenwagen vor. Herr P. stieg ein in der Annahme, man bringe ihn zur Ambulanz in ein Krankenhaus, wo er das Beruhigungsmittel erhalten würde. Erst als ihm in der Heil- und Pflegeanstalt in Goddelau ein Pfleger den Arm auf den Rücken drehte und ihn in eine geschlossene Abteilung abführte, wußte er, daß etwas nicht stimmen konnte. Es gelang ihm aber auch in den folgenden Tagen nicht, den Stationsarzt über den wahren Sachverhalt aufzuklären. Der sagte nur: «Hier steht's doch schwarz auf weiß.» Er bezog sich damit auf die Aussage der Ärztin.

Diese hatte Herrn P. zuletzt ein Jahr vorher wegen eines Armbruchs behandelt. Ihre jetzige Diagnose – «Geistesverwirrung, Geistesschwäche und Gefahr für sein eigenes Leben und das Leben anderer» – stellte sie vom Fenster aus.

Frau P., die ihren Mann erst nach einer Woche besuchen durfte, beauftragte einen Rechtsanwalt mit dem Fall. Nach einem Monat wurde Herr P. – als Normaler rehabilitiert – entlassen.

Ein junger Alkoholiker aus F. unterzog sich ein halbes Jahr in der geschlossenen Abteilung einer Heil- und Pflegeanstalt einer sogenannten Antabus-Entziehungskur. Sie besteht darin, daß der Patient, nachdem er schon längere Zeit keinen Alkohol mehr bekommen hat und durch die damit hervorgerufenen Entziehungserscheinungen (Zittern, Schweißausbrüche) geschwächt ist, plötzlich wieder Alkohol trinken darf – im Beisein des Arztes und nachdem er vorher Antabus-Tabletten eingenommen hat.

Die unmittelbare Wirkung (laut Pschyrembel Klinisches Wörterbuch besteht durch den plötzlich auftretenden Blutdruckabfall, durch Steigerung von Puls- und Atemfrequenz sogar Lebensgefahr): rasendes Herzklopfen und Angstzustände. Der Patient gibt bereits nach den ersten Schlucken unter Schmerzen und Krämpfen alles wieder von sich. Der Magen stülpt sich um, der Darm entleert sich. Im Fall des Alkoholikers G. belegte der beaufsichtigende Arzt den Patienten während der «Kur» mit Schimpfwörtern wie «Schwein» und hielt ihm vor: «Da sehen Sie, wie weit Sie der Suff gebracht hat.» Die Erniedrigung gehört zu dieser Aversions-Therapie.

Die Antabus-Kur brachte einen Halbjahreserfolg. Danach trank G. die gleichen Mengen an Alkohol wie vor seinem Aufenthalt in der Anstalt.

Die Anzeige eines Nachbarn wegen «Störung der Nachtruhe» – G. war öfter volltrunken nach Hause gekommen – brachte ihm erneut einen Einweisungsbeschluß.

G. entzog sich einer zweiten «Antabus-Kur», indem er durch eine Überdosis Schlaftabletten Selbstmord beging.

Das um die Jahrhundertwende erbaute Phillipshospital zu *Goddelau* in Hessen, so genannt seinem Stifter Prinz Phillip zu Ehren, beherbergt 1300 Patienten: Geisteskranke und, ihnen gleichgestellt und mit ihnen zusammen lebend, Triebverbrecher, gescheiterte Selbstmörder – und Alkoholiker. Grund meiner Einlieferung: Alkoholismus, ich «gefährde mich und meine Umwelt». Aber es besteht *Krankheitseinsicht*, darum ist eine richterliche Einweisung nicht erforderlich. Ich bin freiwillig hier.

Ein höchst seltener Fall. Ein Alkoholiker, der zugibt, Alkoholiker zu sein und der eine Einschließung freiwillig auf sich nimmt, ist meinen Pflegern in Goddelau noch nicht begegnet. Sie nehmen mir das *freiwillig* jedenfalls nicht ab, denn «das sagen viele hier».

Ich unterschreibe bei der Einlieferung eine Erklärung, nach der ich damit einverstanden bin, daß ich von nun an der Anstaltsordnung unterstehe und daß meine ein und aus gehende Post vom Arzt eingesehen «und nach ärztlichem Ermessen zensiert werden kann». Da ich Freiwilliger bin, bleibt mir die sonst für jeden neu Eingelieferten obligatorische Beruhigungsspritze erspart.

Ich werde auf eine geschlossene Abteilung gebracht. Ein Pfleger nimmt mir Anzug, Hemd und Schuhe ab, damit ich «nachts nicht ausrücke». –

Auch mein Geld muß ich gegen Quittung abliefern.

Es ist 22 Uhr. Ich liege auf einem Eisenrohrbett, wie ich es von Krankenhäusern her kenne: die Umrisse des Saales im Halbdunkel. In dem etwa 7 mal 15 m großen Raum stehen 30 Betten. Neben mir richtet sich ein älterer Mann im Bett auf und starrt mich an. «Ich werd verrückt», sagt er, «du bist doch gerade vor zwei Nächten abgekratzt.» Am nächsten Tag erfahre ich, was er gemeint hat. In meinem Bett soll vor kurzem jemand gestorben sein.

Die erste Nacht ist am schlimmsten. Ich kann nicht schlafen, obwohl ich vorher eine Flasche Weinbrand getrunken habe.

Der Pfleger macht viertelstündlich seinen Saalrundgang. Er tritt an jedes Bett heran und manchmal beugt er sich über einen Schlafenden. Es sieht aus, als wolle er hören, ob der Patient noch atmet.

Trotz der Nachtzeit ist der Saal voller Stimmen. Abgesehen von gelegentlichem Ächzen und Stöhnen scheinen sich einzelne zu unterhalten. Aber bald merke ich, daß die Gespräche keine logischen, aufeinanderbezogenen Dialoge sind. Nur dem Rhythmus nach erfolgen Antworten. Es sind unverständliche Wort- und Satzfetzen, die in einem akustisch-assoziativen Zusammenhang zum Monolog des jeweiligen Nachbarn stehen.

Vom rechten Saalende her ruft eine dünne Stimme in gleichmäßigen Abständen «Hilfe», nicht übermäßig laut, fast automatisch. In der anderen Ecke des Saals versucht jemand, sich bemerkbar zu machen. Seine Stimme wird lauter und wieder leiser, lauter, leiser, immer abwechselnd, als koste es ihn Kraft, überhaupt zu rufen. Zuerst höre ich heraus: «Häb! Fleehe, häb Fleehe», dann verstehe ich, wonach er ruft: «Herr Fleecher, Herr Fleecher», etwa 50mal, und dann lauter: «Ich muß pissen, ich muß pissen.» Als der Pfleger seinen Rundgang macht, ist der Patient ruhig.

Dafür schreit jetzt ein anderer: «Hol mich hier raus . . .» und er wiederholt einen Namen, den ich nicht verstehe. «Ich will raus, ich will endlich raus, laßt mich raus!» Sein Schreien wird immer lauter, Patienten sind davon wach geworden. Der Pfleger rollt das Bett des Schreienden auf den Flur. Von dort dringt seine Stimme nur noch leise zu uns in den Saal.

Morgens um 7 Uhr ist Wecken. Von den 30 Betten im Saal sind 26 belegt. Sechs Patienten stehen nicht auf. Die Betten stehen in drei Reihen, dicht aneinander. In der dritten Reihe liegen besonders schwere Fälle. An diesen Betten sind seitlich Bretter angebracht, damit die Patienten nicht aufstehen können.

Die in der dritten Reihe sind *Pflegefälle*. Sie werden vom Pfleger mehrmals am Tag trockengelegt und wie Kleinkinder gefüttert. Es sind Altersschwache, die von keinem Krankenhaus oder Altersheim aufgenommen werden und hier auf den Tod warten. Das dauert oft mehrere Jahre.

Zum Waschen schließt uns der Pfleger die Tür zum Flur und die Tür zum Waschraum auf. Die Tür zum Treppenhaus bleibt verschlossen.

Die Türen haben keine Klinken; die Pfleger und Ärzte schließen und öffnen sie mit Spezialschlüsseln. Auch die Fenster haben keine Griffe. Sie werden selten geöffnet. Die Fensterrahmen sind aus Eisen, ohne Scheiben wären es Gitter.

Der Raum neben dem Schlafsaal ist Speise- und Aufenthaltsraum zugleich. Hohe Fenster ohne Vorhänge. Aus den Fenstern blicken wir auf den Anstaltshof. Da schwimmen Goldfische in einem Bassin, das etwa die Größe unseres Raumes hat. An der Wand unseres Raumes klebt ein Kelch, aus Silberpapier geformt. Keiner weiß, wer ihn hier angebracht hat. Von einem Pfleger erfahre ich, daß ein Patient in der Anstalt lebt, der sich für Gott hält. Wenn Kommissionen erscheinen, wird er vorgestellt. Wenn er dann den Anstaltsleiter fragt, wann er denn wieder in die Welt entlassen werde, antwortet der ihm: «Das geht nicht. Was sollen wir denn ohne Herrgott machen?» – Vielleicht stamme der Kelch von jenem «Gott», sagt der Pfleger, dieser Mann sei bereits in unserer Abteilung gewesen.

Zwei Polstersessel, der eine kann in eine Liege verwandelt werden, stehen an der Wand. Herr P., ehemals gut verdienender Beamter und nun Rentner, hat sich vom Überschuß seiner Rente – DM 425 behält die Anstalt monatlich an Unterbringungs- und Pflegekosten ein – die beiden Sessel herkommen lassen. Mit Sondergenehmigung des Arztes.

Herr P., der Nichtraucher ist – Rauchen ist sonst das einzige erlaubte Laster hier – macht es sich in den Ruhepausen in seinen Sesseln bequem, und wenn er «überarbeitet» ist, läßt er nicht zu, daß ein anderer neben ihm in dem freien Sessel Platz nimmt.

Herr P. ist unser Bettenbauer. Mit bewundernswerter Akkuratesse macht er morgens und nach der Mittagspause das Bett jedes einzelnen. Er habe es beim Kommiß gelernt, sagt er, nichts sei umsonst im Leben, nichts sei umsonst.

Um 8 Uhr wird das Frühstück hereingefahren. Wir sitzen zu sechst an einem Tisch. Die Tischdecken werden zu den Mahlzeiten abgenommen. Ein älterer Herr macht mich darauf aufmerksam, daß ich seinen Platz eingenommen habe. Er sitze dort seit acht Jahren, und da könne ich ihn nicht so einfach vertreiben. Er sagt es ohne Nachdruck und lächelt dazu, aber als ich nicht sofort aufstehe, zeigt er erregt auf einen freien Stuhl am Nebentisch.

Dort sitze ich mit vier Alten zusammen. Meinem Gegenüber rinnt der Speichel in langen Fäden aus dem Mund, er knetet das Brot mit den Fingern im Kaffee und führt dann den Mund zur Tasse.

Vom Eßsaal, ebenso wie vom Schlafsaal aus, haben wir Einblick in die Toiletten. Da hocken sie zu dritt nebeneinander auf den Becken. Keine Brillen, auch die Türen fehlen. Seitlich sind zwar Trennwände, aber sie sind so niedrig, daß einer den anderen sieht. Ich kann mich während meines Aufenthaltes nicht daran gewöhnen, oft warte ich bis nachts, dann kann mich nur der Pfleger von seinem Platz aus beobachten, aber ich glaube, er merkt, daß ich mich schäme und sieht weg.

Wenn man auf dem Klo sitzt, stören diejenigen am meisten, die aus anderen Gründen den engen Toilettenraum betreten. Sie waschen sich das Gesicht oder die Hände oder trinken einen Schluck Wasser, denn der Waschraum wird nur morgens aufgeschlossen. Der kleine Debile mit seiner nach oben gezogenen Stirn, der stets mürrisch und gereizt ist und Kalfaktordienste verrichtet, geht im Toilettenraum ein und aus. Er spült die Trinkbecher, kommt mit jedem Becher einzeln herein, spült ihn und trägt ihn wieder hinaus.

Er nimmt seine Tätigkeit sehr ernst. Gestank und Geräusche stören ihn oft bei seinen Aufgaben. Dann macht er seinem Ärger Luft. Er stellt sich vor einen, klatscht in die Hände und sagt: «Mach mal voran», oder «jetzt sitzt du schon sechs volle Minuten hier». Und er zeigt stolz auf seine Armbanduhr.

Meine Umgebung in der Anstalt bedrückt mich. Ich stelle fest, wie mir alles gleichgültig wird. In den ersten Tagen deckte ich den Klorand noch mit Zeitungspapier ab, bevor ich mich daraufsetzte, jetzt lasse ich es. Den elektrischen Rasierapparat, der für alle da ist, benutze ich jetzt, wie ihn alle benutzen. Anfangs hatte ich immer noch abgewartet, bis sich jemand damit rasierte, dessen Haut nicht den typischen Anstaltsausschlag hatte. Dann säuberte ich den Apparat noch sorgfältig außen und innen mit dem Anstaltstaschentuch, ehe ich damit über meine Haut ging. Jetzt ist es mir gleichgültig. Ich rasiere mich überhaupt nur noch, wenn der Pfleger mich dazu auffordert, alle zwei, drei Tage.

Ich stelle plötzlich fest, daß ich einfach dasitze und vor mich hindöse; vor zwei, drei Stunden gab's das letzte Mal was zu essen, was war das noch?

Das Frühstück und die anderen Mahlzeiten sind reichlich. Die Bestecke sind aus Plastik, damit keiner sich selbst und andere damit verletzt. Die meisten essen nicht, um satt zu werden, sie essen, um zu essen. Das Essen ist Ersatz für alles, was sie hier entbehren. Drei Gänge sind es in der Regel, und dreimal in der Woche gibt es Butter. Jeder kann vom normalen Essen nachholen, soviel er will. Das Essen hält den Tag zusammen. Sonst bietet er nicht viel. Höchstens Auf- und Abgehen. Aber die meisten sitzen oder liegen herum.

Fast alle *Langjährigen* haben sich mit der Zeit dicke Bäuche angegessen. Ein Neueingelieferter, Herr H., hat in der ersten Woche 16 Pfund zugenommen, und man kann nicht sagen, daß er besonders ausgehungert hier ankam.

Kurz vor der Essenszeit greifen die meisten nach einem Teller und stellen sich in einer Reihe auf. Trifft das Essen einige Minuten später ein als gewöhnlich, kommt Unruhe in die Reihe. Einer schubst den anderen vorwärts, oder jemand wird aus der Reihe gedrängt und muß sich hinten neu anstellen. Der Mund eines Alten beginnt zu mahlen, wenn der Essenstopf auf den Tisch gestellt wird. Als er seine Suppe löffelt, rinnt ihm die Hälfte an den Mundwinkeln herunter. Der Pfleger wird nach dem Essen mit einem Lappen kommen und die Lache vom Boden aufwischen.

Nach den Mahlzeiten gehen einige ihre Route im Aufenthaltsraum. Das ist kein Spazierengehen, kein Gehen auf ein Ziel zu. Man geht, um zu gehen, jeder seinen raumbedingten Weg: 12 Schritte und dann 7 Schritte im rechten Winkel, mehr ist nicht drin, die Diagonale ist wegen der Tische nicht möglich. Jeder Gang endet an der gegenüberliegenden Wand. Wenn sich zwei begegnen, geht einer am andern vorbei, ohne den Blick zu heben oder zu senken, keine Gespräche, kein Auf- und Abgehen gemeinsam, jeder für sich.

Zeitschriften liegen aus und Lesemappen, in der Regel mehrere Jahre alt, das macht nichts. Für die meisten ist die Zeit stehengeblieben, seit sie hierhergekommen sind.

Auch die Kleidung der meisten ist aus der Mode. Einige tragen immer noch die Sachen, mit denen sie eingeliefert worden sind: das Neueste von damals, inzwischen verwaschen, verschlissen und ausgefasert. Die Patienten könnten sich von der Anstalt andere Sachen geben lassen, die dann zwar auch nicht neu wären, sondern abgelegt, Spenden meist oder billig aufgekaufte Lagerbestände. Aber sie hängen an ihren eigenen alten Sachen, dem einzigen oft, was sie noch mit ihrem früheren Leben verbindet.

Die Anstaltsbibliothek bleibt unserer Abteilung verschlossen. Einzelne lasen die Bücher nicht, sondern zerrissen sie oder verstopften das Klosett damit. Einige trennten auch nur die Seiten heraus, die sie besonders beeindruckt hatten und bewahrten sie unter ihrem Kopfkissen oder in der Nachttischschublade auf.

Morgens, nach 10 Uhr, ist Visite. Dann kommt Bewegung in die vor sich hin dösenden Gestalten. Sie stehen auf, und der Doktor reicht jedem einzelnen die Hand.

Dann erwachen längst begrabene Hoffnungen. «Herr Doktor, wann komm ich endlich raus?» – «Nun», sagt der Arzt beruhigend, «erst müssen wir mal ganz gesund werden. Sie wissen ja, ich kann mich da überhaupt nicht festlegen, ob's nun noch ein halbes Jahr dauert oder noch ein oder zwei Jahre, das müssen wir abwarten.»

Als ihn ein Patient erregt stotternd fragt: «Vor zwei Jahren sagten Sie, ich käme in zwei Jahren raus. Wann komm ich denn jetzt wirklich raus?» spricht der Arzt leise mit dem Pfleger. «Ja», sagt er dann sanft, «ich weiß, ich weiß, bei Ihnen ist's doch so, daß Sie keinen mehr draußen haben. Und ohne Arbeit und ohne Wohnung kann ich das nicht verantworten. Sie haben's doch gut bei uns, oder etwa nicht?» – «Ja, schon», antwortet der Patient und der Arzt begrüßt bereits den nächsten.

So macht er allmorgendlich seinen Rundgang, begrüßt die Langjährigen wie alte Bekannte, klopft ihnen auf die Schulter, erkundigt sich: «Nun, wie geht's?» und mit der Antwort: «Gut» oder, sehr selten, «schlecht», läßt er es bewenden. «Kopf hoch» oder «wird schon wieder werden» – alles halb so schlimm» oder «Wir werden doch nicht gleich ...» Er spricht ihnen Mut zu, wie man Kindern Mut zuspricht.

Er verspricht auch schon mal Konkretes: «Sie machen ja wieder ein ganz freundliches Gesicht. Nur weiter so, und ich schicke Sie bald wieder in die halboffene Abteilung.»

Ich beginne langsam zu fürchten, die Anstalt nicht mehr normal zu verlassen. Ich registriere, wie ich mich anpasse und unsinnige Reaktionen entwickle. Beim *Mensch-ärgere-Dich nicht* mit zwei Patienten und dem Pfleger verstelle ich dem Pfleger die Steine, als er das Spiel unterbricht, um seinen Rundgang zu machen. Er tut so, als habe er nichts bemerkt und spielt weiter. Dann wirft er plötzlich die Steine um und fragt: «Sagten Sie nicht, Sie seien freiwillig hier? Das ist der Opa hier doch auch.» Der bejaht freudig und nimmt die Gelegenheit wahr, um sich für den nächsten Tag, Punkt 9 Uhr, mit zu verabreden.

Wir wollen uns die Taxifahrt teilen. Ich rechne aus, was die Fahrt kostet, es ist ihm zuviel. «Das übernehme ich», sage ich großzügig. Das will er aber auch wieder nicht. Wir streiten uns, ob wir mit dem Taxi oder mit der Eisenbahn fahren.

In den folgenden Tagen spricht er mich wiederholt an, wann wir denn nun endlich führen, ich gehe jedesmal darauf ein und verabrede mich mit ihm auf den nächsten Tag.

Da ist der lange N. – Wenn er am Tisch sitzt und nichts ißt, raucht er, und wenn er weder ißt noch raucht, liegt er auf einer der Liegen. Er kann stundenlang in gekrümmter Haltung auf derselben Stelle liegen oder ebenso lange unbeweglich auf dem gleichen Fleck sitzen. Manchmal stöhnt er auf und wenn ich frage, was ihm fehle, winkt er ab.

Er merkt oft nicht, wenn ihm die Zigaretten bis auf die Finger abbrennen. Wenn N. seine 10 Mark Taschengeld – die jedem Patienten aus dem Wohlfahrtsfonds monatlich zustehen – für Zigaretten aufgeraucht hat, sucht er sich aus den Aschenbechern Kippen und Tabakreste zusammen und dreht sich neue davon. Das ist nichts Besonderes hier.

Das Rauchen ist zwar erlaubt, aber das Besitzen von Streichhölzern oder Feuerstangen ist streng verboten. Die Pfleger sind es manchmal, besonders in den Abendstunden, leid, fortwährend Feuer zu geben, außerdem noch aus ihren Privatfeuerzeugen. Dann holt sich einer an der Zigarettenglut des anderen Feuer.

Die meisten Patienten sind wie N. – Sie sind abgestumpft, wissen oft nicht, wo sie in Wirklichkeit sind. Hatten sie vor ihrer Einlieferung noch starke Emotionen, die ihnen in ihrer Umwelt zum Verhängnis wurden, so wurden sie hier durch starke Medikamente blockiert.

Wenn jemand von den Patienten verlegt wird, wird das kaum beachtet, auch wenn er bereits jahrelang auf derselben Station gewesen ist. Er erfährt es auch meist erst, wenn er weggeholt wird. Der Pfleger sagt: «So, gehen Sie mal mit, Sie kommen jetzt woanders hin.» Der Patient nimmt seine paar Sachen und folgt dem Pfleger, ohne sich von den anderen Kranken zu verabschieden.

Aber es sind auch andere da, die bewußt ihre Umwelt erleben. Es dauert nur einige Zeit, bis ich sie kennenlerne. Jeder, der sich über seine Situation hier im klaren ist, weiß, was immer er auch sagt, tut oder auch nicht tut, es wird ihm als typisch geisteskrank ausgelegt. Also wird er versuchen, sich möglichst unauffällig zu verhalten.

Der Selbstmörder wurde nach altem englischen Recht bis in das 19. Jahrhundert hinein verfolgt. Mißlang sein Versuch, aus dem Leben zu gehen, stellte man ihn vor Gericht, klagte ihn des Mordes an und fällte das Todesurteil über ihn.

Im Frankreich der gleichen Zeit galt der Selbstmord als weniger schändlich. In manchen Orten wurde Gift auf Antrag von den Behörden an Lebensmüde ausgegeben: im alten Marseille lieferte der Stadtrat das Gift frei Haus, wenn zuvor zwingende Gründe für den Freitod glaubhaft gemacht wurden.

Heute scheint man einen Mittelweg gefunden zu haben: Ich lerne Herrn D. während meines ersten Hofspaziergangs kennen. Ich bin seit drei Tagen in der Anstalt. Heute ist der erste schöne Tag, darum wurden wir in Begleitung von zwei Pflegern für eine Stunde auf den Hof geführt. (Bei Regenwetter am frühen Nachmittag entfällt der Hofspaziergang.)

Gitterzäune teilen das Anstaltsgebäude nach Stufen des Irrsinns ein. Das gesamte Gelände ist von der Anstaltsmauer umgrenzt, dahinter eine Straße.

Ich sitze neben Herrn D. auf einer der Bänke, als er unvermittelt erzählt, wie er hierher kam.

Herr D. ist 63. Das ist ein Alter, in dem man schon mal zurückblickt im Leben. Und Herr D. stellte fest, daß er es zu nichts gebracht hatte. Was der unmittelbare Anlaß für seinen Entschluß gewesen sein mag, wird er allein wissen.

Herr D. hatte alles im Leben «halb und falsch» gemacht, wie er sagt. Einmal wollte er etwas ganz machen. Damit auf keinen Fall etwas schiefging, nahm er erst eine Überdosis Schlaftabletten und legte sich anschließend den Strick um den Hals.

Aber der Ast, an dem er den Strick befestigt hatte, hielt sein Gewicht nicht und brach ab. Und das Herz hielt den Schlaftabletten stand. Zwei Tage später fand die Polizei Herrn D. So kam er nach Goddelau.

Nur: in solch einer Anstalt wird Herrn D. die Freude am Leben nicht wiedergeschenkt. Aber wohin mit ihm? – Draußen hat er keinen, der sich um ihn kümmert. Und der Arzt beschwichtigt ihn, wenn er ihn nach der möglichen Dauer seines Aufenthalts fragt: «Bei uns sind Sie doch vorerst gut aufgehoben.»

Herr D. befürchtet, daß aus dem *vorerst* ein *dauernd* werden kann. Der Arzt beurteilt die Unterbringung seines Patienten nicht allein nach medizinischen Gesichtspunkten, sondern ebensosehr nach sozialen. Könnte Herr D. der Gesellschaft zur Last fallen, wenn er draußen wieder auf eigenen Beinen steht?

Das Sozialamt hat ein Wort mitzureden, ob Herr D. jemals wieder rauskommt. Der Arzt hat ihn vor einigen Tagen gefragt: «Haben Sie da schon einmal mit zu tun gehabt? Ich muß mich da nach Ihnen erkundigen.» – Herr D. befürchtet das Schlimmste. Vor einigen Jahren bezog er eine ganze Zeit lang Fürsorgeunterstützung, als er seinen alten Arbeitsplatz verloren und so schnell keinen neuen gefunden hatte.

Und was ihn seine Lage fast hoffnungslos erscheinen und ihn nachts oft nicht schlafen läßt, hat ein Gespräch mit dem alten Herrn L. bewirkt, der seit 8 Jahren den gleichen Platz am Eßtisch einnimmt und das 13. Jahr in der Anstalt ist.

Herr L. war vor 13 Jahren in der gleichen Situation, in der Herr D. jetzt ist. L. war damals 58, als er von einer Brücke sprang. Aus Geschäftsgründen. Seine Firma war bankrott. Auch dieser Selbstmord klappte nicht. Sein Pech war, daß er allein dastand. Herr L. kam in die Anstalt. Und da er seine Existenzgrundlage verloren hatte und somit Wiederholungsgefahr bestand, behielt der Arzt Herrn L. da. Seit 13 Jahren.

Warum er nicht in ein Altersheim gekommen ist, in das er doch viel eher gehört – er ist geistig noch sehr rege, liest viel und kann überall mitreden –, dafür gibt er sich selbst die Erklärung: «Es fehlen in Hessen 10000 Plätze in Altersheimen.»

Als Herr D. Herrn L. fragt, ob er nicht doch noch eine Möglichkeit sähe, wieder herauszukommen, winkt dieser ab. «Was sollte ich jetzt draußen machen? Dafür ist es längst zu spät.»

Und als Herr D. nachbohrt, ob eventuell Geschäftspartner oder Verwandte daran interessiert gewesen sein könnten, ihn in der Anstalt zu wissen, legt der ältere Herr seinen Finger auf den Mund. «So etwas oder Ähnliches dürfen Sie hier nie äußern, dann legt man Ihnen das als Verfolgungswahn aus.»

Besonders aufschlußreich ist folgender Fall, von dem Herr L. erzählt: ein als gemeingefährlich eingelieferter Alkoholiker sei nach einem halben Jahr auf Betreiben seines Rechtsanwalts wieder entlassen worden. Dem Anwalt sei es gelungen, nachzuweisen, daß die Ehefrau sich selbst Stichwunden beigebracht und beim Gesundheitsamt vorgesprochen habe, um ihren Mann loszuwerden. Der Mann sei in Wirklichkeit kein Alkoholiker gewesen.

Am 5. Tag wird ein Neuer zu uns strafversetzt. Er ist kaum über 20 und sehr unruhig: wirft, als ein Pfleger einmal kurz ein Fenster öffnet, seinen gesamten Besitz: Pullover, Taschentücher und Handtücher hinaus und versucht, selbst hinterherzuspringen. Aber dafür ist der Fensterspalt zu klein.

Der Neue läuft wie ein gefangenes Tier durch den Saal und stößt Verwünschungen aus: «Schlimmer als Zuchthaus»...«Verbrecher» ... «Verrecken» ... ist zu verstehen und dann noch: «Ich wünschte, ich wär tot.» Eine kaum verkrustete Fleischwunde unter seinem rechten Auge kratzt er sich auf, bis ihm das Blut übers Gesicht läuft. Ich versuche ein paarmal mit ihm zu reden, aber er reagiert nicht. Er verweigert 2 Tage lang das Essen mit der Begründung: «Kräht doch kein Hahn danach. Will verrecken.»

Am zweiten Tag biete ich ihm eine Zigarette an. Bruchstückweise erfahre ich, daß er Epileptiker und seit seinem 12. Lebensjahr in der Anstalt ist. Seine Schwester ist im Frauenbau.

Das vermutlich auslösende Moment seiner derzeitigen Erregungszustände erfahre ich ebenfalls. Er war einer Arbeitskolonne auf dem Anstaltshof zugeteilt. (Für ein Päckchen Tabak pro Woche bestellen Patienten die Felder, melken die Kühe und lassen sich sogar als *Zugvieh* vor die Pflüge spannen.) Auf dem Bauernhof versuchte er, sich einer jungen spanischen Hilfspflegerin zu nähern, die ihm gefiel. Sie lachte ihm auch zu, doch als er ihr zu nahetrat, muß sie sich bedroht gefühlt haben und rief um Hilfe. Männliche Aufseher erschienen und warfen ihn zu Boden. Dabei hat er sich auch die Gesichtsverletzung zugezogen, wie er sagt. Als ihn am 2. Tag seines Aufenthalts in unserer Abteilung ein Pfleger hart anpackt und mit Gewalt versucht, ihn aus dem Schlaf- in den Tagesraum hinüberzuschieben, schlägt der Epileptiker um sich. Der Pfleger betätigt die Alarmklingel. Drei weitere Pfleger aus unserem Bau sind gleich zur Stelle und zu viert stecken sie den sich Wehrenden in eine Zwangsjacke aus Sackleinen. Mit den daran befestigten Riemen schnallen sie ihn an sein Bett. Anfangs bäumt er sich wild auf, dann wackelt das ganze Bett, nachher zittert er am ganzen Körper, zuletzt liegt er ruhig da und wimmert nur noch leise.

Am Abend ist er wie verändert. Er liegt immer noch in der Zwangsjacke ans Bett gefesselt, aber seine Augen leuchten und sein Gesicht hat einen fast verklärten Ausdruck. Er spricht hastig und betont jedes Wort: «Guck dir das an, die Wände sind lauter Tabakpäckchen, alles verschiedene Sorten. – Dreh die Wasserleitung auf. Da fließt Milch und Nescafé raus. – Der Hof ist mit Streuselkuchen gepflastert.» Und er zeigt auf den Anstaltsfriedhof hinter der Mauer, wo die Gräber alle die gleichen Grabsteine tragen: «Der Baum da vorm Friedhof, Mensch hab ich ein Glück, hängt voller Personalausweise.»

Mit den Personalausweisen hat das seine besondere Bewandtnis. Er ist bisher dreimal aus der Anstalt ausgebrochen. Jedesmal wurde er nach wenigen Tagen von der Polizei aufgegriffen und in die Anstalt zurückgebracht. Er konnte sich nie ausweisen, weder mit seinem richtigen noch mit einem falschen Ausweis. Den richtigen Ausweis bewahrt die Anstaltsleitung für ihn auf, und von falschen Ausweisen kann er höchstens träumen.

Ich habe Besuch von meiner Frau gehabt. Der Pfleger holte mich aus dem Aufenthaltsraum und führte mich in ein kleines Zimmer, in dem meine Frau wartete. Er ging hinaus, ließ aber die Tür offen. Ich wußte zuerst nicht, was ich sagen sollte, und als ich sprach, flüsterte ich.

«Ist was Besonderes?» fragte meine Frau, worauf ich stumm den Kopf schüttelte. Ich glaube, ich benahm mich sehr merkwürdig, als wir uns verabschiedeten. Die Besuchszeit war um, und der Pfleger stand dabei, ich gab ihr linkisch die Hand, als ob wir uns kaum kennen würden. Der Pfleger faßte mich am Arm und führte mich in den Tagesraum zurück, da fühlte ich mich erleichtert. Vorher mußte ich ihm noch die Sachen vorlegen, die mir meine Frau mitgebracht hatte.

Die meisten auf der Station bekommen keinen Besuch mehr. Sie sind für die draußen so gut wie gestorben.

Die meisten Patienten unserer Abteilung waren vorher schon im *U-Bau*, sogenannt seines u-förmigen Grundrisses wegen. Er ist die berüchtigtste Abteilung der Anstalt. Die Regel ist, daß jeder richterlich Eingewiesene erst einmal eine Zeitlang im *U-Bau* verbringt, bis er gefügig geworden ist. Ich komme nicht dorthin, da ich freiwillig hier bin; anderen Alkoholikern bleibt er nicht erspart. Manche sind bis zu zwei Jahren im *U-Bau*. Diese Zeit kann ausreichen, um den Verstand zu verlieren, falls man ihn bei der Einlieferung noch gehabt hat.

Vor kurzem soll dort ein 19jähriger homosexueller Patient einen anderen Patienten geknebelt und vergewaltigt haben, ohne daß der Pfleger etwas davon bemerkte. Ein Patient ist da, weil er seine Frau nachts umgebracht hat und sich am nächsten Morgen nicht daran erinnerte. Ein anderer, weil er seiner Frau aus Eifersucht die Nase abbiß.

Fragt man einen bestimmten Patienten, warum er dort sei, antwortet er: «Weil ich Kartoffeln gestohlen habe», und er verschweigt, daß er den Bauern, der ihn dabei erwischte, tötete.

Patienten, die schon im Zuchthaus waren, halten den *U-Bau* für «schlimmer als Zuchthaus». Herr H., jetzt bei uns, war einige Wochen im *U-Bau*. Er hat sich auf richterlichen Beschluß einer zweimonatigen Beobachtungszeit zu unterwerfen, weil er einen schweren Verkehrsunfall verursacht und sich anschließend auf der Polizeiwache *renitent* verhalten hat.

Seine Einlieferung wird er kaum vergessen. Man hatte ihm gesagt, er komme in ein normales Krankenhaus auf die «neurologische Abteilung», damit er sich während der Fahrt ruhig verhielte. Im *U-Bau* zogen ihn erst einmal zwei Pfleger nackt aus und steckten ihn in ein weißes verwaschenes Anstaltshemd, das ihm gerade bis zur Hüfte reichte. Selbst Ehering und Brille mußte er abgeben. Er weigerte sich, Medikamente einzunehmen, worauf ihm die Pfleger unter Zwang drei Spritzen verpaßten. Zwei Pfleger warfen ihn auf ein Holzbett, drehten ihm die Hände auf den Rücken und hielten ihn fest. Ein dritter setzte die Spritze *intrapopolär*, so ungeschickt oder auch mit Absicht – ein Pfleger verriet ihm später mal: «Wenn wir merken, daß uns ein Patient absichtlich dumm kommt, verpassen wir ihm eine Spritze in den Ischias-Nerv» –, daß sein Bein drei Tage steif und geschwollen war und er jetzt noch Schmerzen spürt, wenn er das Bein beugt.

Nachts mußte Herr H. hören, daß Menschen «wie Hyänen und Löwen brüllen können», und tagsüber mußte er mitansehen, wie ein sadistischer Pfleger einem Schwachsinnigen in die Hose griff und ihn zum Gaudi der anderen Patienten am Penis durch den Saal führte.

Zwei Briefe von ihm an Dr. Binsack, den Leiter der Anstalt, blieben unbeantwortet. Zum Glück wurde Herr H. von einem Patienten, der irgendwie an Alkohol gekommen und stark angetrunken war, im *U-Bau* zusammengeschlagen und aus diesem Grund in unsere Abteilung verlegt.

Bei uns sieht es anders aus: die Behandlung durch die Pfleger ist besser als in manchen Krankenhäusern. Aber auch das ändert nichts daran, daß Alkoholiker in dieser Umgebung kaum gesund werden können.

Wir haben einen Einarmigen auf der Station, der seine Prothese nicht tragen darf, aus Sicherheitsgründen. Den linken Unterarm hat er sich im letzten Krieg mit einer Handgranate selbst weggesprengt. «Es war an der Front, und unsere Kompanie wurde von Tag zu Tag kleiner. Ich sagte mir, besser ein Arm als ganz tot.» Sein den Umständen entsprechend «vernünftiger» Entschluß sei mit daran schuld, daß er hier «zum Irren abgestempelt» sei.

Vor kurzem erst erfuhr der Einarmige vom Tod seiner Frau, beiläufig auf einer Urlaubskarte eines früheren Arbeitskollegen. Dieser schrieb ihm, wie schmerzlich es für ihn sein müsse, daß seine Frau vor einem Vierteljahr so plötzlich verstorben sei.

Er wußte es nicht, und obwohl sich seine Frau – wie das bei so langjährigen Fällen häufig der Fall ist – von ihm hatte scheiden lassen, traf es ihn sehr. Er bekam «Schwermutsanfälle» und weinte auch gelegentlich. Der Arzt wertete das als erneutes «Krankheitssymptom». Er verlegte ihn von einer halboffenen Abteilung zu uns in die Geschlossene. Oft spricht er von seinem zwölfjährigen Jungen, er hat von ihm vor fünf Jahren zum letztenmal etwas gehört.

Im Stockwerk unter uns ist ein Patient ausgebrochen. Beim Hofspaziergang ist er über die Mauer gesprungen. Aber er hatte anderen von seinem Vorhaben erzählt, und die Polizei wußte, wo sie ihn zu suchen hatte. Er wollte den Geburtstag seines Kindes zu Hause feiern. Zu Hause erwartete ihn bereits die Polizei seines Heimatdorfes und brachte ihn, noch ehe er sein Kind gesehen hatte, in die Anstalt zurück.

Ich bin neun Tage hier. In dieser Zeit ist ein Patient gestorben. Nachts hörte ich über längere Zeit ein Geräusch, wie das Gurgeln der Wasserleitung. Am nächsten Morgen stand ein Bett weniger da.

Ein zweiter Patient liegt jetzt im Sterben.

Der Arzt hat mir keine Medikamente verordnet, da mein Alkoholismus noch im Anfangsstadium sei. Er bedauert, daß die Unterbringung so «wenig schön» sei. «Deutschlands psychiatrische Kliniken stehen an letzter Stelle in ganz Europa.» – Von einem Pfleger erfahre ich, daß vor zwei Jahren plötzlich der Etat gekürzt worden sei und das Geld für die notwendigsten Medikamente gefehlt habe. «Da mußten wir dreimal soviel anschnallen wie üblich.»

Als ich entlassen werden will, gibt es Schwierigkeiten. Ein neuer Arzt ist da. Er hält eine «mindestens vierteljährige Entziehungszeit» für erforderlich, alles darunter habe keinen dauerhaften Erfolg.

Meine Freiwilligkeitserklärung hätte mir bei meinem Entlassungsgesuch letztlich nichts genützt, denn wenn es der Arzt für erforderlich hält, kann er jederzeit eine richterliche Einweisung nachträglich erwirken. Er braucht nur zu diagnostizieren, daß der Patient für sich und seine Umwelt eine Gefahr darstelle.

Meine Frau holt mich schließlich heraus. Sie erklärt dem Arzt auf Befragen, daß ich sie nicht geschlagen habe und im allgemeinen ein verträglicher Mensch sei.

Sie hätte nur anzugeben brauchen, sie fühle sich von mir bedroht – und ich wäre ein Langjähriger von Goddelau geworden.

Winterreise ins Revier

Bestimmt ist es Zufall, daß das Dortmunder Polizeipräsidium direkt vor das Arbeitsamt gesetzt wurde. Denn vor sechs Jahren, als es gebaut wurde, dachte noch niemand daran, daß sich vor dem Arbeitsamt einmal mehr als 1000 Arbeitslose ansammeln könnten, die in Sprechchören die gewählte Regierung zum Teufel wünschten. Noch vor zwei Monaten war das so, dienstags und freitags, als die auf Unterstützung Wartenden in hundertmeterlangen Reihen stundenlang im Freien stehen mußten.

Die Polizei hielt sich nur in Bereitschaft, die ungeduldige Menge stürmte das Arbeitsamt nicht, es kam nicht zum offenen Aufruhr..

Heute, Freitag, den 24. November, 9 Uhr vormittags, sind die Eingänge des Arbeitsamtes wieder passierbar, niemand braucht draußen im Regen zu warten. Es ist wieder Ruhe, seit die Arbeitslosengelder «dezentralisiert» ausgezahlt werden, das heißt auf den zuständigen Ordnungsämtern.

Das Arbeitsamt hat vier Stockwerke. In jedem Stockwerk ist ein langer Flur. Rechts und links des Flures stehen alte Holzbänke. Darauf sitzen Männer und Frauen, in der Mehrzahl Männer. Sie stehen vor den Sitzenden in einer Reihe oder auch in Gruppen zusammen. Wenn die Abfertigung schnell vorangeht, rücken sie reihenweise vor, wenn es länger dauert, bilden sich Gruppen. Es wird keiner aufgerufen, wenn aus der Tür jemand herauskommt, geht der nächste unaufgefordert hinein. Für Ordnung wird untereinander gesorgt. Wenn ein Neuling kommt und ungeachtet der Wartenden den Raum betreten will, gibt man ihm ruhig, aber bestimmt zu verstehen, daß er zu warten hat, bis er an der Reihe ist.

Hinter jeder Tür sitzt ein Sachbearbeiter, der für mehrere Berufssparten zuständig ist. An einer Tafel hinter Glas sind mit Stecknadeln maschinegeschriebene Zettel befestigt. Stellenangebote, die von den Wartenden sehr aufmerksam studiert werden. Aber da ist keiner, der so eine lukrative Stelle für sich in Anspruch nähme: Branchenerfahrener Diplom-Physiker von renommierter Firma gesucht, der Wagen und Wohnung gestellt bekommt; dafür Sprachen können und verhandlungsgewandt sein muß, der in der Lage ist, eine Weltfirma zu repräsentieren und dafür auch angemessen bezahlt wird, 3000 bis 4000 DM monatlich. Zahlreiche Angebote dieser Art hängen hier öffentlich aus. Mittlere Angebote von 800 bis 1200 DM fehlen fast ganz. Da wird nur ein Buchhalter für 850 Mark gesucht, der mit neuesten Buchungsmaschinen vertraut sein muß und bei «Geschick und Fleiß» bald mehr verdienen kann. Sonst nicht viel. Zwei Boten mit Führerschein Klasse III werden gesucht, die eine Firma bietet DM 2,80 die Stunde, die andere, eine chemische Reinigung, DM 3,20. Und ein

Möbeltransportunternehmen sucht noch einige Transporteure (auch ehemalige Bergleute), nur gesund müssen sie sein, für DM 3,80 pro Stunde. Noch einige Stellen sind frei bei der Müllabfuhr, hier unter Umständen sogar spätere Übernahme ins Beamtenverhältnis.

Ich sitze als einziger auf der Bank vor der Tür mit dem Schild *Metall- und metallverarbeitende Berufe*. Als Arbeitsloser auf Arbeitssuche. Die Tür bleibt zu, nach zehn Minuten klopfe ich an, als sich keiner meldet, trete ich ein.

Der 40- bis 50jährige Sachbearbeiter sieht mich erstaunt an. Er legt seine angebissene Brotschnitte ins Papier zurück und rührt seinen Kaffee um. Ich setze mich unaufgefordert auf den Stuhl, der seitlich neben seinem Schreibtisch steht. Der Sachbearbeiter muß das als unhöflich empfunden haben: «Nun, was wollen Sie?» – «Arbeit», sage ich, «ich suche Arbeit. Zuletzt war ich in Hamburg auf einer Werft. Es ist egal, was . . . Ich dachte, weil draußen steht, Metall . . . und ich zuletzt auf einer Werft gearbeitet habe . . .» Er unterbricht: «Sind Sie denn verrückt, hierherzukommen, warum sind Sie nicht dageblieben?» – «Es sind persönliche Gründe, und auf der Werft fiel ich unter Rationalisierungsmaßnahmen . . .» – Er lacht mich aus: «Mann, so was nenn ich Humor, kommt gerade hierher, wo wir die Leute schon in andere Gegenden schicken.»

Der Grund, warum draußen kein Mensch wartet: «Seit Monaten ist auf den Hütten absoluter Einstellungsstopp, nicht eine Stelle ist frei . . .»

«Und sonst was? Es braucht ja nicht unbedingt Metallverarbeitung zu sein.» Umständlich wickelt er seine Brotschnitte aus dem Papier. «Nichts was ich wüßte. Im Moment ist absolut Sense.» Als ich noch zögere aufzustehen: «Du kannst es ja mal beim Bau versuchen. Tiefbau ist im Winter manchmal was frei, sonst würde ich dir raten, geh wieder nach Hamburg und fahr meinetwegen zur See, aber hier, hier wirst du alt und steif, eh du zum Arbeiten kommst.»

Im Stockwerk tiefer, vor dem Zimmer *Straßenbau, Hochbau, Tiefbau* ist die Bank voll besetzt. Ich stelle mich zu den fünf Stehenden. Es geht schnell voran und wer herauskommt, macht ein Gesicht wie «wieder nichts».

Ein Arbeiter auf der Bank, Mitte 30, berichtet laut seinem Nebenmann: «Es war wie immer. Kam ich auf der Baustelle an und es hieß: vollbesetzt, hätten Sie ein paar Tage früher schon kommen müssen. Dabei hatten die mich am selben Morgen von hier aus dahin geschickt. Beim nächstenmal war ich klüger, sagte ich dem Mann vom Arbeitsamt hier: rufen Sie bitte vorher dort an, bevor Sie mich wieder umsonst irgendwo hinschicken. Wurde der frech, ‹meinen wohl, wir müßten hier für Sie springen›. Allerdings, Sie sind für uns da und nicht umgekehrt, hab ich geantwortet. Da drohte er mit der Polizei. Ich wär nicht der erste, den er hier rausschmeißen ließe wegen Hausfriedensbruch, hat er gesagt. Dann hat er mir eine Stelle außerhalb genannt, ein halber Tag ging drauf, Fahrgeld, und wieder nichts.»

Dem Sachbearbeiter vom *Bau* sage ich nicht, ich käme aus Hamburg, ich sage nur, daß ich von *Metall* an ihn verwiesen worden bin.

«Das verstehe ich aber nicht», sagt er, «hier sieht's nicht anders aus. Tut mir leid.» – «Ich muß aber irgendeine Arbeit haben», sage ich, «egal was. Ich bekomme 6 Wochen keinen Pfennig Arbeitslosenunterstützung, weil ich selbst gekündigt habe.» Er versteht. Er kramt in einem Karteikasten, und nach langem Suchen zieht er eine Karte heraus. Er hält sie mit den Fingerspitzen. «Hier, Tiefbau, sonst ist nichts. Sie können da anfangen, wenn Sie wollen.» Er spricht «Tiefbau» wie «Pocken», «Erfrieren» oder «Galeere». Ich sage zu. Er notiert die Firma auf einem vorgedruckten Formular, ich muß ihm meinen Namen und meine Anschrift nennen, er schickt mich mit dem Formular zu der Baufirma *Grün & Bilfinger.* «Gehen Sie gleich hin, da sind viele Bewerber und wenige freie Arbeitsplätze.»

Von der Telefonzelle vor dem Arbeitsamt rufe ich die Baufirma an. Ich werde mit dem Personalchef verbunden. «Ja, zwei Mann brauchen wir noch. Sie müßten allerdings gleich vorbeikommen. Wir müssen Sie uns vorher noch anschauen, es haben sich noch andere beworben, aber heute werden wir uns entscheiden.» – «Stundenlohn?» – «Ja, 4,15 DM, aber ... Sie dürfen Überstunden machen. Zehn Stunden arbeiten wir täglich, und wenn Sie sich anstrengen und dabei sind, auch samstags schon mal.» – «Ist es was Festes?» erkundige ich mich. «Na ja, erst mal für 2 Monate», sagt der Personalchef, «aber die Besten haben die Chance, dann eventuell in eine feste Kolonne übernommen zu werden, weil da öfter schon mal welche schlappmachen und ausfallen. Sie müssen sich schon am Riemen reißen, dann können Sie's schaffen.» – «Danke», sage ich und hänge ein.

Ich gehe noch mal ins Arbeitsamt zurück. Vor dem Schalter *Arbeitslosen-Unterstützungsgelder, Auszahlungskasse* stelle ich mich zu den Wartenden. Nicht nur Arbeiter stehen hier, ebenso Meister, Ingenieure und Techniker. Der Mann vor mir bekommt 140 Mark ausgezahlt. Er faltet die Geldscheine sorgfältig zusammen, legt sie in seine Geldbörse und verstaut sie, nachdem er den Reißverschluß seines Anoraks geöffnet hat, in der Innentasche. «Willst du Arbeit haben», spricht er mich an, als ich aus der Reihe heraustrete. «Du bist doch jung.» Und ich erfahre, daß es hier im Gebäude möglich ist, zwar ohne Vermittlung, aber mit Duldung des Arbeitsamtes, «gute Arbeit» zu bekommen, wenn man jung ist. Zwei Arbeitsmakler, «Verpumper», nennt er: «Kuhmichel» und «Maschke», die für große Industriefirmen junge Arbeitskräfte heranschaffen. «Wenn Du unter 30 bist, nehmen sie dich auf der Stelle. Die haben immer 100 bis 200 Leute an der Hand, die sie für ein gutes Kopfgeld an den Bochumer Verein, an Opel und sogar noch auf Zeche vermaggeln. Ich hab's mal bei ihnen versucht, aber ich war ihnen zu alt. Es ist ja auch so, wenn sie den Großfirmen einen Schub junger Leute bringen, können die alte Arbeiter entlassen.»

Ich lade den Mann, der erst 42 und für die Verpumper zu alt ist, zum Bier ein. Er ist Betriebsschlosser und bekommt die 140 Mark 14tägig vom Arbeitsamt. Als er noch Arbeit hatte, verdiente er 170 Mark pro Woche.

Es ist eine Arbeiterkneipe, und da am Tresen nichts mehr frei ist, setzen wir uns zu einem Alten an den Tisch. Er hat Sorgen, und wir kommen ihm gerade recht. Zum 31. 12. soll er endgültig aus seiner Wohnung heraus, die einer Zeche gehört, die vor eineinhalb Jahren geschlossen wurde. Seit 28 Jahren hat er diese Wohnung. Er bezahlt 80 Mark Miete, die Räumungsklage läuft seit einem Jahr. Drei Enkelkinder seiner geschiedenen Tochter leben noch bei ihm, für das Geld bekommt er woanders keine dreieinhalb Zimmer. Er hat sich als Krankenpfleger anlernen lassen. Er muß aber fünf Jahre dabei sein, bis ihm ein Wohnungsrecht zusteht.

«Wenn die mir die Kinder nehmen wollen, um sie in ein Heim zu stekken, dann schneide ich ihnen vorher die Gurgel durch, keine der Kröten kommt in ein Heim», sagt er. Von uns will er wissen, was er machen kann.

«Geh sofort in den Mieterschutzverein», rät ihm der ehemalige Betriebsschlosser, um ihn nicht ohne Antwort zu lassen.

Als ob das die Lösung sei, erhebt sich der Alte augenblicklich, bezahlt zwei Bier und macht sich auf den Weg zum Mieterschutzverein.

Ein Mann in Anzug und Krawatte, etwa 40 Jahre alt, setzt sich bald darauf zu uns an den Tisch, stellt eine Lederaktentasche neben sich und legt den Hut drauf. Er nennt uns Kumpels und will, daß wir du zu ihm sagen. Das tun wir dann auch, worauf er eine Runde Bier mit Doornkaat für uns kommen läßt. Als er erfährt, daß wir arbeitslos sind, umarmt er uns fast. Er hat vorher schon getrunken. «Ihr armen Hunde», sagt er und seine Stimme ist voll Mitleid. «Heute ihr und morgen erwischt's mich.» Er gibt sich als Angestellter einer Bochumer Hütte zu erkennen. «Wenn ihr wüßtet, was ich da verdiene», sagt er, «so was krieg ich nie mehr.» – Er bestellt eine zweite Runde Bier mit Doornkaat.

Dann berichtet er: die Belegschaftsstärke ist jetzt von 17000 auf 14000 reduziert worden, die 3000 Mann fielen offiziell dem Produktionsrückgang und den Rationalisierungsmaßnahmen zum Opfer. Sein Abteilungsleiter ist zuständig für die «Freisetzungen», wie sie es nennen.

«Ihr glaubt's mir nicht, wenn ich euch sage, die Produktion ist gestiegen seitdem, die Arbeitsproduktivität auch, bei gleichzeitiger Senkung der Lohn- und Gehaltsaufwendungen.» Er stellt eine Rechnung auf, seine Rechnung geht auf.

«Ganze Mannschaften arbeiten jetzt 12 Stunden pro Schicht. Während vorher Feierschichten anfielen, werden jetzt sogar Samstags- und Sonntagsschichten gefahren. Und alle sind froh, daß sie arbeiten dürfen. Dabei entfällt natürlich die Tonnenprämie, das bedeutet Einsparung an Lohnkosten von 7,5 Prozent. Und durch die Entlassungen natürlich enorme Einsparungen von Sozialkosten und Arbeitgeberanteilen.» – Seine spezielle Aufgabe ist es, Monat für Monat 49 Arbeiter auf eine Entlassungsliste zu setzen. «Ab 50 ist anmeldepflichtig, so erfährt's kein Mensch; ich nehme die Leute aus den verschiedensten Werkteilen. Alter und Krankheitsfälle, danach habe ich auszusondern, man tut's nicht gern, aber was will man machen?

Wir sitzen doch im selben Boot», fährt er fort, als wir ihm nicht antworten. «In ein paar Jahren bin ich fällig. Drei aus meiner Abteilung sind schon entlassen worden. Über mir sitzt jetzt einer, der dafür zu sorgen hat, daß bei uns Angestellten rationalisiert wird.» – «Laß dich doch auf Programmierer oder in Kybernetik umschulen», rät ihm der Betriebsschlosser. Der Angestellte winkt ab, dafür sei er schon zu alt.

Ein Kumpel, der in den letzten fünf Jahren dreimal seinen Arbeitsplatz verlor, da die Zechen, in denen er arbeitete, nacheinander stillgelegt wurden, setzt sich dann noch an unseren Tisch. Heute hat er Feierschicht. Die neue Zeche, auf die er nach der letzten Stillegung vor anderthalb Jahren vom Arbeitsamt verlegt wurde, liegt etwas außerhalb. Um 4 Uhr beginnt sein Tag, Feierabend ist 12 Stunden später, 16 Uhr. Acht Stunden davon bekommt er bezahlt, die Restzeit geht für Hin- und Rückfahrt drauf. Das Fahrgeld, DM 16 die Woche, geht zu seinen Lasten. «Weil ich es nicht mehr wie früher schaffe – ich bin jetzt 51 Jahre alt geworden – hat man mich aus dem Gedinge herausgenommen und auf Schichtlohn gesetzt.» Weil er zu nahe an die unterste Akkordgrenze heranrückte – zuletzt kam er auf 4,15 DM in der Stunde – hat man ihn aus dem Akkord herausgenommen. Dieselbe Arbeit macht er jetzt für 2,95 DM in der Stunde. «Wenn ich mir mehr Zeit ließe, würde ich entlassen.»

Es beunruhigt ihn, daß jetzt wieder schubweise entlassen werden soll. Er hat Angst, seine Arbeit zu verlieren. Und er glaubt, daß auch diese Zeche in Kürze stillgelegt wird. «Die fördern jetzt auf Teufel komm raus. Arbeiten, die zur Sicherung und Erhaltung alter Flöze dienen und zur Aufschließung von neuen, werden eingestellt. Die geförderte Tonnenzahl pro Kopf ist im Moment höher als je zuvor, weil die Stillegungsprämie pro Tonne bezahlt wird.» Er kennt Kumpels, die trotz hohen Fiebers unter Tage einfuhren, um nicht durch Feierschichten aufzufallen.

Man solle sich nicht wundern, wenn die NPD groß zum Zuge käme, meint er. Er selbst kenne viele, die etwa so argumentieren: die CDU kann man nicht wählen; die SPD hat uns verraten; die FDP dreht die Fahne nach dem Wind; in der DFU sind zu viele Pfaffen; die KPD ist verboten; also NPD, um denen in Bonn mal einen ordentlichen Schrecken einzujagen. Er selbst kenne sogar einige SPD-Mitglieder, die ihm versichert hätten, sie würden aus eben diesen Gründen NPD wählen.

Durch Vermittlung des Kumpels lerne ich andere Arbeiter kennen. Bergleute und Hüttenarbeiter, Arbeitslose und vor der Entlassung stehende und solche, die darauf vertrauen, daß sie nicht unter den nächsten Entlassenen sind. Die Gespräche finden in Dortmund, Bochum, Bottrop und Wanne-Eickel statt:

Zum Beispiel das größte Stahlwerk hier in der Gegend. Wenn ein Betriebszweig stillgelegt wird, muß der Unternehmer ein halbes Jahr lang den ursprünglichen Lohn weiterzahlen, dann erst kann er ihn um etwa 10 Prozent abbauen.

«Wir hatten Morgenschicht, als die Umbesetzung war. Plötzlich war jeder Arbeitsplatz doppelt besetzt. Man hatte zusätzlich noch die Mittagsschicht hinbestellt. Wir wußten von nichts. Es dauerte eine Stunde, bis der Meister kam und den einzelnen Leuten mitteilte, du dahin und du dorthin...»

Innerhalb von einer Stunde wurden die Arbeiter in andere Betriebszweige verlegt und mußten eine Lohneinbuße von mehr als 2 DM pro Stunde von einem Tag auf den anderen in Kauf nehmen.

Einen Monat später wurde die Walzstraße um die nächste Schicht-Mannschaft reduziert. Und im nächsten Monat, bei der endgültigen Stillegung, hatte die Hütte auf diese Weise zwei Schichtmannschaften um ihre Lohnfortzahlung geprellt. Auch bekommt der Mann, der im November durch diesen Trick geschaßt wird, das Weihnachtsgeld seiner neuen Lohngruppe – 200 DM weniger –, obwohl er das ganze Jahr über die höherbezahlte Arbeit getan hat, «das alles ohne Übergang».

Auf derselben Hütte passierte folgendes: am Hochofen wurden Arbeiter umbesetzt und entlassen, nach Plan und mit System, wie sich später herausstellte. Es wurde aber weitergearbeitet, mit gleichem Produktionsausstoß: eine Baufirma bekam den Auftrag, Arbeiter anzuheuern, möglichst solche, die schon einmal auf einer Hütte gearbeitet hatten. Die Baufirma lieh die Arbeiter zu niedrigeren Löhnen an die Hütte aus. Der Hochofen, nun kostensparender, hat seine Rentabilität erhöht.

Es wird erzählt: unabhängig von den Gepflogenheiten der Firmen, ältere Arbeitskräfte zu entlassen, um sie durch jüngere zu ersetzen, finden noch andere «produktionssteigernde» und «arbeitsmoralhebende» Entlassungen statt, z. B. bei Opel in Bochum. Anfang des Sommers wurden fast 2000 Arbeiter entlassen, vornehmlich solche, so sagen mir einige Betroffene, die «den Arbeitsfrieden» störten, oder öfter durch Krankheiten ausfielen als der Durchschnitt. Nach knapp drei Monaten wurde etwa die gleiche Anzahl Arbeiter neu eingestellt. Darunter sogar ehemals Entlassene, die beim Arbeitsgericht gegen ihre Entlassung geklagt und ihre Klage wieder zurückgezogen hatten.

Er ist 48 Jahre alt, er war 30 Jahre und zwei Monate auf derselben Zeche, zuletzt als Betriebsrat. Als die Zeche schloß, übernahm ihn die Nachbaranlage, die im selben Besitz war. Der Anmarschweg zu seinem neuen Arbeitsplatz war doppelt so lang wie bisher, der monatliche Verdienst lag um 100 DM niedriger. Er war politisch immer aktiv: «In Betriebsversammlungen habe ich nie meinen Mund gehalten.» – Und dann: «Man hat mich zweieinhalb Jahre auf Nachtschicht verfrachtet und so praktisch lahmgelegt.» – Als auch diese Zeche geschlossen werden sollte, versuchte er, seine Rente durchzusetzen wegen Rückenschmerzen, die besonders stark waren beim Arbeiten unter Tage. Drei Knappschaftsärzte untersuchten ihn und stellten einmütig fest, daß er sein Stützkorsett zu Recht trage. Sein Rentenantrag wurde abgelehnt.

Er wollte in die Kokerei seiner Zeche, die noch in Betrieb ist. Er ging zum Betriebsdirektor. Der empfing ihn: «Einen Posten haben wir für Sie nicht.» Er sagte: «Ich bin nicht zu Ihnen gekommen wegen eines Postens, sondern nur wegen eines Arbeitsplatzes.» Der Direktor fragte, ob er wieder für den Betriebsrat kandidieren wolle. Er antwortete: das könne er nicht mit ja oder nein beantworten, das käme ganz auf die Situation an. Andererseits, er werde ja auch älter . . . Der Betriebsleiter sagte zu: «Kommen Sie am 1. 11. 66, mit den Papieren geht es schon klar.» – Zum Schluß mußte er dem Direktor noch seinen Namen buchstabieren, und der Direktor schien plötzlich zu wissen, wer er war.

Am 1. 11. erscheint er im Personalbüro. Der Direktor sei nicht da, wurde ihm gesagt. Nach zwei Stunden teilte ihm der Betriebsratsvorsitzende mit, man könne ihn nicht einstellen.

Auf Grund des gegebenen Versprechens der Kokerei-Direktion hatte er auf der Zeche gekündigt. So kam er nicht in den Genuß der Prämie, als die Zeche zwei Monate später geschlossen wurde. Er steht mit 84 Mark die Woche auf der Straße. Er hat sich als Hallenwart beim hiesigen Turnverein beworben, aber die Halle muß erst noch gebaut werden. Seine Frau arbeitet jetzt halbtags, damit sein Sohn weiter die Oberschule besuchen kann.

«Umschulungen sind eine fragwürdige Sache. Bei uns schied schon die Hälfte bei der Vorprüfung aus, das war die Gesundheitsprüfung, Staublunge ab 20 Prozent. Das ist natürlich eine harte Sache, wir sind ja alle angeknackst, mehr oder weniger.»

Seit einem halben Jahr wird er auf Betriebsschlosser umgeschult. In zwei Jahren wird er fertig sein. Ob er dann Arbeit finden wird in seinem neuen Beruf ist ungewiß. Er ist beunruhigt über die Tatsache, daß im Parallelkursus bereits Betriebsschlosser auf Schweißer umgeschult und in seinem Kursus wiederum gelernte Schweißer sind. Er wird den Gedanken nicht los, daß man sie lediglich vorübergehend von der Straße haben will. Zumal bei der ersten Zwischenprüfung von 70 nur 10 Mann durchkamen. Obwohl die Zensuren nicht schlechter als 3 und 4 waren, wurden sie aussortiert.

Fernsehen und Rundfunk besuchen sie oft in ihrer Ausbildungsstätte. «Da wird immer gezeigt, wie schön das da läuft. Aber wenn wir aus der Schule plaudern, wird's nicht gebracht. Da erzählen wir den Leuten, daß hier die meisten Männer mit mehreren Kindern knapp über 100 Mark

Arbeitslosenunterstützung in der Woche kriegen – und die berichten nur von denen, die Montanuniongelder kriegen, nämlich 90 Prozent vom vormaligen Lohn.» Er berichtet von einem, der bei der Zwischenprüfung durchfiel: «Dem wurde die Zechenwohnung gekündigt. Eine neue fand er nicht, er hat einen Haufen Kinder. Er ist erst 30 Jahre und hat bisher unter Tage gearbeitet. Jetzt sitzt er mit der Familie im Obdachlosenlager.»

Diesen Mann besuche ich.

Ich treffe Familie G. im Lager Bochum, Brelowstraße, an. Ein hoher Stacheldrahtzaun umgrenzt das Lager. 1200 Menschen – viele erst durch Arbeitslosigkeit in letzter Zeit hier gelandet – leben auf engstem Raum. G.s bewohnen mit acht Kindern zwei kleinere Räume.

G. ist noch arbeitslos. Er war vier Monate im Gefängnis, weil er schwarz gearbeitet hatte. Von Nachbarn war er angezeigt worden. Nach seiner Entlassung wies ihm das Arbeitsamt noch einmal eine Stelle zu. Wieder auf einer Zeche. Eine Stunde brauchte er, um den Fragebogen auszufüllen, der ihm vorgelegt wurde. Nach allen Krankheiten wurde gefragt, nach seinem Eheleben und schließlich auch nach Vorstrafen. «Daran wird's gelegen haben, daß ich schließlich nach einem Monat einen Ablehnungsbescheid erhielt.» G. macht sich nichts vor. Es scheint im Moment fast aussichtslos für ihn, Arbeit und Wohnung zu bekommen. Spätestens wenn er die Adresse der Obdachlosensiedlung nennt, werden etwaige Zusagen wieder rückgängig gemacht. Zuletzt war er auf dem Sozialamt. Wie es denn nun weitergehen solle. Man riet ihm, schwarz auf dem Großmarkt zu arbeiten. Jeden Morgen suche man dort stundenweise Arbeitskräfte. Das wußte er, denn für diese Schwarzarbeit hatte er schließlich im Gefängnis gesessen.

Die G.s glauben nicht daran, daß sie hier noch mal rauskommen. Mit der Wohnung scheitert's hauptsächlich an den vielen Kindern. «Wenn ich noch mal von vorn anfangen könnte», sagt G., «würde ich meine Frau sterilisieren lassen, mit dem Attest ginge ich dann auf Wohnungssuche.»

Frau G. schämt sich, hier wohnen zu müssen. «In der Schule dürfen andere Kinder nicht mit unseren Kindern spielen. Es gibt viele Ärzte, die sich selbst in Notfällen weigern, hierher zu kommen. Und der Stacheldrahtzaun ...»

Frau G. weiß nicht, wen der Zaun ums Lager schützen soll. Sie im Lager hätten nichts groß zum Stehlen für die draußen. Und wer innerhalb des Lagers sich an fremdem Eigentum vergreifen wolle, würde durch den äußeren Zaun nicht davon abgehalten. Die draußen seien durch den Zaun auch nicht vor ihnen sicher, denn durch das Tor könne jeder zu jeder Tages- und Nachtzeit gehen. Vielleicht befürchte man einmal einen Aufstand im Lager, der aber kaum erfolgen könne, da die meisten hier, wie auch die draußen, unter sich zerstritten seien.

Dann berichtet Frau G. von einem Fall, der sich vor einiger Zeit zugetragen haben soll. – Die Frau eines Arbeitslosen brauchte Milch für ihren Säugling. Da ihr Mann das Arbeitslosengeld durchgebracht hatte, sprach sie auf dem Sozialamt vor, schilderte die akute Not, daß ihr Säugling bereits einen halben Tag lang ohne die benötigte teure *Trocken-Milch* sei. Der Sozialbeamte verschanzte sich hinter Paragraphen und schickte die Frau weg, worauf diese im Affekt ihr Kind tötete.

Diesen Fall versuche ich zu rekonstruieren.

Freitag Vormittag:

Ich fahre zum Sozialamt, außerhalb der Stadt.

Ein altes graues Gebäude. Links ist die Polizei, rechts die Sozialbehörde untergebracht.

Zwei Sozialbeamten, der eine Anfang 30, der andere etwa 40 Jahre alt, stehe ich gegenüber.

«Nun, was führt Sie zu uns?» fragt mich der ältere.

Ich schildere den Fall. Seit drei Wochen bin ich im Ruhrgebiet. Arbeitslos. Die Ersparnisse sind aufgebraucht. Es geht darum, erst mal über das Wochenende zu kommen, ab Montag kann ich mit Arbeit rechnen, ich lege als Beweis das Angebot des Arbeitsamtes vor. Meine Frau ist mit dem Säugling zu Hause, das heißt auf einem möblierten Zimmer, wir haben auch noch Mietschulden. Es geht jedoch nur um die Milchration fürs Kind übers Wochenende. (Nach dem Bundessozialhilfegesetz müßte der Fürsorger zumindest mit einem Lebensmittelgutschein aushelfen, auch wenn er keine Möglichkeit hat, die Sachlage nachzuprüfen.) Das sage ich allerdings nicht.

«Da können wir Ihnen leider nicht helfen, da müssen Sie schon selbst sehen, wie Sie da übers Wochenende kommen.» Der Sozialbeamte erhebt sich. «Wenn Sie wüßten, mit wie vielen Fällen wir uns hier herumzuschlagen haben. Reich mir doch mal die Akte Mertens», er wendet sich an seinen jüngeren Kollegen. Der reicht ihm die verlangte Akte, er blättert beschäftigt darin herum. Ich bleibe sitzen.

«Lassen Sie doch beim Kaufmann anschreiben», sagt der Sozialbeamte. «Das geht nicht», sage ich, «der holt höchstens die Polizei, wenn ich mich da blicken lasse, da hab ich schon Schulden.» – Er blättert weiter demonstrativ in der Akte. Nach längerem Schweigen: «Haben Sie denn sonst keinen, den Sie anpumpen können?» – «Nein», sage ich, «ich bin eben erst aus Hamburg gekommen und kenne keinen hier.» – «Menschenskind, warum sind Sie nicht dageblieben, wo Sie herkommen.» Meinen Einwand, «es waren persönliche, familiäre Gründe, die mich zwangen . . .» beantwortet er mit erneutem Blättern in der Akte. Es entsteht wieder eine Pause. Er erwartet, daß ich aufstehe und den Raum verlasse. Ich bleibe weiter sitzen. «Ich kann das Kind doch nicht verhungern lassen», sage ich, «schon bei den letzten beiden Mahlzeiten mußten wir weniger geben . . . und es ist nicht sehr kräftig.» – «Das ist Ihre Sache, das hätten Sie sich vorher überlegen müssen. Wir haben jetzt auch keine Fürsorgerin zur Hand, die wir Ihnen mitschicken könnten.» – «Sie können ja selbst mitgehen», sage ich, «es ist nur eine Viertelstunde dahin.» – «Jetzt ist's aber genug», steht der andere seinem Kollegen bei, «du siehst doch, daß wir zu tun haben.» Er merkt, daß er sich im Ton vergriffen hat. «Wir können Ihnen da leider nicht helfen», sagt er, «Sie müssen schon selbst sehen, wie Sie zurechtkommen.»

«Wenn mit dem Kind etwas passiert, tragen Sie die Verantwortung mit.» Ich gehe aufs Ganze. «Sie haben doch gehört», sagt der Ältere, «daß da nichts zu machen ist. Wir haben noch zu tun, sehen Sie, die Akten hier, die wollen alle bearbeitet werden.» – «Ich möchte zum Leiter dieses Amtes», sage ich: «Es muß doch eine Möglichkeit geben zu helfen.»

«Da sind Sie hier schon richtig, das sind wir, die Leiter, haha», der jüngere stimmt in das Lachen ein.

«Nun machen Sie schon.» Der Ältere wird ernst. «Das Wochenende werden Sie schon durchstehen, dann gehen Sie zum Arbeitsamt.»

«Es geht aber um jetzt», sage ich. «Jetzt oder Montag, gehen Sie schon.» Er schließt die Tür heftig hinter mir zu und ich merke, daß er die Klinke noch in der Hand hält und wartet, bis ich gegangen bin.

Sauberes Berlin (Juli 1967)

Als der Hamburger Schriftsteller Christian Geissler in München eine Rede zum Tod des Studenten Benno Ohnesorg hält und den Brief eines Berliner Kollegen zitiert, der schreibt, daß die Bevölkerung am Straßenrand die Polizei aufgefordert habe, die Studenten zusammenzuschlagen, daß viele Berliner in Diskussionen für die Vergasung und Erschießung der Studenten gestimmt hätten und daß der Autor des Briefes etwa ein dutzendmal gehört habe, Hitler solle endlich wiederkommen, da scheint das kaum glaubhaft.

Auch die Berichte eines Berliner Bekannten, wonach bei vielen Wagen, Mopeds und Fahrrädern die Reifen durchstochen worden seien, weil die Besitzer – vorwiegend Studenten – an den Fahrzeugen Trauerflore angebracht hatten.

Das schien alles kaum möglich. So gewalttätig gegenüber einer Minderheit konnte ein großer Teil einer ständig von Freiheit sprechenden Bevölkerung sich nicht gebärden.

Ich fuhr nach Berlin.

Am ersten Tag erlebe ich folgendes:

In dem Gartenrestaurant *Dahlemer Landheim* nahe der *Freien Universität* werde ich nicht bedient. Kellner und Wirt halten mich für einen Studenten.

Wenig später stehe ich an der Ecke Schloßstraße/Bismarckstraße vor einem Aushang von Springers *BZ*. Ich lese den Prozeßbericht über den Kommunarden Fritz Teufel.

Ein Herr im pensionsreifen Alter neben mir liest den Bericht ebenfalls aufmerksam. Er blickt mich mehrmals von der Seite an. Dann zeigt er unvermittelt auf das Foto des Mitangeklagten Langhans. «Ha, wie der schon aussieht, dieser weibische Aufputz, könnte glatt ein Mädchen sein.» Er hat recht, Langhans, langlockig, könnte auf dem Zeitungsfoto auf den ersten Blick als Mädchen durchgehen.

«Ja, das stimmt, nett sieht er aus», sage ich.

Erstaunt mustert mich der Mann, mein offenes Hemd, meine Kordhose. «Diese Brandstifter», sagt er laut. Zwei Passanten bleiben abwartend stehen. «Sind wohl auch einer von denen», sagt er. Seine Stimme ist noch lauter geworden. «Das spielt doch gar keine Rolle», sage ich. Der ältere Herr sieht seinen Verdacht bestätigt: «Sind Sie ein Kommilitone von diesem Schwein? Geben Sie's schon zu!» Er ist erregt, und er nimmt eine drohende Haltung ein. Weitere Passanten sind stehengeblieben. «Was will 'n der?» fragt ein etwa 40jähriger. Er blickt mich abschätzend an. «Krawallbrüder», ruft einer, «geht doch rüber!» schreit ein anderer. Da werde ich unsicher, oder ist es sogar Angst? «Bin technischer Angestellter», sage ich und fasse meine Aktentasche, die ich bisher unter den Arm geklemmt hatte, ordnungsgemäß am Griff. Die Gesichter der Umstehenden ändern sich. Der alte Herr gibt sich als Mann aus der gleichen Branche zu erkennen. «Wir, wo es bei uns auf den Millimeter ankommt ...» Er packt mich bei der Berufsehre. Wir führen das abgebrochene Gespräch weiter. Für ihn sind Studenten ein «arbeitsscheues Gesindel, das uns auf der Tasche liegt.» – «Ich war kein Anhänger von Hitler», betont er, «aber bei dem hätten sie keinen Staatsgast auf der Straße so anpöbeln können ... schämen muß man sich ... die werden alle von diesen Mördern da drüben gesteuert.»

Am nächsten Tag beginne ich mit meinen geplanten Tests. Ich lege Polizisten ein am 2. Juni vor der Oper gemachtes Foto vor, auf dem ein Polizist zu sehen ist, der mit haßverzerrtem Gesicht auf einen am Boden liegenden, wehrlosen Demonstranten einschlägt. Ich frage die Beamten, ob sie den Kollegen auf dem Foto zufällig kennen. Es handle sich um eine unklare Rechtssituation. Der Kommilitone behaupte, er sei ohne Grund niedergeschlagen worden, als er sich nach der Dienstnummer erkundigt habe. Es liege nun im beiderseitigen Interesse, wenn der betroffene Beamte dazu selber aussagen könne.

Das erste Gespräch führe ich am *Stuttgarter Platz*: zwei Polizisten stehen an einem Taxistand. Ich lege das Foto vor und stelle meine Frage. Der jüngere der beiden Polizisten blickt zu seinem älteren Kollegen. Der antwortet mir: «Selbst wenn wir ihn kennen würden, würden wir nichts sagen. Wie kämen wir dazu?» Ich: «Das dürfte aber doch genauso in Ihrem Interesse liegen, wenn das aufgeklärt wird.» Er: «Im übrigen ist das ja auch ein schwebendes Verfahren. Wenn irgend etwas in der Schwebe hängen würde gegen einen Ihrer Kommilitonen, würden Sie dann etwa den Namen nennen?» Ich: «Wenn der Verdacht einer strafbaren Handlung vorliegt und eine unklare Rechtssituation dadurch geklärt werden könnte, warum nicht!» Er: «Dazu sind die Gerichte da und der Ausschuß. Das sind die höchsten Herren, die da im Ausschuß sitzen.» Ich: «Ja, das ist aber doch kein Grund ...» Er: «Wir dürfen über die Ereignisse am 2. Juni auch keine Auskünfte geben. Wir haben von oben strengste Schweigepflicht! Das können wir Ihnen höchstens rein privat sagen, tun wir aber nicht!»

Innsbrucker Platz: der Polizist ist noch sehr jung, höchstens 30. «Kennen Sie den Kollegen zufällig?» frage ich. Er: «Sie meinen wohl, wir sind auf den Kopf gefallen. Und wenn ich ihn hundertmal kennen würde. Der Kollege wäre bei uns erledigt, der Ihnen da was singt.»

Krumme Straße: der Polizist, etwa Mitte 40, trägt eine Aktenmappe. Er scheint Feierabend zu haben. Er ist erstaunt, als ich ihm das Foto zeige. «Der Beamte weigerte sich, die Dienstnummer anzugeben», sage ich. Er: «Erst mal kenn ich den Kollegen nicht. Und dann kann ich mir schon denken, daß der keine Dienstnummer angegeben hat. Der mußte doch für seine eigene Sicherheit sorgen. Da waren doch Studenten dabei, die die Kollegen unter die Füße ziehen wollten. In dieser Situation ist es doch klar, daß der Kollege da nicht nach der Dienstnummer sucht. Da ist er doch froh, daß er noch heil bleibt.»

Hohenzollerndamm: ein jüngerer Polizist. Er beantwortet meine Frage mit einer Warnung: «Ich würde Ihnen den guten Rat geben, diese Umfrage nicht fortzusetzen, das könnte ins Auge gehen! Erstens weiß man nie, wie der einzelne Kollege darüber denkt und entsprechend reagiert, zweitens sitzen doch darüber die hohen Herren zu Rate, die die Einsätze auch angeordnet haben. Man weiß nie, ob die nicht nachher noch gegen uns entscheiden.»

Nähe Kurfürstendamm: ein jüngerer Polizist. «Ihr habt immer noch nicht genug Dresche bekommen. Sonst würdet Ihr nicht die Frechheit besitzen, unsere Kollegen wie auf Steckbriefen auszuhängen.» Nach der Polizistenbefragung trete ich als Abgesandter des von mir fiktiv gegründeten Komitees *Sauberes Berlin,* einer *Schutzgemeinschaft Berliner Bürger,* auf. Ich fasse alle Vorurteile, Drohungen und volksverhetzenden Aussprüche der Springer-Presse in einer Resolution zusammen. Und ich gehe noch einen Schritt weiter. Ich fordere zu Aktionen gegen die studentische Minderheit auf, wie sie von den Nationalsozialisten gegen die Juden unternommen worden sind. Ich will feststellen, wie weit die Behauptungen zutreffen, wonach die zu über 70 Prozent den Berliner Markt beherrrschende Springer-Presse einem Teil der Bevölkerung faschistisches Denken eingehämmert habe. Ich lasse folgende Resolution drucken:

KOMITEE »SAUBERES BERLIN«

SCHUTZGEMEINSCHAFT BERLINER BÜRGER

1 BERLIN 31
WEXSTRASSE 20
TEL. 987 56 04

Stark beunruhigt durch die zunehmende Tyrannisierung unserer Bürger durch eine studentische Minderheit, die aus falsch verstandener Freiheit heraus und in Verkennung der Aufgaben ihres zum Teil aus Steuergeldern finanzierten Studiums ungehörige Protestaktionen durchführt, sehen wir uns veranlaßt, zum Schutze unserer Bürger und zur Wiederherstellung des Ansehens unserer Stadt zum verschärften Durchgreifen gegen die Beteiligten, insbesondere die Rädelsführer der Krawalle, aufzufordern.

WIR STELLEN FEST:

die Führung der studentischen Aktionen liegt offensichtlich in den Händen von Leuten, die nach der Bürgerkriegsideologie Lenins und Mao Tse Tungs handeln.

Die Drahtzieher der Demonstranten haben das Opfer vom 2. Juni selbst zu verantworten. Die Demonstranten demonstrieren gegen angebliches Unrecht, um ihr eigenes Unrecht, das durch die Morde an der Mauer praktiziert wird, und die Unterdrückung unserer mitteldeutschen Landsleute zu vertuschen.

Demonstrations-Studenten zersetzen unsere rechtschaffene Bürgereinheit.

WIR FORDERN:

Energisches Durchgreifen. Säuberung der Studentenschaft von extremistischen Randalierern.

Unser Regierender Bürgermeister sagte in seiner Erklärung vor dem Senat am 3. Juni u. a.:

... WIR LASSEN UNS NICHT LÄNGER VON EINER MINDERHEIT TERRORISIEREN. WAS SICH ... EREIGNETE, HAT MIT DEM RECHT DER FREIEN MEINUNGSÄUSSERUNG NICHT DAS GERINGSTE GEMEIN. DIE GEDULD DER BERLINER HAT EIN ENDE! SICHERHEIT UND ORDNUNG MÜSSEN IN DIESER STADT GEWÄHRLEISTET BLEIBEN.

Wir knüpfen an diese Forderung an:

1. Kenntlichmachung von Krawallstudenten, die als Rädelsführer und Dauerdemonstranten festgestellt wurden, durch Armbinden oder auf die Kleidung aufgenähte Kennzeichen.
2. Entzug der Studienerlaubnis und Einweisung zu Arbeitseinsätzen. (Statt Unruhestiftung und Aufruhr ein produktives Arbeiten!) Gegebenenfalls Unterbringung und Arbeitseinsatz unter Aufsicht als: Straßenbauarbeiter, Kohlenträger (verbilligte Kohlenpreise), Hilfskräfte in Krankenhäusern usw.
3. Absetzung und gegebenenfalls Lehrverbot für die radikalen Professoren der FU. Diese und andere feststellbare Hintermänner sollen eventuell aus Berlin, oder bei weiterer Aktivität aus der Bundesrepublik ausgewiesen werden.
4. Strengstes Demonstrationsverbot für die kommunistischen Studenten und andere Radikale.
5. Verschärftes Durchgreifen der Polizei bei dennoch stattfindenden Demonstrationen, sofortige Verhaftung möglichst vieler Teilnehmer. (Abschieben der Demonstranten mit kommunistischen Parolen nach Ost-Berlin.) Aburteilung durch Schnellgerichte.

6. **Bildung einer Freiwilligen Berliner Bürgerschutztruppe (FBS), die bei anhaltenden Krawallen und Unruhen kommunistischer Störenfriede u. U. mit Waffen ausgerüstet werden soll.**

Ich unterstütze die obigen Forderungen

Zuerst besuche ich Diplom-Volkswirt Dr. Wilhelm H. Wedig in Schöneberg. Dr. Wedig ist Verfasser eines Leserbriefes in der *Welt*. In seinem Brief fordert Wedig die «staatliche Institution» auf, «einzugreifen, wenn die Universitätsorgane nicht in der Lage sind, eine Atmosphäre an der FU zu schaffen, in der Lehrende als auch Lernende fähig sind, positive Arbeit zu leisten». Er beschimpft das «Häuflein marxinspirierter Unverbesserlicher», die «beatlebemähnt bzw. mini-mini-berockt, rote Transparente schwingen und eingeübte Sprüche brüllen». Er fordert: «Exmatrikulation der Rädelsführer, falls sie überhaupt immatrikuliert sind und Aberkennung der Förderungswürdigkeit des SDS.» Mit: «Wann wird endlich gehandelt?» ruft er zur Tat.

Wilhelm H. Wedig ist knapp über 30. Ein etwa gleichaltriger Freund ist gerade zu Besuch bei ihm. «Erfassung von Rädelsführern und Krawallstudenten halte ich für sehr gut.» Dr. Wedig blickt mich anerkennend an. Er erzählt von einem zehn Seiten langen Bericht, den er für eine exklusive Studentenzeitung «nur für Mitglieder einer großen schlagenden Verbindung», der er auch angehört, verfaßt hat. «Da habe ich natürlich auch schwer vom Leder gezogen. Wir haben etwa 400 Mitglieder über ganz Deutschland verstreut, die alle erste Stellungen haben, Regierungsräte, Ministerialbeamte usw.» Er spricht von einer «Eskalation der studentischen Rädelsführer», die man sofort zu religieren habe. Ebenso müßten SDS- und Kommune-Mitglieder zwangsexmatrikuliert werden. Die Mitläufer seien «ja oft junge Leute, Wirrköpfe, die noch nicht wissen, wie der Hase läuft». Deren Hintermänner jedoch wollten «Berlin in einen Zustand überführen, wie er zum Teil jetzt in China herrscht». Dr. Wedig möchte einen Resolutionsbogen dabehalten. Am nächsten Tag will er das Komitee-Büro aufsuchen. Er könne uns bei der Arbeit behilflich sein, sagt er. Ein Versprecher von mir ist schuld daran, daß ich Wedig und seinem Freund aus der schlagenden Verbindung plötzlich gar nicht mehr vertrauensvoll erscheine. Auf meine Frage, ob die «Hintermänner der studentischen Aktionen in der DDR» zu suchen seien, starrt mich Wedig erstaunt an: «Sie sagten DDR. Wie kommen Sie dazu, DDR zu sagen?» Er wird heftig: «Wer finanziert Ihre Organisation? Nennen Sie mir Namen von CDU-Mitgliedern!» – «Morgen im Büro», sage ich, lasse ihn stehen und bin froh, als ich draußen bin.

Das zweite von mir geplante Treffen mit einem «Prototyp» der Berliner Bürgerschaft geht ganz daneben. Ich rufe den CDU-Abgeordneten Rechtsanwalt Manfred Röder in seiner Privatwohnung an. Röder hat eine ähnliche Organisation wie mein fiktives «Komitee Sauberes Berlin» tatsächlich gegründet. Ich biete Röder an, mit mir zusammenzuarbeiten, wir sollten unsere Organisationen koordinieren. Röder ist bereit. Er lobt meine Privatinitiative. «Wirklich erfreulich, was sich in Berlin an Bürgersinn entwickelt. Wer unterstützt Sie?» fragt Röder. «Wir tragen uns selbst», sage ich. Röder: «Wir sollten uns möglichst bald zusammensetzen, da läßt sich allerhand gemeinsam tun.» Er verabredet sich mit mir für den nächsten Tag. Treffpunkt: «Das amerikanische Konsulat, in der Kantine.» Aber Freunde warnen mich. Im Konsulat hätte ich meinen Ausweis am Empfang vorlegen müssen. Ich verspüre keine Lust, mit dem amerikanischen Geheimdienst in Kontakt zu kommen. So verzichte ich auf die Zusammenkunft mit Rechtsanwalt Röder.

Zu Oberregierungsrat Dr. Wapler nehme ich vorsichtshalber einen Begleiter mit; Roy Raizen war früher Schauspieler. Seine Rollen: Gangster und Polizisten. Er ist ein würdiger Vertreter meines Komitees. Die Vorsicht ist bei Dr. Wapler allerdings unbegründet. Als ich mich als Vertreter des «Komitees Sauberes Berlin» vorstelle, meint er: «Ach so, Sie kommen wegen der Entmüllung.» – «Ja, so kann man es auch nennen», sage ich. Ich erkläre ihm in groben Zügen Sinn und Zweck unserer Bürgerschutzgemeinschaft. «Es bleibt uns nichts anderes übrig, als langsam zur Eigenhilfe zu schreiten, nachdem es der Senat bisher bei Worten bewenden ließ.» Wapler liest den Aufruf aufmerksam durch. Als die Stelle kommt «die Drahtzieher der Demonstranten haben ihr Opfer selbst zu verantworten», wird er unruhig. Und beim folgenden Text, den ich ebenso wörtlich seinem in einer Berliner Zeitung abgedruckten Leserbrief entnommen habe, springt Wapler auf. «Das könnte von mir sein», ruft er aus. Er ruft seine Frau herein, die sich im Nebenraum aufhält. «Hol mir doch mal meinen Zeitungsausschnitt.» Frau Wapler legt uns den sauber auf ein weißes Blatt Papier geklebten Ausschnitt im Handumdrehen vor. «Damit Sie in der Zwischenzeit auch was zu lesen haben, das habe ich geschrieben und mit vollem Namen», bekennt Wapler. «Welch ein Zufall», sage ich, «sinngemäß ja fast der gleiche Text – da sieht man, wie das in der Luft liegt.»

Zwei anonyme Anrufe habe er auf diesen Leserbrief hin bekommen, erzählt Wapler. Der eine Anrufer habe nur «Armleuchter» gesagt und dann aufgelegt. «Zwei Drohrufe, das zeigt eben deutlich, wie das direkt vom Osten gesteuert wird», folgert er.

«Energisches Durchgreifen, Säuberung der Studentenschaft», läßt Dr. Wapler unbeanstandet durchgehen. Das sind ihm geläufige Vokabeln. Bevor er die zweite Seite liest, machen wir Wapler darauf aufmerksam, daß der Resolutionstext noch nicht als endgültige Formulierung anzusehen sei. An einigen Stellen sei noch etwas «zu offensichtlich und unvorsichtig formuliert». Er solle geschicktere Vorschläge unterbreiten, die dann für die endgültige Resolution bestimmt seien. Mit Kugelschreiber fügt Wapler seine Korrekturen ein. «Ich meine, man muß sich bloß schützen dagegen, daß das als reine Nazischritte gebrandmarkt wird.» Und er versteckt die faschistischen Forderungen hinter etwas weniger belastenden Formulierungen. Statt «Kenntlichmachung» von Krawallstudenten sieht Wapler lieber «Erfassung»: «Das erinnert sonst gleich an die Juden.» Wapler will auch nicht die Begriffe «Demonstrationen» und «Demonstranten». Er will das Wort «Krawall» davor. «Darin liegt ja auch der Unterschied zwischen studierenden Studenten und demonstrierenden Studenten», und er setzt zu einer genaueren Begriffsbestimmung an: «Die demonstrierenden Studenten vernachlässigen ihr Studium, sie machen statt dessen Kra-

5.) Verschärftes Durchgreifen der Polizei bei dennoch stattfindenden Krawall-Demonstrationen, z.B. sofortige Verhaftung möglichst vieler Krawall-Teilnehmer. (Abschieben der ~~Demonstranten~~ Rädelsführer mit kommunistischen Parolen nach Ostberlin.) schnelle Aburteilung durch ~~Schnell~~gerichte.

6.) Bildung einer, der Polizei unterstellten Freiwilligen Berliner Bürgerschutztruppe, (FBS), die bei anhaltenden Krawallen und Unruhen kommunistischer Störenfriede ~~u.U.~~ notfalls mit legal in ihrem Besitz befindlichen Waffen ausgerüstet werden ~~soll.~~ kann, z.B. im Rahmen der FPR.

Ich unterstütze die obigen Forderungen

D. Wapler
1 Berlin 41
Klingsorstr. 48

wall.» Eine weitere (jedem Notstandsplaner alle Ehre machende) Spitzfindigkeit: «Von dem Begriff Schnellgerichte sollte man auch besser absehen, alles, was nach Nazi riecht . . . ich würde einfach sagen ‹schnelle Aburteilung durch Gerichte›.» Er fügt seine eben gefundene Formulierung in die Liste ein. Dann legt er noch Wert auf einen vertrauenerweckenden Passus: «Im Rahmen der Gesetzgebung, der gesetzlichen Möglichkeiten, äh, im Rahmen der Notstandsgesetzgebung.» Aber er schränkt dann doch ein: «‹im Rahmen der Notstandsgesetzgebung›» will er lieber noch nicht gedruckt sehen, «die sind ja noch immer nicht ganz durch.» Die *Freiwillige Berliner Bürgerschutztruppe*, von mir im Amtsdeutsch FSB genannt, klingt ihm bereits vertraut. Er möchte sie nur der FPR (*Freiwillige Polizeireserve*) angeschlossen haben. Er macht uns noch Mut für unsere Unterschriftenaktion. Sein Mitarbeiterstab in seinem Amt sei im übrigen aus einem Guß, und sein Stellvertreter von der SPD sei beinah noch empörter als er.

Raizen, mein Begleiter, spricht ihn noch auf den Leserbrief an. «Darf ich mal fragen, woher Sie diese interessanten Dinge über Persien wissen?» Wapler: er habe mal eine persische Praktikantin gehabt, deren Vater ihn mal besucht habe. Von ihm wisse er, daß «in Persien soweit alles in Butter ist».

Oberregierungsrat Dr. Wapler setzt seine Unterschrift mit Adresse unter den korrigierten Text. Wir sollen uns in den nächsten Tagen wieder bei ihm melden. Er könne uns mit weiteren Adressen behilflich sein. Sein ganzer Bekanntenkreis denke wie er und «fast die ganze Gemeinde» hier, da bekämen wir Unterschriften «noch und noch».

Dann mein letzter Test:

Ich hänge mir ein Schild um und spaziere als *Sandwich-Man* vom Kurfürstendamm aus über die Joachimsthaler Straße zum U-Bahnhof Zoo. Auf dem Schild steht:

Student, wegen Teilnahme an Demonstrationen gekündigt, sucht Zimmer und Arbeit jeglicher Art.

Passanten wenden mir ihre Köpfe zu, lesen den Text, wie man eine Reklameschrift liest. Eine jüngere Dame bleibt schließlich stehen. «Ich glaube, ich kann Ihnen helfen.» Sie schreibt mir zwei Zimmeradressen auf. Sie habe sie selbst eben erst bekommen, sie könne ja doch nur ein Zimmer davon nehmen. Sie ist Studentin. Vor dem U-Bahnhof Zoo bleibe ich stehen. Nach kurzer Zeit schon umringt mich eine 100köpfige Menge. «Das ist unerhört und beschämend», ruft eine Dame mit prall gefüllter Einkaufstasche. Sie tippt mit einem Finger auf mein Schild, als wolle sie es durchbohren: «Der bringt die ganzen Studenten in Verruf. Gehen Sie doch rüber, machen Sie das doch drüben . . .» Die Stimme der älteren Dame überschlägt sich, die Menge reagiert: «Rüberfahren» . . . «steckt sie alle in die S-Bahn», wird mir zugerufen. Von hinten erhalte ich einen Stoß. «Daß Axel Springer die Wahrheit schreibt, können sie nicht vertragen», höre ich. Ein etwa 50jähriger Mann mit einer abgetragenen Aktentasche unter dem Arm schimpft auf einen Jüngeren mit Sonnenbrille ein. Fünf oder sechs der Umstehenden beteiligen sich an dem Streit. Es geht darum, ob Springer mit seiner Beurteilung der Studenten recht hat oder nicht. Außer dem Mann mit der Sonnenbrille, der gegen die anderen nicht laut genug anschreien kann, sind alle für Springer. «Arbeitslager», wirft ein Herr mit Stockschirm und Reisetasche in die Diskussion. Eine alte Frau reißt vorn an meinem Schild. Von hinten versucht ein ärmlich gekleideter Mann, den Text des Schildes mit Kugelschreiber auszustreichen. «Du hängst dir doch nur ein Schild um, damit du nicht zu arbeiten brauchst», schreit er mir ins Gesicht, als ich mich umdrehe. «Ihr habt ja selber andere Leute totgeschlagen und jetzt sucht ihr Zimmer!»

Etwa vier Diskussionszentren haben sich gebildet. Es sind einzelne, meist jüngere Leute, die die Studenten verteidigen. Aber ihre Stimmen sind nicht zu hören. Die anderen schreien hysterisch auf sie ein.

Ein Mann im schwarzen Anzug drängt sich zu mir durch.

«Vielleicht kann ich Ihnen behilflich sein, rufen Sie mich doch heute abend mal an.» Er gibt mir eine Karte. «Stadtmissionar H.-G. K.» lese ich.

Dann geht es Schlag auf Schlag: «Totschlagen, ausrotten sollte man sie», schreit ein älterer Herr mit rotem Gesicht. Er sieht sanft und gutmütig aus. «Einer war viel zu wenig, alle hättet ihr draufgehen müssen.» Neben mir spricht mich ein Mann mit Schaffnermütze auf sächsisch an: «Die Polizei war noch viel zu lasch. Wenn ich einen Knüppel gehabt hätte, hätte ich reingeschlagen, daß die Fetzen fliegen.» Er sagte es ohne Erregung.

Ein etwa 35jähriger mit Brille und Stirnglatze schreit mich an: «Tausend hätte man von euch umlegen müssen», als Polizisten herantreten. «Haben Sie's gehört?» wende ich mich an einen Beamten. «Wollen Sie nichts unternehmen?» Der Polizist grinst. Er geht einige Schritte zur Seite. Ein Freund, der in der Menge steht und sich die Aussprüche notiert, hört, wie derselbe Polizist über eine Rufsäule das zuständige Revier verständigt: «Hier sucht ein Student Arbeit. Größerer Menschenauflauf. Wir machen nichts, er kriegt schon tüchtig Zunder!» Zunder gibt auch ein besser gekleideter Herr: «So, Arbeit suchen Sie, warum werden Sie nicht Straßenkehrer?» Ich: «Wenn ich etwas anderes bekommen könnte, wäre mir das natürlich lieber.» Er: «Das ist gerade gut genug für euch.» – «Die Pisse solltest du wegfegen», sagt ein etwa 40jähriger Berliner. Er zeigt auf ein Pissoir in der Nähe. «Auflecken, auflecken!» Ein kleiner Mann mit hochgekrempelten Ärmeln, dem der Schweiß übers Gesicht rinnt, streckt mir unmißverständlich die Zunge heraus. Dann spuckt er gegen das Schild, das an meinem Hals hängt.

Spitzel-Bewerbungen

Wir müssen die radikale Linke isolieren, sichtbar in die Ecke stellen und – geistig jedenfalls – hochprügeln.

Rainer Barzel, CDU

Entartungserscheinungen schlimmsten Ausmaßes . . . Eine Abart von Studenten terrorisiert ihre Mitmenschen . . .

Ludwig Erhard, CDU

Sie können den Schutz des Staates und der Gesellschaft nicht mehr für sich in Anspruch nehmen.

Schmitt-Vockenhausen, SPD

Isolieren, hochprügeln, Entartungserscheinungen, kein Anspruch auf den Schutz des Staates . . . So gesehen, sind die Aktivitäten des Verfassungsschutzes und der politischen Polizei in Studentenkreisen folgerichtig.

Isolieren: «Das Augenmerk des Verfassungsschutzes richtet sich ausschließlich auf verfassungsfeindliche Bestrebungen innerhalb des SDS. Der übrige studentische Bereich wird nicht erfaßt.» (Ministerialdirektor Heede, Verfassungsschutzchef vom Dienst in Hessen, auf einer Pressekonferenz in Gießen im Dezember 1967, als dort zwei Fälle von Studentenanwerbungen bekannt geworden waren.)

Damit bestätigte der Beamte, daß rechtsradikale Tendenzen an den Universitäten dem Verfassungsschutz jedenfalls keine Sorgen bereiten. Auf die politische und moralische Legitimität der Schmiergelder angesprochen (den Studenten sollten für ihre Spitzeldienste 200 Mark monatlich gezahlt werden), führte Heede aus, es sei außerordentlich bedauerlich, daß sich bei uns nicht mehr Bürger fänden, die solche Aufgaben freiwillig und ohne Entgelt übernähmen. Es fehle offenbar an dem nötigen Idealismus. «Was würden die Bürger sagen, wenn nachher etwas passiert, und wir haben nichts davon gewußt.» Inzwischen ist dieser Verfassungsschützer befördert worden: zum kommissarischen Leiter des hessischen Verfassungsschutzes, womit an seinem rechtmäßigen Handeln nicht zu zweifeln ist.

1. Teil – gegen links –

Polizeipräsidium Würzburg, erster Stock, Zimmer 120. Das politische Kommissariat war leicht zu finden. Das sonst übliche Namensschild an der Tür fehlt. Der Beamte – er heißt Söder, wie ich später telefonisch erfahre

– trägt Zivil. Das Fenster seines Büros ist von außen mit Stahlstäben vor Ein- und Ausbrüchen gesichert.

Söder, Mitte 50, ist mittelgroß, untersetzt, durchschnittlich gekleidet, sein Äußeres ohne besondere Kennzeichen. Er läßt mich seitlich an seinem Schreibtisch Platz nehmen und nennt seinen Namen nicht, als ich mich vorstelle.

«Es ist eine etwas diffizile Angelegenheit», beginne ich. Er mustert mich prüfend und läßt seinen Blick nicht von mir ab. Ich sei Mitglied im NHB, dem der NPD nahestehenden *Nationalen Hochschulbund*. Schon aus Verbandsinteressen heraus – «man will wissen, wo der Feind steht» – sei ich in Göttingen dem SDS beigetreten. Ich hätte regelmäßig einem V-Mann über den SDS Bericht erstattet und sei zuletzt auch in Form einer Aufwandsentschädigung dafür honoriert worden. Das Schlimme sei gewesen, daß «nach dem, was da in letzter Zeit alles an die Öffentlichkeit gezerrt wurde», ich im SDS als Sicherheitsrisiko galt. Man schloß mich von gemeinsamen Veranstaltungen aus, «ja, es kam so weit, daß in der Mensa Kommilitonen demonstrativ den Tisch verließen, wenn ich mich zu ihnen setzen wollte».

Kurz und gut, ich wollte aus eben dem Grund die Universität wechseln und mich hier einschreiben lassen, um über den hier neugegründeten SDS Material zu erstellen. Ich sei bereits im Besitz einiger Kontaktadressen, über die ich ohne weiteres wieder in den SDS eingeführt werden könne.

«Das wird etwas schwerfallen.» Der politische Kriminalbeamte meldet Bedenken an. «Die haben ja auch ihr Warnnetz. Die werden Sie hier ausfindig machen.» – «Ich war in Göttingen unter anderem Namen. Man hatte mir dort vorsorglich einen falschen Ausweis ausgestellt.» Diese Praxis scheint dem Beamten nicht unvertraut zu sein: «Dann ist das jetzt Ihr richtiger Name, den ich notiert habe?» Ich nenne ihm Namen einiger Würzburger SDS-Leute, um zu erfahren, wie weit er informiert ist. Er kennt sie alle, weiß auch die Adressen, ist aber zu vorsichtig, mehr zu sagen. «Mit der Zeit müßte natürlich was für mich abfallen.»

Die Forderung war wohl zu direkt. Seine anfängliche Teilnahme und Vertrautheit schwindet wieder. Er wird distanziert. «Mal langsam. So ist das wieder nicht. Erst mal muß ich mir Ihre Personalien notieren. Schon im Interesse der Sache müssen wir da vorsichtig vorgehen. Wenn alles zu unserer Zufriedenheit überprüft ist, rufen Sie mich an und wir besprechen alles in Ruhe.» – «Ich muß mir erst noch ein Zimmer suchen, dann melde ich mich wieder bei Ihnen.»

Um zu prüfen, in welchem Maße ihn mein Angebot interessiert, sage ich: «Falls Sie nicht zahlen können, könnte ich mein Angebot genausogut dem Verfassungsschutz unterbreiten. Ich habe da eine Empfehlung hin.» – Er hält mich zurück. «Trotzdem, das würde ich jetzt lieber nicht tun. Die sind durch die letzten Vorkommnisse gewarnt und bei Neuen übervorsichtig. Wir werden schon ins reine kommen ... Ich erwarte dann ihren

Anruf.» – Wir verabschieden uns.

Im *Heidelberger Polizeigebäude* ist das Politische Kommissariat im dritten Stock, Zimmer 68. Drei Namen nennt das Türschild: Zimmermann, Bieringer, Haber (Kriminalkommissar, Kriminalobermeister). Dem Äußeren nach ist es der Kommissar, der mich begrüßt. Er ist grauhaarig, an die 60, sein maßgeschneiderter dunkelblauer Anzug läßt ihn salopp erscheinen. Er hört sich meine Geschichte im Vorzimmer an – wir stehen dabei. Mit einem Blick auf die Sekretärin, die an der Schreibmaschine sitzt, flüstere ich.

Er scheint den Fall nicht ganz verstanden zu haben, denn als er mich in sein Zimmer bittet, redet er mich mit «Herr Kollege» an. Als ein Telefongespräch zu ihm durchgestellt wird, sagt er mit einem Blick auf mich: «Nein, ich bin nicht allein, aber Sie können unbesorgt sprechen.» Als ich aufstehen will, um im Nebenraum zu warten, winkt er mir zu, ich solle sitzen bleiben. Am anderen Ende der Leitung muß gerade ein *V-Mann* sein, denn er sagt: «Ich habe bereits eine Ausarbeitung Ihres Berichts über den Studenten für den Oberbürgermeister erstellen lassen. Lassen Sie sich doch bald noch mal hier sehen . . .»

Im weiteren Verlauf des Gesprächs wird ihm plötzlich klar, daß ich lediglich für einen Kontaktmann Material gesammelt habe, aber selbst kein *V-Mann* bin. «Dann haben Sie also gar nicht für uns gearbeitet?» – Er nennt diese feste Agententätigkeit «arbeiten», im Gegensatz zum nebenberuflichen «Spitzeln», was er aber auch nicht Spitzeln nennt. Er umschreibt es: «Ihre Tätigkeit für uns . . .» Jetzt reagiert er wie der Beamte in Würzburg. Ich gebe ihm Namen und Adresse an. «In ein paar Tagen sind wir soweit. Dann melden Sie sich wieder.»

«Ich brauche ein Zimmer. Können Sie mir da behilflich sein?» – «Machen Sie schon mal eins fest. Das geht in Ordnung.»

Die Frage nach der Bezahlung scheint ihn nicht zu verwundern. Er sagt weder nein noch ja, in seiner Haltung ist jedoch keine Ablehnung, nur Abwarten. Er gibt mir die Hand.

Hauptwachtmeister Roßbach ist in *Limburg* für das politische Ressort zuständig. Hier wird die Geschichte anders konstruiert. Es geht um angebliche Kontakte einer Werkkunstschule – der Glasfachschule Hadamar – zum SDS in Frankfurt. Kommissar Roßbach scheint ein neues Betätigungsfeld zu wittern.

«Das ist sehr interessant. Das interessiert uns natürlich sehr.» – «Es müßte natürlich entsprechend honoriert werden, sonst könnte man es ja auch dem Verfassungsschutzamt zur Verfügung stellen.» Roßbach will von der Konkurrenz nichts wissen. «Nein, da sind Sie hier genau richtig. Das können wir hier genauso honorieren.» Er notiert sich Anschrift und Geburtsdatum, um «die näheren Einzelheiten in den nächsten Tagen zu besprechen».

«Was in Gießen geschah, ist ein bedauerlicher Einzelfall, der sich in Hessen nicht wiederholen wird.»
(Hessens Innenminister Schneider)

Das Polizeipräsidium *Darmstadt* liegt außerhalb der Stadt. Herr Emig ist stellvertretender Leiter des Politischen Kommissariates. Bei ihm spreche ich mit meiner ersten Version der Geschichte vor. Emig ist unsicher. Sein Chef Arras sei für eine Woche auf Dienstreise. «Er müßte Sie doch von meinem Besuch instruiert haben. Wußten Sie nicht von ihm, daß ich kommen würde?» – «Nein, er hat mir nichts gesagt. Da sieht man wieder. Er sagt mir längst nicht alles!»

«Haben Sie denn bereits Leute, die Ihnen Material aus dem SDS beschaffen?» frage ich. «Wir sind ein bisserl vorsichtig hier, damit nichts rauskommt, das ist der Hauptgrund, daß ich Ihnen darüber nichts sagen kann.» – In Darmstadt ist der Verfassungsschutz keine Konkurrenz für die Politische. «Wir arbeiten da Hand in Hand. Offiziell dürfen wir nur Amtshilfe leisten, aber wir arbeiten in Wirklichkeit eng zusammen», antwortet er auf meine Frage, ob ich wegen der Honorierung besser mit dem Verfassungsschutz verhandeln soll. Weit mehr Ärger als mit dem SDS hätten sie hier noch mit der illegalen KPD: «Die dauernden Ostkontakte machen uns schon zu schaffen. Ich hab mal zu einem ehemaligen KP-Mitglied gesagt: ‹Ich mach Ihnen einen Vorschlag, ich zahl Ihnen die Fahrkarte nach Weimar, dort ist eine Diktatur, aber wir wollen hier keine Diktatur haben . . .›»

Und er sagt seine Meinung zu Dutschke: «Der war ja gestern in Frankfurt. Warum schmeißt man den Kerl nicht von der Hochschule runter, das kapier ich nicht. Demokratie in Ehren, aber irgendwo hört auch die Demokratie mal auf. Wer weiß, ob der uns nicht von drüben geschickt worden ist.» Er warnt mich zum Abschied noch. «Wir müssen hier bei unserer Zusammenarbeit verdammt vorsichtig sein. Sie sind hier nicht mehr in Nordrhein-Westfalen.»

Die Adressen der Verfassungsschutzmänner sind geheim. Das Darmstädter Amt für Verfassungsschutz befindet sich im Regierungsgebäude am *Langen Ludwig*. Im Parterre hängt ein Steckbrief aus: *Die amerikanische Armee zahlt für die Verhaftung und Auslieferung eines desertierten Oberfeldwebels an die US-Militärkontrolle 4000 Mark Belohnung*. Daneben bietet die deutsche Kripo für die Aufspürung eines deutschen Raubmörders 1500 Mark.

Der Name des Darmstädter Verfassungsschützers ist Jungemann. An seinem Türschild fehlt sein Name. Jungemann ist Mitte 30 bis Anfang 40. Er will von mir erst Name und Adresse wissen, bevor er sich mit mir unterhält. Auch den Namen des *V-Mannes*, mit dem ich bisher zusammengearbeitet habe, notiert er. Als ich mich weigere, ihm meinen Ausweis vorzulegen: «Woher weiß ich, daß Sie nicht vom SDS geschickt sind. Sie könnten uns viel Arbeit ersparen, wenn Sie sich ausweisen. In zwei Stunden habe ich sowieso über Fernschreiben alle Angaben, die ich brauche. Wenn Sie mir nichts Genaues sagen, hat die Unterhaltung gar keinen Zweck.»

Ich gehe zum Angriff über: «Ihr Auftreten ist nicht sehr vertrauenerweckend. Ich kann das Material auch anderswo verkaufen.» Er kontert: «Dann muß ich Ihnen aber sagen, daß Ihr Auftreten noch viel weniger vertrauenerweckend ist, noch viel weniger ... Ein Mann, der hierher geschickt worden ist und will mit uns zusammenarbeiten, gegen Bezahlung, und will sich nicht ausweisen, da stimmt doch etwas nicht.»

Zwei Zimmer weiter ist eine Polizeidienststelle. Jungemann trommelt mit seinen Fingerknöcheln auf der Schreibtischplatte. Ich stehe auf. «Sie werden zu gegebener Zeit noch von mir hören.»

Ich renne das Treppenhaus hinunter.

Kurz vorm Parkplatz bemerke ich, daß mir ein jüngerer Polizist im Laufschritt folgt. Dicht dahinter versucht ein Mann im beigen Regenmantel Schritt zu halten. Mit 30 Meter Vorsprung erreiche ich den Wagen. Die Ampel wechselt von Rot auf Gelb, als ich losfahre. Der Polizist ist bis auf fünf Schritte an meinen Wagen herangekommen. Er bleibt stehen und notiert die Autonummer.

> «Wir stehen auf einer schiefen Ebene, auf der wir allmählich zum Polizeistaat, wenn nicht gar zum Überwachungsstaat heruntergleiten können.»
> (Oberlandesgerichtspräsident i. R. Schmid, Stuttgart, 1965)

Walter T. (25), Student der Universität Marburg, wurde im Sommer 1966 (T. war seit einigen Monaten SDS-Mitglied) zur dortigen Polizeistelle vorgeladen. Dort wartete auf ihn ein Beamter des Landesverfassungsschutzes Wiesbaden. Er verhörte ihn zu einer DDR-Reise. Das Verhör verlief «konziliant und sachlich». Anschließend lud der Beamte T. zum Bier in eine Gaststätte ein. Dort eröffnete er ihm, daß seine DDR-Kontakte an sich nichts Schlimmes seien und er sie unbehelligt fortsetzen könne, wenn er über die teilnehmenden Genossen und dortigen Vorkommnisse Bericht erstatte. Außerdem solle er neue Kontakte anknüpfen. Gleichsam entschuldigend fügte er hinzu: «Sie müssen doch einsehen, daß die Demokratie solche Leute wie mich braucht und auch auf weitere vertrauenswürdige Informanten angewiesen ist.» Er deutete an, daß seine Tätigkeit bei Erfolg honoriert werde. Auch wußte er über die familiären Verhältnisse von T. genau Bescheid. Als T. ablehnte, hieß ihn der Beamte, über das Gespräch absolutes Stillschweigen bewahren, es könne ihm sonst sehr schaden.

Lüneburg ist bekannt durch sein Sondergericht für politische Straftaten. Am Kiosk, dem Polizeipräsidium gegenüber, liegen neben *Bild* die *Deutschen Nachrichten* und die *Deutsche National- und Soldaten-Zeitung* aus. In Lüneburg ist die NPD besonders stark.

«Stehenbleiben», ruft mir ein Polizist nach, als ich bei *rot* über die Straße laufe. Als die Ampel auf *grün* wechselt, folgt er mir. Ich bin kurz vor ihm im Polizeipräsidium. «Zur Politischen?» – «Dritter Stock.» Der Beamte an der Pforte hält dem Polizisten, der mir gefolgt ist, die Tür auf. «Schreiben Sie ihm eine Verwarnung. Er ist bei *rot* über die Straße gerannt und hat meiner Aufforderung, stehenzubleiben, nicht Folge geleistet.»

«Jawohl», sagt der Pförtner, «Gebührenpflichtige Verwarnung wegen Nichtbeachtung einer Verkehrsampel, jawohl, sofort.»

Der Beamte, der mir gefolgt ist, trägt mehrere silberne Sterne auf seinen Schulterklappen. Er ist an die Fünfzig, blond, stramme Haltung; ohne mich eines Blickes zu würdigen, geht er auf die Treppe zu. «Moment bitte», ich laufe ihm nach. «Ich hatte es eilig, ich komme extra aus Hamburg, um Ihnen etwas zu bringen.»

Er ist stehengeblieben. «Ich habe die Anweisung erteilt, da gibt's keine Ausnahme.» – «Das begreif ich nicht», sage ich, «ich komme aus Hamburg, um Ihnen Material über den SDS zu bringen, und das ist der Dank.» Er versteht. «Das ist etwas anderes. Das hätten Sie gleich sagen sollen. Das konnte ich ja nicht ahnen.» Laut: «Es hat sich erledigt.»

Der Pförtner zerknüllt die bereits ausgeschriebene *gebührenpflichtige Verwarnung.*

Der Uniformierte geleitet mich zum dritten Stock. «Leute wie Sie brauchen wir», sagt er zum Abschied, und es klingt nicht einmal ironisch.

Der Chef des politischen Kommissariats, Kuntze, ist auf Dienstreise. Sein Stellvertreter, Hauptkommissar Uecker, ist Mitte Vierzig; er bittet mich an den Besuchertisch und bietet mir von seinen Zigaretten an. Ich unterbreite ihm mein Angebot:

Diesmal nichts über «Linksradikale», den SDS und die Außerparlamentarische. Die Bereitwilligkeit, Spitzeldienste in dieser Richtung nicht nur zu akzeptieren, sondern auch entsprechend zu honorieren, hatte sich in Darmstadt, Heidelberg, Limburg und Würzburg gezeigt. Diesmal geht es um den «Rechtsradikalismus». Ich will wissen, ob in dieser Hinsicht gleich intensiv bespitzelt und auf «Verfassungsfeindlichkeit» hin untersucht wird.

Ich sei in Hamburg der NPD beigetreten, an erster Stelle «aus Sorge um die Demokratie». Was sich dort bereits während meiner halbjährigen Zugehörigkeit an möglichen Straftatbeständen geboten habe, könne mit zu einem Verbot der Partei beitragen. Aus beruflichen Gründen zöge ich nun nach Lüneburg um: wahrscheinlich würde sich bei der hiesigen politischen Struktur noch weit ergiebigeres Material bieten. Vor allem komme es mir darauf an, daß meine Berichte und Aufzeichnungen in die richtigen Hände kämen. Aus dem Grund sei ich hier.

«Sind wohl Idealist?» Er reagiert eher belustigt als mißtrauisch. «Sehen Sie mal», versucht er die Dinge ins rechte Licht zu rücken, «der Ruf nach dem Verbot der NPD, woher kommt denn der? Der kommt doch an erster Stelle von seiten der illegalen KPD und der außerparlamentarischen Opposition. Meinen Sie nicht, daß wir so eine Partei verkraften müßten und mit der Zeit unserem demokratischen System integrieren könnten!» Als ich ihn erstaunt ansehe: «Sogar der Hamburger Innensenator Ruhnau ist gegen ein Verbot, und der ist SPD.» – «Sie sind also nicht daran interessiert?» – «Nun ja», Uecker windet sich, «sehen Sie mal, dieses Material, von dem Sie sprechen, man darf so etwas nicht gleich hochspielen, dramatisieren, wir sind noch mit ganz anderen Dingen fertig geworden.» – «Sie meinen, im Dritten Reich?» Er begreift nicht. «Nein, diese Studententumulte, die machen uns viel mehr zu schaffen, und trotzdem bekommen wir sie in den Griff... Die NPD hält sich doch verhältnismäßig zurück.» – «Dann kann man sagen, daß Sie dieser Partei insgesamt doch recht wohlwollend gegenüberstehen und meine Bemühungen hier nicht gerade auf Gegenliebe stoßen?» Hauptkommissar Uecker (leicht erregt): «So habe ich es nicht gesagt. Wenn Sie's genau wissen wollen, ich bin ein CDU-Mitglied. Aber bitte, beurteilen Sie's doch selbst, wen stört die NPD, wem schadet sie denn!»

(Als ich in den Wagen steige, notiert ein etwa 30jähriger in grauem Tweed-Mantel die Autonummer.)

Lauenburg an der Elbe, 30 Kilometer nördlich von Lüneburg.

Ich spreche auf der Polizeistelle vor. «Es ist wegen etwas Politischem.» Der uniformierte Beamte in der Wachstube holt den Dienststellenleiter. Der Dienststellenleiter – in Zivil – führt mich in sein Amtszimmer auf dem ersten Stock. Als erstes bietet er mir eine Zigarette an. «Es geht um eventuelle Mitarbeit. Es sind vertrauliche Informationen.» – «Sie haben Glück», der Dienststellenleiter ist erfreut, mir dienlich sein zu können.

«Wir haben hier einen Herrn vom Landesamt für Verfassungsschutz. Der hat hier einen Sonderauftrag und übernimmt auch die Bearbeitung derartiger Informationen.»

«Ich weiß», sage ich, «man sagte mir in Hamburg schon, daß ich hier ein reiches Betätigungsfeld vorfinden werde.» Er wählt die Telefonnummer 3218. Es meldet sich ein Herr Gabbert, eben jener Mann vom *Landesverfassungsschutz* mit dem Sonderauftrag. «Besuch für Sie», sagt der Dienststellenleiter. Und zu mir: «Es dauert nicht lange.»

Fünf Minuten später steht Gabbert im Raum. Er hat nicht angeklopft.

Schulterklopfend zum Dienststellenleiter: «Nun, mein Lieber, den Fasching gestern gut überstanden?» Mich mustert er wohlwollend. «Ja, dann wollen wir mal.» Gabbert scheint der Vorgesetzte vom Dienststellenleiter zu sein – jedenfalls so eine Art *Graue Eminenz* – denn er schickt ihn aus seinem eigenen Büro (mit Nachdruck): «Sie wollen doch jetzt nach Hause, nicht?!» – Der Dienststellenleiter gibt uns die Hand, nimmt seine Aktentasche, und im Hinausgehen zieht er sich den Mantel an.

«So, nun sind wir allein!» Gabbert schmunzelt: «Es ist mein Prinzip, solche Dinge möglichst unter vier Augen zu besprechen – nun, was haben Sie auf dem Herzen?» Ich nenne die Gründe meiner NPD-Mitgliedschaft, gebe mich diesmal als Statiker aus, der für etwa ein Jahr von Hamburg aus hierhin auf Montage geschickt werden soll. In Hamburg hätte ich bereits einen V-Mann einiges Material zugespielt, hier hoffte ich auf reichere Ausbeute, da die NPD mit drei Sitzen im Landtag vertreten sei. «Da wüßte ich noch was Besseres.» Gabbert tut geheimnisvoll. «Ich schlage vor, wir besprechen das alles in Ruhe in einem Café hier in der Nähe. Da sitzt sich's gemütlicher. Ich gehe vor, und Sie kommen in fünf Minuten nach. Dann ist's unauffälliger.»

Fünf Minuten später. Café Clausen. Gabbert hat an einem Ecktisch Platz genommen. Er erhebt sich und begrüßt mich aufs neue. Er bestellt für uns Kaffee und Kuchen. «Um was für ein Bauprojekt geht es?» – «Geheim», flüstere ich und lege den Finger auf den Mund. «Sie wissen wahrscheinlich mehr darüber als ich selbst.» Gabbert nickt, als ob er Bescheid wisse. «Ist schon klar», sagt er und kommt zur Sache. «Sehen Sie, ich bin nicht umsonst hier. Lauenburg ist ein rotes Nest, ich könnte fast behaupten, Lauenburg ist das Zentrum der norddeutschen KPD.» Begründung: «Hier hat die DFU über fünf Prozent erreicht.» – «Die NPD aber immerhin fast zehn.»

Gabbert nimmt es nicht zur Kenntnis, dafür sagt er: «Ist eine alte Arbeitergegend hier. Lauter illegale Umtriebe. Das reicht von der ‹Arbeiterwohlfahrt› bis zum Arbeiterstammtisch. Alles kommunistisch unterwandert.» Er sagt's hinter vorgehaltener Hand und hält Ausschau im Café. An den Nebentischen sitzen Kaffee-Tanten und ein paar Schülerinnen. «Sehen Sie, das wäre schon eine lohnende Aufgabe für Sie, wenn Sie schon antidemokratischen und radikalen Umtrieben auf der Spur sind. Wir bieten Ihnen jede Sicherheit und sorgen für absolute Geheimhaltung.»

Er fragt erneut nach dem Namen der Baufirma. «Denn, sehen Sie, was Sie da in einem miterledigen könnten, wäre die Beobachtung der Arbeiter auf der Baustelle. Ihre Kontakte, ihre politische Einstellung, ihre Gespräche. Das würde uns sehr dienlich sein.» Er verspricht mir, sich nach einem geeigneten Zimmer für mich umzusehen: «Sie müßten dann am besten etwas außerhalb wohnen. Damit Sie nicht so im Blickfeld sind. Hier macht's direkt Spaß. Alles sehr übersichtlich, eine Kleinstadt hat eben ihre Vorzüge. Bei 11400 Einwohnern bekommen Sie es schnell in den Griff, jeder kennt jeden, und das Informationsnetz ist dicht. Lassen Sie die Finger von der NPD, die Aktivität der Linken ist interessanter und wichtiger.» – «Meinen Sie, wenn ich's gut mache und genug Material heranschaffe, daß ich's dann später mal hauptberuflich ausüben könnte, sozusagen von der Pike auf gelernt?» – Er geht darauf ein: «Warum nicht. Wir suchen immer gute Leute. Das ist alles möglich, braucht nur seine Zeit, obwohl wir bis dahin durchaus schon Übergangsvereinbarungen treffen können. Wenn das Material gut ist, zahlen wir selbstverständlich dafür.» Dann gibt er mir noch einen Rat – vom Kollegen zum künftigen Kollegen: «Unser Beruf verlangt Härte. Wir sind zwar nicht so schlimm, wie wir oft hingestellt werden, aber unsere menschlichen Gefühle müssen wir oft ablegen.» – Sein Blick schweift im Café umher. «Wir müssen vorsichtig sein hier im Café.» Er flüstert wieder: «Wir müssen hart sein gegen andere wie gegen uns selbst.»

Zum Schluß bittet er mich, ihm Namen, Adresse, Geburtsort und -datum auf ein Stück Papier zu schreiben. Ich falte einen Zettel zusammen, den er unbesehen und betont unauffällig einsteckt: «Wir melden uns dann bei Ihnen. In einer Woche haben Sie Nachricht. Sie verstehen, wir müssen da sichergehen und einige Erkundigungen über Sie einziehen, das wird ja auch in Ihrem Sinne sein.» – «Ja, ganz meinerseits», antworte ich. Ich will meinen Kaffee und Kuchen selbst bezahlen, aber er läßt es nicht zu: «Das setzen wir ab.»

An der Garderobe helfe ich ihm in seinen Mantel. Es ist der gleiche Tweed-Mantel, den der politische Kriminalbeamte in Lüneburg trug. «Ihr Dienstmantel?» frage ich, als wir am Büfett vorbeigehen. «Er ist so betont unauffällig.» – «Nicht so laut», flüstert er und winkt der Bedienung zum Abschied zu. Dann setzt er ein gequältes Lächeln auf. Er zieht den Hut, als wir uns verabschieden und schaut mir nach.

Eine Woche später: *Berlin*. Direkt neben dem Flughafen Tempelhof das Polizeigebäude. Die politische Polizei hat sich im dritten Stock verschanzt. «Sie müssen den Ausweis hier abgeben.» Der Polizist im Glaskasten läßt mich nicht durch. «Das ist mir zu unsicher. Ich kenne Sie ja nicht.» – «Holen Sie den Chef der politischen Abteilung. Ihm kann ich dann auch meinen Namen nennen.» Es wirkt. Der Polizist führt mich zum politischen Kommissariat. Dort erkläre ich einem Beamten, worum es sich handelt. Der führt mich zu seinem Chef, Kommissar Rückwarth. «Er ist polizeifreundlich eingestellt.» Mit diesen Worten übergibt mich der Beamte dem Kommissar. Ich stelle mich als Student vor, der von Frankfurt nach Berlin wechselt. Ich biete ihm an, auch hier der NPD beizutreten und gleichzeitig dem NHB, dem von der NPD gelenkten *Nationalen Hochschulbund*. Der Kommissar winkt ab: «Wir haben hier im Moment ganz andere Sorgen.» Und der gleiche Vorgang wiederholt sich zum drittenmal. «Sind Sie gegen Radikalisierung auf beiden Seiten? Wie stehen Sie politisch?» – «Nun, wie soll ich sagen, demokratische Rechte. So auf der Linie von Strauß und

Schütz.»

Der Kommissar ist zufrieden: «Sehen Sie, wie Sie aus den Zeitungen wissen werden, macht uns der SDS hier schwer zu schaffen. Und es wird noch härter kommen, sage ich Ihnen. Ich kann Ihnen das hier offen sagen, wir sind auf alles vorbereitet. Da brauchen wir natürlich unsere Leute. Sehen Sie sich denn imstande, auf dieser Linie für uns zu arbeiten?» – «Ich weiß nicht recht», sage ich, «eigentlich sah ich ja die größere Gefahr immer bei den Rechten. Aber wenn Sie meinen, Sie haben da ja mehr Einblick und sitzen an der Quelle.»

«Ja», sagt Rückwarth, «wir wissen alles, marxistisches Gedankengut und ein klares Parteiprogramm in radikalster Form und kommunistisch ferngesteuert. Da haben wir's mit der Kommune leichter. Das ist pubertär und verpufft von selbst, aber der SDS macht uns immer mehr zu schaffen.» – Dann warnt er mich: «Wenn Sie sich mit denen einlassen, bleiben Sie trotzdem immer auf Distanz. Das ist wie eine Seuche. Selbst Leute, die für uns gearbeitet haben, sind denen auf den Leim gegangen und haben sich umdrehen lassen. Nicht daß Ihnen dasselbe passiert. Sie sind neu hier und kennen die besonderen Verhältnisse noch nicht so.»

Für später stellte er mir eine Honorierung für meine Spitzeltätigkeit in Aussicht. «Wir besprechen das direkt mit dem Verfassungsschutz, die entscheiden und veranlassen das – das wird schon in Ordnung gehen.» Um eins bittet er mich: «Melden Sie sich nicht nach Berlin um. Voraussichtlich werden Sie für uns auch im Ostsektor tätig sein müssen, als Berliner können Sie ja offiziell nicht rüber.»

Zum Schluß setzt er mich auf eine Fährte: «Wenn Sie uns den SDS-Mann nennen, der in letzter Zeit die Brände hier legt, sind Sie ein gemachter Mann.» (Er spielt auf einige Fälle von Brandstiftungen in den letzten Tagen an, die nach Zeitungsmeldungen offensichtlich von einem Geisteskranken verübt worden sind.)

Lehensdienste in Westfalen

Das Geschlecht derer von Carlowitz gehört zum ältesten westfälischen Landadel. Ihr Stammsitz, Burg Holtzbrinck in Altena, Westfalen, im 12. Jahrhundert erbaut, steht unter Denkmalschutz und ist noch gut erhalten. Zur Burg gehören Ländereien und Waldstücke von über 600 Morgen.

Die Baronin Elfriede von Carlowitz, seit dem Tode ihres Mannes die alleinige Burgherrin, nennt eine Jagd ihr eigen, sie geht mit der Zeit, ist von einer vierspännigen Kutsche auf einen weißen Mercedes umgestiegen, verkehrt nicht nur in Adelskreisen, sie ist gern gesehener Gast bei Geschäftsleuten ihrer Stadt und zählt Industrielle zu ihrem Freundeskreis.

Als Ausweichquartier zu respektablen – für Feste bestens geeigneten –, aber nicht mit modernstem Wohnkomfort ausgestatteten Burg ist zur Zeit ein größerer Bungalowkomplex im Bau.

Das Anwesen der Baronin von Calowitz ist für Altena und die Nachbargemeinde Nachrodt von nicht geringer Bedeutung: die Baronin sorgt durch ständige Renovierungsarbeiten dafür, daß die Burg dem Verfall durch die Zeit widersteht. Für ihre Gemeinde Nachrodt schafft die Baronin Wohn- und Arbeitsstätten, ein besonderer Verdienst, da im Nachrodter Tal die Wohnungen knapp sind. Die Baronin hat die ehemaligen Stallungen und Bedienstetenquartiere zu Wohnungen umbauen lassen.

Und die Arbeiter und Kleinbauern wohnen nun bei ihr. Die Baronin schließt mit ihnen Verträge ab. Wie diesen hier:

Elfriede von Carlowitz
5990 Altena (Westf.), den 27. 10. 1967
Burg Holtzbrinck
Telefon 22425
Wohn- und Arbeitsvertrag
Zwischen
Elfriede Baronin von Carlowitz,
Altena-Westf., Burg Holtzbrinck,
und
Herrn Helmut Gliese, geb. am 23. 2. 1939, und seiner Ehefrau Rosemarie Gliese geb. Macziassek am 11. 2. 1938,
wurde heute folgender Arbeitsvertrag geschlossen:

1) Das Ehepaar Gliese übernimmt ab 1. Oktober 1967 die Wohnung in Einsal-Nachrodt, Altenaer Straße 86, eigener Eingang von der Gartenseite, bestehend aus vier Räumen und Keller.

2) Herr Gliese zahlt monatlich eine Mietentschädigung in Höhe von

100,– DM einhundert und übernimmt zusätzlich den Privatfriedhof in Ordnung zu halten. Bei meinem Wohnhaus Hof und Straße zu kehren, einmal wöchentlich meinen Wagen zu waschen und meinen Garten zu pflegen und in Ordnung zu halten. Der Rasen muß immer kurz geschnitten werden. Herr Gliese führt die Arbeiten überwiegend am Samstag aus. Es handelt sich um eine nebenberufliche Tätigkeit und kann ich für keine Versicherung haftbar gemacht werden, auch ist Herr und Frau Gliese in keiner Krankenkasse.

In den Monaten, wo keine Gartenarbeit anfällt, übernimmt Frau Gliese dafür in meinem Haus Hausarbeit oder Herr Gliese anfallende Anstreicherarbeiten, je nach Vereinbarung.

Bei Schnee und Glatteis hat das Ehepaar die Kehr- und Streupflicht.

3) Das Ehepaar übernimmt die Wohnung in neu renoviertem Zustand und verpflichtet sich, während der Mietzeit die Schönheitsreparaturen durchzuführen, einschließlich der Innen- und Außenanstriche von Fenster und Türen, soweit sie zu der Wohnung gehören. Das Ehepaar hat seine anfallenden Kosten für Müllabfuhr, Strom- und Wasserverbrauch zu tragen sowie Schornsteinreinigung.

5) Herr Gliese verpflichtet sich, bis zum Frühjahr 1968 die jetzige Waschküche auf seine Kosten als gekacheltes Bad auszubauen, mit gekachelter Badewanne, Waschbecken, Toilette, eventuell Duschecke sowie einer Infrarot-Wärmestrahlung. Herr Gliese braucht für 5 Jahre für diese Anlage keine Miete zahlen, dafür geht die Anlage unentgeltlich in mein Eigentum über, er zahlt auch keine Miete für den Raum. Seine Verrechnungsansprüche erlöschen, wenn er seine Tätigkeit aufgibt, das heißt, sobald er die im Vertrag übernommene Arbeit nicht mehr ausführt. Er macht einen Durchbruch von seiner Wohnung zur Waschküche und mauert die jetzige Waschküchentüre zu. Er muß nur dafür sorgen, daß die Wasserzufuhr und Stromanschluß in die dahinterliegenden Toiletten nicht unterbrochen wird.

6) Untervermietungen sind nicht gestattet.

7) Das Ehepaar muß auch immer dafür sorgen, daß vor ihrem Haus sowie der Treppenaufgang saubergehalten wird und im Winter Schnee gefegt und gestreut wird, sie haften dafür. Herr Gliese haftet auch sonst in jeder Beziehung für seine Familie auf meinem Grundstück, er ist berechtigt, alle Sicherungen auch für seine beiden Kinder zu treffen.

8) Die Kündigung bedarf der Schriftform und beträgt 4 Wochen. Dieser Vertrag enthält Wohn- und Arbeitsvertragspunkte von 1 bis 8.
Altena/Westf., den 27. Oktober 1967

Mit den Familien Müller, Terrey, Nordhusen, Kersting, Plettenberg und einem Dutzend anderer Familien hat die Baronin ähnliche «Wohn- und Arbeitsverträge» abgeschlossen.

Die Baronin wünscht die prompte Erledigung der anfallenden Arbeiten.

Dem Arbeiter Terrey, der bei ihr für 100 DM eine 50-qm-Wohnung gemietet hat, mahnt sie an: «*Am 1. 11. 1967 wurde Ihnen unter oben angegebenem Vertrag die Wohnung übergeben. Bis zum 11. 11. 1967 waren Sie von den Arbeiten hier freigestellt, um die Anstreicherarbeiten der Außentüren und Fenster, welche zu Ihrer Wohnung gehören, durchzuführen. Sie haben diese Arbeiten bis heute nur zum Teil durchgeführt.*» Falls er sich nicht «*zur ständigen, regelmäßigen Arbeitsleistung einfände*», erfolge die Kündigung und «*Berechnung der Kosten für die von ihm nicht geleistete Arbeit*». – «*Ich erwarte Sie am Samstag, dem 25. 11. 1967, um acht Uhr in meinem Hause zur Arbeit, es kann dann besprochen werden, wann die rückständige Arbeitsleistung nachgeholt wird.*» Der Arbeiter holte die versäumte Arbeit nach, um nicht durch Räumungsklage auf die Straße gesetzt zu werden, was anderen Arbeitsunwilligen schon passiert war.

«*Sollte es in Zukunft noch einmal vorkommen, daß Sie, ohne vorher mit mir Rücksprache zu nehmen, am Samstag nicht die übernommene Arbeit ausführen, werden Sie nicht mehr angemahnt, sondern verweise ich auf die Kündigungsklausel.*» Familie Kersting arbeitete an zwei aufeinanderfolgenden Wochenenden die rückständige Arbeit auf. Dem Arbeiter Helmut Kersting schreibt die Baronin die an einem Tage zu leistende Arbeit, die er laut Mietvertrag unentgeltlich mitzuübernehmen hat, genau vor: «Innerhalb von 9 Stunden», sagt er, «habe ich zum Beispiel 4 zwei Meter hohe Fenster mit zahlreichen Querholzleisten – Butzenscheiben – fertigzustreichen, das heißt vorstreichen und lackieren. Außerdem noch Ausbesserungsarbeiten am Dach, Maurerarbeiten und Teppichklopfen.»

Burg, Park-Gartenanlagen, Privatfriedhof, Fischteiche und Waldbestand läßt die von Carlowitz sich so von ihren *Mietern* in Stand halten, ohne sich mit Lohn- und Versicherungszahlung zu belasten.

Auch für Krankheitsfälle hat die Baronin neuerdings vorgesorgt.

Im Mietvertrag vom 31. März 1968 mit dem Ehepaar Nordhusen findet sich ein Zusatzparagraph 9:

Während des Urlaubs der Mieter oder bei Krankheit oder sonstiger begründeter Verhinderung der Eheleute Nordhusen, verpflichtet sich der Vater des Ehemanns, wohnhaft in Letmathe, für seinen Sohn und dessen Ehefrau einzuspringen.

Nordhusen sollte die Wohnung erst beziehen, wenn er auf eigene Kosten in der Waschküche ein gekacheltes Bad und Heizung eingebaut hätte. Während dieser Zeit mußte er bereits die Monatsmiete in Höhe von 100 DM zahlen. Während er mit dem Umbau beschäftigt war, wünschte die Baronin, daß er zusätzlich ihren Burggarten in Ordnung hielte, andernfalls wolle sie die Monatsmiete um 50 DM erhöhen.

Als Nordhusen 1000 DM in den Umbau der Waschküche gesteckt und 50 Stunden Arbeit im Burggarten verrichtet hatte, durfte er vorzeitig in die Wohnung einziehen. Als seine Firma von ihm Überstunden verlangte, schaffte er die Arbeit im Burggarten nicht mehr. Die Baronin verlangte, daß er die Stelle wechsle und schickte eine Rechnung über 100 DM für die Pflege des Gartens, womit sie einen Gärtner beauftragt hatte. Als die Baronin mit der Kündigung drohte, ließ Nordhusen seinen Vater, seine Frau (im 7. Monat schwanger) und einen Freund einspringen, um die liegengebliebene Arbeit nachzuholen.

Inzwischen hat Nordhusen den Umbau der Waschküche eingestellt, da seine Ersparnisse aufgebraucht sind und er zusätzlich Schulden machte und ihm immer noch 2000 DM für die Fertigstellung des Bades fehlen. Er erwartet den Räumungsprozeß, eine Aussicht auf eine andere Wohnung hat er zur Zeit nicht.

Familie M. war froh, mit sechs Kindern überhaupt eine Wohnung zu bekommen. Der Mietpreis, 120 DM für eine 4½-Zimmer-Wohnung, war erschwinglich. Wenn dieser Wohnkomplex auch ein ehemaliger Pferdestall der Burg war und von den Einheimischen *Rattenburg* genannt wurde, die M.s hatten eine Wohnung. Im Winter war die Wohnung feucht, die Tapete löste sich von den Wänden, an kalten Tagen bildeten sich im Raum Eiskristalle. Im Sommer krochen die Ratten aus ihren Verstecken hervor, die Nachbarn in den gegenüberliegenden Häusern sahen sie die Dachrinne entlanglaufen, nachts hörte man das Nagen und Pfeifen. Als die M.s Rattengift ausstreuten, wurden es ein paar Ratten weniger, dafür breitete sich ein Verwesungsgeruch im Haus aus, der auch im Winter noch anhielt.

Der Vertrag der Familie M. ist gleichlautend mit dem der Familie Gliese. Außer einen Zusatzpassus, der bestimmt, daß Frau M. 20 Stunden pro Woche (4 Stunden täglich) im Haushalt der Baronin von Carlowitz auf Burg Holtzbrinck Hausarbeit zu verrichten hat, ebenfalls unentgeltlich. (Bei normaler Berechnung von 3,50 DM Stundenlohn für Hausarbeit stünden der M. monatlich 280 DM zu, demnach zahlt sie für die Wohnung nicht 120 DM, sondern 400 DM.) Die Fahrkosten von ihrer Wohnung in Nachrodt zur Burg in Altena, 2 DM täglich, gehen zu Lasten von Frau M. Ihr jüngstes Kind muß sie für 80 DM monatlich in den Kindergarten geben. Ihr zweitjüngstes – 4 Jahre alt – konnte sie nicht mehr unterbekommen, sie schließt es täglich von 9 Uhr bis 14 Uhr in der Wohnung ein, da schreit es lange, aus Angst vor den Ratten.

Aufgabe der M. ist es, die Burg zu putzen: 9 bewohnte Zimmer und eine Empfangshalle. Sie hat täglich die Küche zu reinigen und Geschirr zu spülen, einmal monatlich alle Fenster der Burg zu putzen.

Wenn andere Mieter ausfallen, hat sie deren Arbeit mitzuübernehmen, so den Garten umzugraben oder Hecken zu schneiden. Kurz vor Weihnachten 1967 stürzte sie beim Fensterputzen von der Leiter und verletzte sich den Fuß. Versichert war sie nicht. Sie bekam zum Weihnachtsfest von der Baronin ein Paket. Als sich im Januar der Zustand ihres Fußes verschlimmerte, und sie die Arbeit nicht mehr aufnehmen konnte, erhielt sie ein Schreiben der Baronin mit der Aufforderung, ihre Arbeit sofort wiederaufzunehmen. Die Baronin verlangte Schadenersatz für die verlorengegangene Arbeitsleistung und den Wert des Weihnachtspaketes ersetzt, da sie «zu der Auffassung gekommen sei, daß Frau M. das Paket in betrügerischer Absicht von ihr erschwindelt habe, da sie ja seitdem nicht mehr erschienen sei».

Der Arbeiter M. sprang für seine Frau ein, er ging nach Feierabend auf die Burg putzen.

Als er nicht mehr hinging, erhöhte die Baronin die Miete von 120 DM auf 200 DM. Als er sich weigerte, den Aufschlag zu zahlen, kam es zur Räumungsklage. Das Gericht setzte die Miete auf 150 DM fest, 140 DM hat M. nachzuzahlen, plus Gerichtskosten, M. entstanden 600 DM Schulden.

M. schickte seinen Mietvertrag und die Schilderung seines Falls an die *Bild*-Zeitung, weil die an so etwas interessiert sind, dachte er. Sie schickten ihm seine Unterlagen zurück mit einem Begleitschreiben, daß ihnen derartige Fälle tagtäglich zur Kenntnis gebracht würden und sie leider nichts tun könnten.

Auf Burg Holtzbrinck

Die Burg liegt mitten in der Stadt, eine hohe Mauer davor.

«Die Baronin empfängt heute nicht. Sie hätten sich vorher anmelden müssen.» – «Wir sind bestellt, wir kommen wegen einer Wohnung.» Die Hausangestellte schließt die schwere Eichentür wieder.

Es dauert ein paar Minuten, dann öffnet die Baronin. Mitte 50, schlank bis hager, schwarzes Kleid mit weißer Spitze. Sie läßt uns Platz nehmen. In der Empfangshalle, holzgetäfelt, alte Porzellan- und Holzteller auf den Borden. Wir sind in Arbeitskleidung, ich als Maurer, zwei heranwachsende Kinder. Ich brauche die Wohnung, da ich eine Stelle in dieser Gegend antrete. Mein Begleiter ist Gärtner, sagt er, sucht ebenfalls dringend eine Wohnung.

«Es waren schon Interessenten da. Ich habe mich allerdings noch nicht entschieden. Es kommt darauf an, ob Sie die kleinen Bedingungen, die ich stellen muß, erfüllen können.»

Sie erkundigt sich nach der Gesundheit unserer Frauen: Wann sie zuletzt krank gewesen sind, ob sie kräftig genug seien, ob wir fixe Arbeiter seien, ob die Kinder aus dem Kleinkindstadium heraus seien, ob Nachwuchs unterwegs sei, ob die Kinder so weit seien, daß sie mit zur Hand gehen könnten.

Sie erklärt, weshalb sie überhaupt vermietet: Nötig habe sie es nicht, zu vermieten. Sie vermiete eigentlich nur, um die vielen Arbeiten, die auf so einer Burg nun einmal ständig anfielen, erledigt zu bekommen.

Sie sagt, weshalb hier Wohnungsknappheit sei und warum sie sich ihre

Mieter aussuchen könne.

Die engen Täler in dieser Gegend seien zum Bauen ungeeignet und die wenigen geeigneten Bauplätze seien bereits bebaut.

Der Quadratmeter ihrer Ländereien sei 45 bis 50 DM wert und sie habe soeben für eine Million DM Land für Siedlungsbauten verkauft, das allerdings außerhalb liege.

Sie spricht davon, daß ihre Vorfahren das Land in Form von Lehen hätten bewirtschaften lassen und die Bauern «den Zehnten» hätten geben müssen. Aus den Verpflichtungen dem Adel gegenüber seien heute Vertragsverpflichtungen geworden.

Sie erkundigt sich nach meiner Körpergröße. Als ich «1,83» sage, meint sie, es sei besser, wenn ich einmal aufstehen würde. Als ich mich erhebe, sagt sie, sie sei der Ansicht, daß ich mich in der Wohnung gerade noch aufrecht bewegen könne.

Als wir sagen, wir hätten gehört, daß die Wohnungen feucht seien, sagt sie, sie wisse nichts davon, aber sie habe viele Interessenten.

Dann kommt sie zu den Verträgen.

Mein Begleiter, der Gärtner, soll für 200 DM eine Wohnung bekommen, wenn er sich verpflichtet, den Burggarten in Ordnung zu halten und im Winter vor und nach der Arbeit Gehweg und Burghof schneefrei zu halten.

Ich soll, bevor ich einziehen kann, auf meine Kosten die Waschküche zum gekachelten Bad umbauen und 100 DM Miete für drei Räume zahlen. Als wir die Materialkosten für das Bad auf 4000 DM veranschlagen, empfiehlt sie mir, einen Kredit aufzunehmen oder ... «Sie sind doch auf dem Bau, Sie kommen doch sicher ohne Schwierigkeiten an das Material heran.»

Im Mietpreis inbegriffen sind täglich 4 Stunden Hausarbeit, die meine Frau auf der Burg abzuleisten hat, ersatzweise kann die Tochter einspringen und «einmal wöchentlich meinen Wagen waschen, das besorgen dann Sie». – «Ja, und noch eins, falls Sie mal in Ferien fahren wollen, Sie sind doch befreundet, müssen Sie das vorher miteinander absprechen, damit der eine solange die Arbeit des anderen übernimmt.»

«Falls nun meine Frau ein Kind kriegt und die Tochter eine Lehrstelle antritt, was dann?» frage ich.

«Sagen Sie nur, Sie bekommen ein Kind», sagt die Baronin, «dann kann ich Ihnen die Wohnung aber nicht geben.» – «Jetzt nicht», sage ich, «aber es könnte ja mal sein.» – «Aber Sie haben doch schon zwei», sagt die Baronin, «wollen Sie denn noch mehr?» Und: «Wenn Sie jetzt noch einen Nachzügler bekommen, ist das gar nicht gut, die Frauen werden dann meistens nervös.» – «Sie nehmen sich da in acht», sagt die Baronin, «Sie haften mir dafür.»

«Bringen Sie morgen Ihre Frauen mit, ich will sie mir ansehen, wir gehen dann zu meinem Anwalt und machen die Verträge.» Und: «Halten

Sie sich genau an die Verträge, das Gericht hier ist sehr streng, es steht hinter mir, ich habe schon etliche wieder herausgeklagt.»

Beim zuständigen katholischen Pfarramt, Nachrodt, 21 Uhr. Über die Sprechanlage meldet sich die Haushälterin. «Ich muß dringend den Pfarrer sprechen.»

Der Pfarrer, an die 60, grauhaarig, öffnet die Tür, hinter ihm seine Haushälterin. Noch bevor ich mein Anliegen vorbringen kann: «Ich kann für Sie nichts tun, Sie müssen schon selbst sehen, wo Sie jetzt noch unterkommen.»

Ich erkläre ihm, worum es geht. (Das halbstündige Gespräch findet vor seiner Tür statt.) «Kann man so einen Vertrag unterschreiben?» – Der Pfarrer überlegt. Nun, die Baronin sei für ihre Geschäftstüchtigkeit bekannt. Er habe auch schon seine Erfahrungen mit ihr gemacht. Die Kirche habe Land von ihr kaufen wollen. 45 DM pro Quadratmeter habe sie für die «Wildnis» verlangt, man habe von dem Kauf Abstand genommen.

Dennoch: «Die Wohnungen sind hier rar, unterschreiben Sie ruhig erst einmal, Sie können ja dann später immer noch kündigen. Eigentlich ist so ein Vertrag ja ‹asozial›, aber sagen Sie niemandem, daß ich es gesagt habe.» Dann wird der Pfarrer mißtrauisch. «Sagen Sie mal, warum ziehen Sie denn aus Ihrer Wohnung aus, haben Sie etwa die Miete nicht bezahlt?» – «Ich mußte die Stelle wechseln, weil ich mich gegen Mißstände im Werk gewehrt habe.» Der Pfarrer gibt zu bedenken, daß es dann meine eigene Schuld sei. «Wie man in den Wald hineinruft, so schallt es heraus.»

«Sie sind doch der Pfarrer im Dorf und angesehen», sage ich, «können Sie der Baronin nicht mal ins Gewissen reden, sie macht ja auch mit anderen solche Verträge. Sie verlangt zum Beispiel, daß wir kein Kind mehr bekommen dürfen, weil meine Frau dann nicht mehr bei ihr arbeiten kann. Und meine Frau ist katholisch und hält sich an das Papstwort, sie weigert sich, die Pille zu nehmen.»

Für diesen Fall läßt der Pfarrer das Papstwort nicht gelten. «Sie haben doch schon drei Kinder, sagten Sie. Der Papst hat das nicht so gemeint, das gilt für die, die überhaupt kein Kind haben oder erst eins. Grundsätzlich hat der Papst ja recht, der Akt ist dazu da, Kinder zu zeugen; und wenn man jungen Menschen die Pille erlaubte, wäre der Sittenlosigkeit ja Tür und Tor geöffnet. Aber in Ihrem Fall, und bei so einem Vertrag, da können Sie's mit Ihrem Gewissen ausmachen. Von mir läßt sich die Baronin nichts sagen. Da kommen Sie nicht gegen an. Die nimmt sich, wenn's sein muß, zehn Anwälte und noch mehr, Sie müßten schon einen Prozeß anstrengen, aber so einen langen Atem haben Sie gar nicht.»

«Ich würde Ihnen da nicht unbedingt zuraten.» Amtmann Neuhaus warnt: «Ich würde mir den Vertrag gut ansehen. Bei der Baronin müssen Sie arbeiten, bis Sie schwarz werden. Erst kommt sie dran, dann erst Ihr Beruf. Sie zahlen für die Wohnung 100 DM bis 200 DM – und mehr ist die Wohnung kaum wert – und arbeiten noch umsonst, und wenn Sie die Arbeit nicht machen, fliegen Sie raus.»

«Kann die Gemeinde nichts dagegen unternehmen? Das sind doch Verträge, die *wider die guten Sitten verstoßen*, oder wie man sagt! Außerdem wimmelt es da von Ratten.»

Neuhaus wird förmlich. «Nun, Ratten gibt's hier überall im Tal. Das ist hier eine rattenreiche Gegend. Ratten kann man bekämpfen.»

«Und die Baronin? Sind Sie da machtlos? Reichen deren Beziehungen so weit? Können Sie da nichts tun? Von Amts wegen. Mietwucher zum Beispiel??» Amtmann Neuhaus (spöttisch): «Nee, gar nichts können wir da tun. Gehen Sie doch vor Gericht, dann sehen Sie, wie weit Sie kommen ... Hier gibt es genausowenig Wohnungen wie überall und noch 'n paar weniger.»

Auf eine Anfrage bei Gericht erklärt der Beamte die Nicht-Zuständigkeit des Gerichts. Ob ein derartiger Vertrag rechtswidrig sei und ob wegen derartiger Verträge bereits verhandelt worden sei, darüber könne keine Auskunft erteilt werden. Das Gericht sei zuständig für Rechtsprechungen, nicht für Rechtsauskünfte.

Tausend Tips zum Überleben

> Bei jedem von ihnen fing das so an: «Karl, mach doch mit!»
>
> Und Karl sagte es Willi und Willi warb Fritz. So wurden aus Schneidern, Tischlern, Angestellten, Autoschlossern und Vertretern «Kameraden».
>
> Auf einer Wiese vor der Stadt, auf einem Schulhof oder eben auf dem «Übungsplatz» – Raum gibt es genug für sie. Und auch Arbeit. Und ein großes Ziel. Aber darüber machen sie wenig Worte. «Wir spielen nicht Krieg», sagt Helmut B., der den letzten noch erlebt hat. Und der nur zu gut weiß, was zwei geschulte Hände und ein kühler Kopf bedeuten, wenn das Schreckliche Tatsache ist.
>
> (Aus: *Es kommt auf jeden an,* Werbebroschüre des Bundesluftschutzverbandes.)

Donnerstag, 3. November, 20 Uhr, Grundausbildung in Hanau, 1. Abend

Heute abend 20 Uhr im städtischen Gesundheitsamt, Nordstraße, beginnt die neue Grundausbildung im Zivilen Selbstschutz. Kahler Raum. Die eingekerbten Tische sind wie zu einer Konferenz hergerichtet, hufeisenförmig aneinandergerückt. Auf jedem Platz liegt, die Sachlichkeit unterstreichend, ein Schnellhefter mit buntgemischten BLSV-Prospekten. Die Teilnehmer, 21, diskutieren eifrig. Nicht über radioaktiven Niederschlag, ABC-Alarm und Schutzräume im Eigenbau, die Frau mit den dikken Brillengläsern spricht über die große Wäsche und ihre Nachbarin kann nicht begreifen, daß es über Nacht plötzlich so kalt geworden ist. Ein Mann geht mit einer Liste herum und zahlt an jeden kleine Beträge aus. Die Fahrkosten. Der ältere Mann neben mir streicht die 1,60 Mark mit sichtlichem Vergnügen ein: «Am Anfang tun wer's zwar ooch für die Ehre; wenn wer aber erst mal Blockschutzwart sind, zahlt's sich oos.»

Dann baut sich ein Hüne vor dem Pult auf, und es wird still im Raum. «Herrschaften», begrüßt er uns, «meine Damen und Herren, Kameraden . . . die wir uns hier zusammengefunden haben, wissen, warum wir uns heute zusammengefunden haben.» Die Einleitung spricht der Luftschutz-Ausbilder frei. Das Folgende hat er auswendig gelernt, wenn er einmal nicht weiterkommt, wirft er einen kurzen Blick auf sein hektografiertes Manuskript-Blatt. Er spricht übermäßig laut, hält den Blick geradeaus gerichtet über unsere Köpfe hinweg und wiederholt einzelne Sätze oft in der Manier von Bänkelsängern, um die Wichtigkeit einer Aussage zu unterstreichen. Über die Flutkatastrophe in Hamburg kommt er auf «die zwei Ereignisse, die ernstfallmäßig in Japan stattgefunden haben», zu sprechen. So umschreibt er die Atombombenabwürfe über Hiroshima und Nagasaki. «Die wirklichen Atomwaffengegner sind wir», versichert er, «denn wir richten uns auf den Ernstfall ein.»

Wir erfahren, daß «jeder Krieg ein Wirtschaftsunternehmen ist» und daß sich die Nutzlast der konventionellen Bomben von 3,5 Tonnen im letzten Krieg («die älteren Herrschaften unter Ihnen werden sich noch an diese netten Dinger erinnern, man nannte sie Wohnblockknacker») auf 35 Tonnen erhöht hat.

«Nun aber zum eigentlichen Zweck unser Schulungen: Die ABC-Waffen. Dieses fürchterliche Alphabet hätte die Menschheit nie lernen dürfen, aber nun ist es einmal da, und wir müssen damit leben lernen, das heißt überleben ...» Dann gibt er uns einen «Kernsatz» mit, den wir uns «unbedingt merken sollen: Alles was Schatten wirft, schützt! Volle Deckung irgendwohin, wenn Sie den Lichtblitz gewahr werden. Und wenn Sie sich in die nächstbeste Pfütze schmeißen. Ein schmutziger Anzug ist dann immer noch besser, als ein sauberer Anzug im Sarg getragen», so seine spaßige Alternative. – Und: «Wenn Sie das Pech hätten, in 10 km Entfernung vom Explosionsnullpunkt in der Badehose zu stehen, holten Sie sich noch einen Sonnenbrand. Aber die Kleidung schützt uns davor.»

Vor der Druckwelle brauchen wir auch keine übermäßige Angst zu haben, «denn der menschliche Brustkorb hält das dreifache einer Ziegelsteinmauer aus». Sollten wir aber «das Pech haben, innerhalb der 1½ km Todeszone zu sein, dann brauchen wir uns über gar nichts mehr zu sorgen, dann haben wir für unser Leben ausgesorgt».

Wegen der «verflixten Gammastrahlen» müssen wir in den Schutzraum, «denn wenn so ein Teilchen erst mal im Rückenmark sitzt, dann strahlt es, Stunde um Stunde, Tag um Tag». Aber es verstrahlt im Freien auch wieder. An Hand der Halbwertzeit rechnet er es uns vor, daß 14 Tage Schutzraumaufenthalt genügen, um wieder in eine heile Welt hinauszuklettern. (Deshalb auch in jedem Haushalt der *Eichhörnchenvorrat für 14 Tage.*)

Nochmals betont er, daß der Krieg «lediglich ein Wirtschaftsunternehmen ist», daß darum auch «die sogenannten 20-Kilotonnen-Babybomben von Hiroshima allein wirtschaftlich sind ... die Drohung mit der 50-Mega-Tonnen-Bombe ist propagandistisches Geschwätz, was will der Feind mit einem Landstrich von der Größe des Ruhrgebietes, wenn er ihn auf Jahre hinaus zerstört. Er ist doch auf jeden Fall auf die Industriestätten aus und will die Arbeiter zu seinen Sklaven machen.» – Aber nicht genug mit den Atomwaffen. Der Ausbilder beschwört Seuchen herauf (Pest, Cholera, Pocken usw.), die «vom Russen gezüchtet» würden. Im Ernstfall, so sagt er, würde der Russe dann Leute schicken. «Diese Leute haben ein Glasröhrchen mit, wo die netten Tierchen drin sind, die sie dann in ein Wasserwerk werfen, ins Bier, in Wein oder in die Limonade.»

Aber auch den «schrecklichsten Seuchen sind wir nicht hilflos ausgeliefert». Das Rezept: «Das Beste ist immer noch Sauberkeit, Hygiene und Ungezieferbekämpfung!» Das Gesundheitsamt ist hier unsere «wirkungsvollste Feindabwehr»!

Die Flutkatastrophe in Hamburg muß auch diesmal wieder herhalten: «Da setzte eine riesige Rattenwanderung aus der Gegend Magdeburg ein, als ob diese Viecher einen Nachrichtendienst gehabt hätten.»

Eine ältere Frau, die mit ihrer Nachbarin die ganze Zeit getuschelt hat und wie in der Schulstunde Zettelchen austauschte, wird plötzlich hellhörig: «Ob die uns nicht von drüben auf den Hals geschickt worden sein könnten?» So weit geht selbst die Phantasie des Luftschutzhelferleiters nicht: Das könne man nie wissen, aber diese Frage möchte er mit nein beantworten.

Zum Schluß geht er mit uns die C-Waffen durch, «das dürfte so das Gemeinste sein, was bisher auf dem Markt ist». Von «Tuban, Sarin und Toman» kann oft schon ein Atemzug genügen und die Gifte haben ihre Wirkung getan. Aber auch hier kein Grund zum Verzagen: «Vorsicht vor ortsfremdem Geruch!» Früher erkannte man die Giftgase am «Heu- und Mandelgeruch», was sich heute mit dem Siegeszug der Technik natürlich geändert hat. «Meine Damen und Herren, beim heutigen Stand der Wissenschaft kann das nach Veilchen und Rosen duften! Vorsicht und nochmals Vorsicht!» Als das Schrecklichste auf diesem Gebiet nennt er uns ein Giftgas, nach dessen Einatmung wir «nach drei Tagen in Sibirien aufwachen und nicht wissen, wie wir dahin gekommen sind».

Alles jedoch kein Grund zur Panik: «Bei ortsfremdem Geruch ein Taschentuch vor die Nase binden, und . . .» – er mustert uns beschwörend – «naß muß es sein, naß, egal wie.» Die jüngere Dame mir gegenüber errötet. Er wischt sich den Schweiß von der Stirn und läßt sich schwer auf einen Stuhl nieder. «So, das wär's für heute. Fragen dürften sich wohl durch meine ausführlichen Darlegungen erübrigen, oder sind noch Fragen . . .? – Gut, dann danke ich Ihnen für Ihre geschätzte Aufmerksamkeit. Auf Wiedersehen bis zum nächstenmal.»

8. November, Dienstag, 13 Uhr, ABC-Lehrgang in Hanau, 1. Teil

Der Ortsstellenluftschutzleiter hat bei mir eine Ausnahme gemacht. Ich darf gleichzeitig am ABC-Lehrgang teilnehmen. «Das sind alles schon Fortgeschrittene», sagt er.

Genau 19 sind wir. Alle von ihren Dienststellen hierhin abkommandiert. Die Industrie- und Handelskammer hat einen geschickt, das Zollamt, die Straßenbahn, die Hafenverwaltung, das Amtsgericht. Von der Anne-Frank-Schule ist als einzige weibliche Teilnehmerin eine Lehrerin da. Dann vier Herren, die durch ihre bessere Kleidung hervorstechen und einen seriösen Eindruck machen. Sie tragen sich in die Anwesenheitsliste mit *Kreissparkasse, Deutsche Bank, Dresdner Bank* und *Volksbank* ein.

Der Vortragende erscheint im Lodenmantel. Er wird als *Herr Diplom-Ingenieur* vorgestellt. Der Ortsstellenluftschutzleiter sagt, daß sie vom Luftschutzverband stolz seien, daß der Kamerad von der freien Wissenschaft sich bereit gefunden habe, regelmäßig bei ihnen zu sprechen.

Der Diplom-Ingenieur, der zwischen 65 und 70 Jahre alt ist, sagt, wir wollten das «diffizile Thema ganz vom Boden der Wissenschaft aus betrachten». Eine Art Vorwarnung will er uns aber geben: «Bilden Sie sich nur ja nicht ein, der nächste Krieg wird nach den üblichen Methoden geführt werden. Die Sabotage wird eine ganz große Rolle spielen. Schon im letzten Weltkrieg spielte sie eine Rolle, wir hatten ja die Zwangsarbeiter. Aber während wir diesen Burschen noch genau auf die Finger sehen konnten, machen sich jetzt die Fremdarbeiter überall breit und entziehen sich unserer Kontrolle. Ist jemand von der Post dabei? Schade. Wegen der kriegswichtigen Nachrichten. Die Fremdarbeiter haben da überall schon ihre Finger drin.»

«Sie sind alle von Ihren Dienststellen hierhergeschickt. Wenn es mal losgeht, sollen Sie den ganzen Kram verwalten. Dann heißt es für Sie: Dienststelle futsch oder Dienststelle retten. Also passen Sie gut auf jetzt. Wir haben es nicht mit einem normalen ABC zu tun, haha, ja das kann man wohl sagen.»

Er räumt mit den alten Kriegsvorstellungen auf: «Also. Früher wurden Kriege geführt wegen Land- und Machtzuwachs, heute nur wegen des Geldes, da sind alle schlauer geworden. Also: Große Zerstörungen kommen von vorneherein nicht in Frage. Dann würde sich der Gegner ja ins eigene Fleisch schneiden.»

Ein junger Inspektor hat «eine Frage am Rande»: «Ob der Krupp wohl im nächsten Krieg noch mal mitmacht?» – Dipl.-Ing.: «Warum denn nicht. Der will doch auch verdienen. Und wo es um die Verteidigung des Abendlandes geht.»

Es taucht die Frage auf, was schlimmer ist: «eine Atombombe in eine Talsperre geworfen, die der Trinkwasserversorgung dient», oder «das Aufhalten des militärischen Nachschubes durch konventionellen Beschuß?» Keine Frage, denn: «So 'n atomares Ding in 'ner Talsperre, das dauert nur ein paar Wochen und es verstrahlt wieder. Das ist nicht so doll. Eine Störung des Nachschubes ist viel, viel schlimmer. Das kann über Sieg oder Niederlage entscheiden. Das andere ist doch nicht kriegsentscheidend!» Zur «Entspannung» und «Illustrierung» sollen wir jetzt erst mal einen Film vorgeführt bekommen, «der uns über die chemischen Kampfstoffe aufklärt». Er verläßt uns: «Ich darf solange rausgehen, ist ein guter Film, da spielt der Fröbe mit.»

Ein Film mit Gert Fröbe, im Auftrag des Bundesluftschutzverbandes, steht im Vorspann. Ein Farbfilm. Ein gutbürgerlicher Stammtisch, und Fröbe spielt den zweifelnden Schmatzer. Er verzehrt gerade ein Hähnchen bei Zitherklängen, da schweift das Gespräch ab auf den chemischen Krieg.

In Form von Rückblenden gibt ein Stammtischmitglied, er ist zufällig Chemiker, Einblick in sein Labor und klärt über die chemischen Kampfstoffe auf. Von der Zigarettenspitze kommt man auf die Wirksamkeit der Zivilschutzmaske 56 zu sprechen und von der Tabakspfeife auf die Kohlenoxydvergiftung. Fröbe schlemmt und schmatzt immer dazwischen und läßt sich von seinem Chemiker-Freund immer wieder überzeugen. Zum Schluß hebt er sein Glas und sagt: «Gott sei Dank ich hab keine Kohlenoxydvergiftung, ich hab Kohldampf, Prost.» Dann heben alle ihre Gläser, stehen auf und sagen «Auf den Frieden».

Der Diplom-Ingenieur erscheint wieder, knipst das Licht an und sagt: «Schade, der Film hatte ziemlich viele Fehler. Ich hätte Ihnen zu gern einen anderen zu dem Thema gezeigt, aber er gehört leider der Wehrmacht. Da ist mal eine Panne passiert und seitdem rückt ihn unsere Wehrmacht nicht mehr raus. Das war ein grauslicher Film, der über die Wirkungen besonders der Nervengase informiert. Zu dumm, der wurde Leuten gezeigt, Frauen waren darunter, die noch nicht unsere Grundschulung durchgemacht hatten, da ist eine regelrechte Panik ausgebrochen.»

Jetzt gibt er uns Tips, wie wir «wirklich überleben können, wenn es mal ernst wird». – «Das ganze Überleben hängt von Kleinigkeiten ab! Da heißt's improvisieren. Das ist immer im Krieg so, da gibt's immer Auswege.» Wie man sich bereits gegen Giftgase schützen kann, verrät er: «Ja ratense mal, wie ich mich im Winter gegen die Kälte schütze. Nu, da kommt keiner von Ihnen drauf? Dann will ich's Ihnen sagen. *Tesa-Moll*-Streifen! Die kleb ich über die Ritzen, dann bleibt's schön warm und ich spar Brand. Ja, das nützt auch gegen das Eindringen chemischer Kampfstoffe.»

Ein anderes «sehr einfaches Mittel, das schon seit Jahrtausenden angewandt wird», legt er uns besonders ans Herz: «Ins Bett legen, besonders, wenn Sie Strahlen abbekommen haben.» Damit «seine ganze Energie aufbringen, um Gegengifte aufzubringen! Jawoll, ganz richtig, die einfachsten Mittel sind oft auch die wirkungsvollsten!»

Als «schlimmste und teuflischste Kampfstoffe» nennt er die «psychochemischen Gifte. Die haben eine ganz große Zukunft. Zum Beispiel dieses LSD.

Die nächste halbe Stunde spricht er über LSD, und was er vor kurzem in einer Illustrierten alles darüber gelesen hat. «Also, zuerst erleben Sie die Hölle. Sie erleben Ihren eigenen Tod. Darauf kommen Sie ins Paradies, und Sie erleben die tollsten Orgien. Diese Atombombengegner da in USA nehmen diesen Kampfstoff als Rauschgift.»
Die Lehrerin meldet sich und will wissen, «was länger anhält, die Hölle oder das Paradies».

Der Diplom-Ingenieur weiß es nicht: «Ich hab's noch nicht genommen. Und Gott bewahr uns davor, daß es jemals gegen uns eingesetzt wird. Das kann in verdampfter Form als Wolke an der Front eingesetzt werden. Das könnte mit einem Schlag die ganze Kampfkraft unserer Truppen lähmen. Die fürchten sich dann vor jeder Maus, und dem Russen würden sie dann in die Arme fallen.» Er äußert noch den Verdacht – «das ist ganz meine persönliche Auffassung, das ist jetzt nichts Offizielles» –, daß die Amerikaner LSD in Vietnam eingesetzt haben: «In der Presse standen oft Behauptungen, die Amerikaner hätten in Vietnam chemische Kampfstoffe eingesetzt. Ich vermute, daß sie normalem Tränengas LSD beigemischt haben. Das wäre jedenfalls jetzt eine sehr gute Möglichkeit, die Sachen auch mal auszuprobieren.»

«Im Kriegsfall», sagt er, «kann unsere gesamte chemische Industrie sofort auf Kampfstoffe umgestellt werden. Hier, Hoechst in der Nähe, ich glaub, daß die sich jetzt schon mit Giftgasen befassen.» – «Dann leben wir ja sehr gefährlich», meint der junge Inspektor am Kopfende. «Aber na», antwortet der Diplom-Ingenieur, «wir brauchen ja nur ein paar Wochen von der Erdoberfläche zu verschwinden.»

Donnerstag, 10. November, 20 Uhr, Grundausbildung in Hanau, 2. Abend

Der Bundesluftschutzspezialist begrüßt uns: «Man entschuldigt sich am Anfang normalerweise nicht, aber Entschuldigung vielmals, wenn ich störe.» – Alle lachen.

«Nachdem wir uns heute vor einer Woche über Angriffsmittel unterhalten haben, die einem auf den Kopf fallen können, bei einem – Gott wolle es – nie eintretenden Ernstfall, wollen wir uns heute mit Organisationsfragen beschäftigen. Ich sehe schon im Geiste viele von Ihnen stöhnen, um Gottes willen Organisation, so ein trockenes Thema. Aber sie kennen doch den uralten Witz: es gibt viele Leute, die trinken einen Schnaps zum Bier, weil sonst das Bier zu trocken ist. Sie sehen also, es ist alles relativ, bei der Katastrophe, im Ernstfall, selbst die Trockenheit oder der Schnaps zum Bier. Nun, meine Damen und Herren, weshalb denn eigentlich Organisationsfragen? Ich werde Ihnen die Beispiele nennen: ein Keller ist verschüttet, Sie sitzen drin, ein Wasserrohr ist geplatzt und das Wasser steigt. Jetzt kommt es darauf an, während Sie da unten am Zittern sind, überlegen Sie sich, wer weiß überhaupt, wo ich jetzt bin, wer kann mich da rausholen, und sehen Sie, meine Damen und Herren, das ist schon die Grundfrage nach der Organisation ... Und im Ernstfall sind wir alle eine große Schicksalsgemeinschaft! Sie sehen es jetzt wieder in der Po-Ebene ... Wir haben im Selbstschutz unter Führung und Ausbildung des Bundesluftschutzverbandes das gesamte Bundesgebiet mit einem Netz überzogen, mit dem Netz der Organisation.»

Er geht mit uns die 30 Ämter der Organisation durch, angefangen bei der SE-Gemeinschaft (Selbstschutzgemeinschaft). «Am besten jedes Haus hat seine eigene SE-Gemeinschaft. Der SE-Schutzwart ist am besten gleichzeitig Besitzer des Hauses. Er kann nach dem neuen Gesetz, das hoffentlich endlich in Kraft tritt, die Kosten für Luftschutzraum und Befreiungsgeräte auf die Mieten umschlagen.» Dann gibt es den «SE-Bezirk», die «Kraftspritzen», «Rettungs»- und «Laienhelferstaffel», den «LS-Teilabschnitt», «LS-Abschnitt» und «LS-Bereich».

Wir erfahren von zehn Warnämtern, die «technische Wunderwerke», in «Felsen eingebaut» und «Tag und Nacht» besetzt sind. Von «Luftschutzbauämtern», die dazu da sind, «alle Häuser, die nach Inkrafttreten des Gesetzes gebaut werden, auf die obligatorischen Schutzräume hin zu überprüfen und bei Altbauten für den Umbau zu sorgen». Außerdem: «Neue Bunker zu bauen und alte aus dem Zweiten Weltkrieg wieder herzurichten.» Denn: «Man hat errechnet, daß jeder zweite Bunker aus dem Zweiten Weltkrieg noch zu gebrauchen ist.»

Dem LSHD (Luftschutzhilfsdienst) untersteht das «Aufenthaltsregelungsamt», das «ähnlich wie der Rettungs- und Sozialdienst mit der Landesregierung zusammenarbeitet und dazu da ist, die Evakuierungs- und Fluchtbewegung papiermäßig, das heißt verwaltungsmäßig, zu steuern, und dafür sorgt, daß das alles einigermaßen reibungslos abläuft ... damit da nicht gleich jeder stiftengeht».

«Neben dem Amt für Gesundheitswesen ist noch sehr wichtig das Amt für Schutz von Kulturgut.» Es ist dazu da, «im Ernstfall wertvolle Gemäldegalerien und Museen z. B. in alte Bergwerke umzulagern, oder Gebäude, die unter Denkmalschutz stehen, besonders zu sichern, und falls das nicht möglich ist, wenigstens Pläne herzustellen, damit bei eventueller Zerstörung später alles so wiederaufgebaut werden kann, wie es vorher dastand, damit sich auch die nachfolgenden Generationen noch daran erfreuen können».

Eine junge Dame ist von dieser Einrichtung sehr angetan und erkundigt sich, welche Voraussetzungen da sein müßten, um in dem Kulturschutzamt mitzuwirken. Unser Ausbilder kann es ihr leider nicht sagen. Die genauen Richtlinien würden zur Zeit erst ausgearbeitet.

Nun versucht er sich an einer Definition über Selbstschutz: «Das ist die Kunst, möglichst sicher durchs Leben zu kommen. Das fängt bei der Beachtung der Verkehrsregeln im Straßenverkehr an und hört beim ernstfallmäßigen Verhalten auf.»

Einige gute Tips gibt er uns noch: «In kriselnden Zeiten unser Haus weiß zu streichen, denn weiß reflektiert die Hitze und wirft einen Großteil Strahlen zurück.»

Und die Trümmer des Zweiten Weltkrieges lehren uns, wie wir uns weiterhin zu verhalten haben: «Von den Häusern standen zwei Sachen immer, oder fast immer; der Schornstein und das Treppenhaus. Das hilft uns natürlich, genau zu überlegen, wo wir uns hin verstecken können, wenn wir keinen Schutzraum haben.» Sollten wir uns bei einem ABC-Angriff im Auto befinden, sollen wir versuchen, «den Wagen zum Halten zu bringen» und «auf keinen Fall den Wagen verlassen», denn «durchs

Blech sind wir vor den Hitzestrahlen einigermaßen sicher», und «selbst, wenn das Auto herumgewirbelt werden sollte, umfällt oder ähnliches ... das ist immer noch günstiger, als wenn Sie draußen geröstet werden».

Wenn wir das hinter uns haben, ist «das am fröhlichsten begrüßte Signal die Entwarnung. Das normale Leben kann wiederaufgenommen werden.»

Selbst wenn die Warnanlagen fehlen sollten, ist das kein Grund, auf das Signalisieren zu verzichten. Dann nehmen wir einfach «Alm- und Kuhhörner, wie sie mit Erfolg bereits im 30jährigen Krieg verwandt wurden», oder «im Flachland tun es auch die ‹Kirchenglocken›».

Dienstag, 15. November, 13 Uhr, ABC-Lehrgang in Hanau, 2. Teil

Der heutige Abend soll «das bisher Gelernte wissenschaftlich untermauern», sagt der Diplom-Ingenieur. An Hand von Kreidezeichnungen auf der Tafel führt er uns in die Welt der Atome ein. Wir erfahren von Protonen, Neutronen und Elektronen, und «weshalb das Uran 235 ein Vermögen kostet», während «der überschwere Wasserstoff (H 3) weitaus rentabler für die Bombe ist».

Interessant ist, daß «die Energie der gelagerten Kernwaffen, in friedliche Energie umgewandelt, den gesamten Energieverbrauch der Erde für 200 Jahre decken würde».

Dann geht er mit uns die «Wirkungen der A-Bombe» einzeln durch. «Wenn Sie das alles überstanden haben, sind Sie gerettet. Danach kann nichts mehr passieren.» Wir würden auch nicht lange auf die Folter gespannt, bis wir merkten, ob wir tot sind oder leben: «Wie gesagt, es geht alles sehr schnell.» Dauer der Druckwirkung: «Bis zehn Sekunden.» Dauer der Hitzewirkung: «20 Sekunden.» Dauer der Radioaktivität: «Eine Minute.»

Gegen die Druckwirkung empfiehlt er («das nützt selbst in unmittelbarer Nähe des Explosionsnullpunktes»): «Flach auf den Boden schmeißen, der Druck geht über mich hinweg», und gegen die Wärmewirkung: «Irgend etwas vorhalten, was Sie gerade bei sich tragen, eine Aktentasche zum Beispiel, oder hier, wenn Sie sonst nichts hätten», er nimmt einen Schnellhefter vom Pult und bedeckt damit sein Gesicht, «das hält bereits das gröbste ab. Sonst wäre Ihr Gesicht verkohlt. Eine Böschung ist natürlich immer besser. Im Grunde genommen hält alles ab. Die Knochen besser als das Gewebe.» Er lacht, die Lehrerin blickt ihn etwas unsicher an, «es kommt nur auf die Dichte des Materials an».

Gegen radioaktiven Niederschlag, «wir sprechen heute vom Fall out», ist es nützlich, «einen Gummimantel zu tragen. Er schützt zwar nicht vor Strahlen direkt, aber er hält den radioaktiven Staub ab. Nachher muß er dann gereinigt werden.» Für die «Autofahrer unter uns» hat er noch einen «Extra-Tip: Die Polster mit Leinen bedecken. 60 Prozent der Strahlung wird so reflektiert, und das Polster gerät nicht in Brand.»

Wer zu Hause ist, kann sich schützen, wenn er «rechtzeitig die Scheiben mit Kalk bestreicht. Kalk reflektiert.» Wer jedoch einen Schutzraum sein eigen nennt, «ist vor radioaktiven Strahlen absolut sicher. Ist nur ein bißchen unbequem und man muß Zeit haben», scherzt er. «Dann nehm ich mir eben den *Spiegel* zum Lesen mit», sagt ein junger Inspektor von der Stadtverwaltung.

«Ich würde Skat spielen», sagt vergnügt ein anderer. «Anschließend müssen natürlich genügend Meßtrupps da sein, damit wir alles messen können und wissen, wo wir hingehen können und wo nicht», sagt der Ingenieur.

Der Unterricht des Diplom-Ingenieurs wird plötzlich sehr wirklichkeitsnah. Für eine Viertelstunde werden wir alle mit einer «ernstfallmäßigen Situation» konfrontiert. In dieser kurzen Zeitspanne ist uns die A-Bombe nah wie nie zuvor.

In ein paar Kilometer Entfernung ist die Bombe gezündet worden. «Wir haben alle den Knall gehört, wie verhalten wir uns nun? Nun, keiner meldet sich? – Wir müssen aber doch etwas tun, wir können doch nicht einfach sitzen bleiben und auf den Tod warten», sagt der Diplom-Ingenieur. «Jetzt heißt's schneller zu sein als der Tod!»

«Ich ginge in den Schutzraum», meint der Mann von der Hafenverwaltung. «Ha», sagt der Ingenieur, «dazu ist es zu spät, in fünf Sekunden schaffen Sie das nie, und fünf Sekunden sind's maximal, es können auch nur drei sein.»

«Da kann man nix mehr machen», sagt der Inspektor. – «Das kann überhaupt nicht sein», meldet sich der Mann vom Zollamt, «die Warnämter hätten so was früh genug gemeldet und die Sirenen rechtzeitig eingeschaltet.»

Da wird der Diplom-Ingenieur wütend. Er spricht von «Fatalismus» («auf deutsch: untätig bleiben, wenn das Schicksal zur Tat aufruft») und anschließend: «Was heißt, hier *kann nicht sein?* Im Ernstfall ist das Unerwartete die Regel, da können selbst BLSV-Warnämter versagen.»

Und er sagt, was zu tun wäre: «Unter die Tische schmeißen! Sie», er wendet sich an den Hausmeister des städtischen Elektrizitätswerkes, der etwas abseits vom Tisch sitzt, «Sie müßten sich unter die Fensterbank schmeißen, und Sie», er spricht die Lehrerin an, «könnten durch einen beherzten Sprung die Tür noch erreichen und sich ins Treppenhaus neben den Kamin werfen. Dort ist noch mehr Sicherheit.»

Die Lehrerin ist nicht ganz überzeugt, sie spricht von «Schrecksekunde» und «woher weiß ich . . .» aber der Diplom-Ingenieur zerstreut ihre Bedenken: «Das ist Luxus in so einer Situation. Das werden Sie schon überwinden lernen oder auf ein Minimum an Zeit beschränken können.»

Wegen der Fensterscheiben, die durch die Druckwirkung zerspringen und deren Glassplitter «geschoßartig durch den Raum sausen», ist solch ein Verhalten so lebenswichtig. Das begreifen alle, und der Inspektor sagt, so was müsse vorher geübt werden, und schlägt vor, «in einer Endbesprechung solche Übungen und ähnliches auf den Plan zu setzen».

Es folgt noch ein Film, der aus den Heeresbeständen der amerikanischen Armee stammt und vom deutschen Luftschutzverband synchronisiert wurde: ein Offizier spielt mit drei Soldaten Atomkrieg. Die Atompilze sind echt, das hindert die drei Soldaten aber nicht, ihren «militärischen Auftrag» auszuführen. (Denn: «Kurze Zeit nach der Detonation können Sie den Raum um den Nullpunkt bereits für kurze Zeit betreten, ohne Schaden zu nehmen, Sie haben ja schließlich Ihre militärischen Pflichten», sagt der Offizier bestimmt.) Die drei gehen «quer zum Wind» durch verstrahltes Gebiet und halten ein Taschentuch vor die Nase, nicht zum Hineinschnäuzen, sondern um den «radioaktiven Staub zu filtrieren». – Der Offizier ist sehr nett zu ihnen, er verspricht ihnen sogar eine nagelneue Uniform, wenn sie zuviel Strahlen mitbekommen haben: «Wenn Ihre Uniform verstrahlt ist, dann kommt sie in die Wäscherei und Sie erhalten eine neue Uniform. Ist sie aber zu sehr verstrahlt, dann wird sie vergraben und im Meer versenkt. Sie selbst schrubben sich gründlich mit Wasser und Seife ab. Dann melden Sie sich auf der nächsten Militärdienststelle, wo Sie weitere Anweisungen empfangen.» Zum Schluß freut er sich mit den dreien: «Jetzt sind Sie aus der Gefahrenzone heraus. Ihr Kopf ist noch am gewohnten Platz.»

Donnerstag, 17. November, 20 Uhr, Grundausbildung in Hanau, 3. Abend

Unser Ausbilder ist erkrankt. Ein Stellvertreter ist erschienen. Er sagt, daß wir «Glück haben, am Kursus freiwillig teilzunehmen. Später, wenn es für alle Pflicht ist, werden die Räume überfüllt sein und die Kurse auch nicht mehr so individuell abgehalten.» Wir erfahren, daß «das neue Gesetz bereits verkündet wurde und nur darauf wartet, bis die Bundeshaushaltskasse es zuläßt, daß es in Kraft tritt». Es ist dann «Pflicht für alle von 16 bis 65, Frauen sowie Männer, an den Kursen teilzunehmen. Und einmal im Jahr eine Übung mitzumachen.»

In die entsprechenden Ämter, «die alle schon besetzt sind und nur darauf warten, richtig in Funktion zu treten», sollen auch «Kriegsdienstverweigerer gesteckt werden». Denn «da können die keine Sperenzchen machen, das ist Dienst am Nächsten».

Er bedauert, daß wir mit dem Selbstschutz noch so weit zurück sind. «Der richtige Zeitpunkt wurde verpaßt. Der wäre gewesen 48/49. Aber damals war das noch unpopulär und jeder Politiker, der damals nach einem entsprechenden Gesetz verlangt hätte, wäre erledigt gewesen. Obwohl das damals der richtige Zeitpunkt gewesen wäre. Denn damals wußte man, daß bei einem Krieg nicht jeder schadlos bliebe. Obwohl ich Ihnen kein Geheimnis verrate, wenn ich Ihnen sage, daß bereits seit einem

Jahrzehnt diese Gesetze vorbereitet wurden. Und seit 1956 werden auch wieder Lebensmittel gestapelt . . .»

In Japan seinerzeit habe ein Großteil der Bevölkerung überlebt und das sei auch, was wir wollten. – Er fängt ebenfalls beim Explosionsnullpunkt an, der liegt seiner Meinung nach bei einer 80-Mega-Tonnen-Bombe nur im «Umkreis von 400 Metern». – «Zu diesen Leuten im Nullpunkt möchte ich auch nicht sprechen, die sind ja praktisch nicht mehr da.»

«Die Warnzeiten werden enorm kurz sein», sagt er, «haben amerikanische Manöver ergeben. Danach ist es möglich, daß die Sirenen zuerst umfallen und anschließend erst heulen.»

Aber er will uns «natürlich keine Angst machen, daß das tatsächlich so ist. Das wird im Manöver nur gespielt.»

Er sagt stolz: «Unsere Stadt» – Hanau – «zählt zu den 98 besonders gefährdeten Orten in der Bundesrepublik. Ich verrate Ihnen auch hiermit kein Geheimnis. Wir liegen genau an 38. Stelle.»

Er erzählt, wie seine Frau einmal an einer «Bunkerübung unter ernstfallmäßigen Bedingungen» teilgenommen hat. «Das waren alles Frauen, die konnten über Telefon zwar die 14 Tage mit ihren Männern sprechen, aber durften nicht raus. Zwei haben zum Schluß allerdings schlappgemacht, die wurden rausgelassen. Die durften sich zum Schluß nicht mehr bewegen, weil jede Bewegung Feuchtigkeit erzeugt. Und es herrschte schon eine Luftfeuchtigkeit von 90 Prozent, das entspricht subtropischem Klima und liegt an der Grenze des Erträglichen. Obgleich die Entlüftungsanlage vorschriftsmäßig arbeitete. Das Problem ist auch der Abfall, die tägliche Notdurft. Und es ist bekannt, daß Sie bei Angst und erst in Panik dreimal soviel gehen wie normal. Da haben sich Plastiktüten sehr bewährt. In Plastiktüten können Sie die Scheiße dann stapeln.»

Dienstag, 22. November, «ABC»-Ausbildung

Der Diplom-Ingenieur doziert heute über Strahlengefährdung. Von der «Toleranzdosis (25 R – allgemein bekömmlich)» kommt er zur «Notstandsdosis (100 R – auch nicht die Welt, aber später 3–4 Wochen nicht arbeitsfähig, und die Haare können ausfallen, aber das wäre auch nicht das Schlimmste» – er streicht über seine Glatze –, «ich hab ja auch keine Haare mehr»). Ab 700 R ist «Todesdosis», doch was sagt es schon, «da gibt's Leute, die haben 1200 R abbekommen und leben immer noch. Es gibt ja auch Leute, die können unheimlich viel Alkohol vertragen.»

Daß die keimschädigende Wirkung der Strahlung auch ihr Gutes hat, erläutert er uns am Beispiel von Einkellerungskartoffeln: «Da sind Versuche im Gang, durch Bestrahlung das Keimen der Kartoffeln zu verhindern.» Näher will er «nicht darauf eingehen, das ist sehr kompliziert, das fällt unter Erblehre».

«Nun wollen wir weitergehen und gehen aufs Vieh über, das geht auch uns Städter an, Fleisch essen wir alle. Nun sagen wir, die Viecher sind so verseucht, daß sie sterben müssen» – kein Grund, auf Fleisch zu verzichten, sondern «Schlachten und Tiefkühlen». Dann «Salzen und Speck und Schinken draus machen, das kann ich jahrelang aufheben, bis die Strahlung wieder raus ist». Auch «Pudding stehenlassen» und «Milch zu Käse machen. Der hält sich.»

Dann spricht er über das «entbehrungsreiche Leben der Ledernacken, die systematisch auf Katastrophen und Ernstfälle trainiert werden». Denen ist es möglich, «statt 5 bis 6 Tage 14 Tage und länger zu hungern, das ist wichtig, wenn wir mal verschüttet werden».

Ein älterer Beamter meldet sich und meint, die Hungerkünstler könnten es noch länger, aber davon will der Ingenieur nichts wissen, das sei etwas anderes, das ließe sich nicht mit unseren Maßstäben messen.

Dafür erzählt er uns von einem gewissen «Bürgermeister von Quax», der 39 Tage gehungert habe und dann erst gestorben sei. Er berichtet von «japanischen Perlentauchern, die bis zu fünf Minuten die Luft anhalten können». Dieses Wissen hat er sich «praktisch selbst angeeignet», denn «wenn ich darauf angewiesen wäre, was die bei der amtlichen Ausbildung verzapfen, wüßte ich praktisch gar nichts».

Von einer weiteren umwerfenden Erkenntnis, die sich in kommenden Ernstfällen als lebensrettend erweisen kann, berichtet er: «Wenn ich ein Gläschen Alkohol trinke, ist das Medizin. Wie man sich an Alkohol gewöhnt, kann man sich auch an Strahlen gewöhnen. Wenn man Menschen laufend bestrahlt mit kleineren Mengen, kann er nachher auch größere Mengen vertragen.»

Zum Schluß verrät er uns noch «einige kleine Tricks, die Sie wissen müssen, sonst sterben Sie noch». Vorher «sehr viel Kalk einnehmen, wie auch der Bauer nach radioaktivem Niederschlag den Acker mit Kalk düngen soll». Dann, «bitte, beherzigen Sie das, daß sie auf keinen Fall Staub in den Körper kriegen. Wie machen Sie das?» Einige rufen: «Taschentuch!» – «Richtig, das ist schon ein sehr guter Filterersatz.» Und «wie ich schon am Anfang gesagt hatte: Improvisieren».

Es folgt ein Film über den radioaktiven Niederschlag auf dem Lande. «Achtung! Achtung! Selbstschutzübung! Die Bevölkerung wird um selbstschutzmäßiges Verhalten gebeten!» Mit Martinshorn und Blaulicht warnt ein Polizeiauto die Landbevölkerung im Dorf, auf Feldwegen und Äckern. Der Bürgermeister (zugleich örtlicher Luftschutzleiter), in ein Plastik-Cape gehüllt, schwingt sich auf ein Fahrrad und warnt seinerseits: «Guten Tag, dürfen wir Sie bitten, das Kind und die Wäsche hereinzuholen. Von Nord-Ost nähert sich eine radioaktive Wolke.»

Dann spricht ein Kommentator: «Der Bauer Schmidt hat die Arbeit auf seinem Feld unterbrochen und kommt gerade auf seinen Hof.» – «Papa, Papa», springt ihm ein kleines Mädchen entgegen. Aber Bauer Schmidt hat jetzt Wichtigeres im Sinn: «Füll die Fässer mit Wasser und treib das Vieh in den Stall, pack das Notstandsgepäck zusammen und schaff es in den Schutzraum», begrüßt Bauer Schmidt seine Frau, «ich leg inzwischen die Sandsäcke vor die Fenster.»

«Ganz anders sieht es auf dem Hof des Bauern Schneider aus», sagt der Kommentator. «Schneider ist für diese Übungen nicht zu haben. Dafür braucht man gar nicht soviel Mühe aufzuwenden, um seine Familie und seinen Hof vor radioaktivem Niederschlag zu schützen.»

Die Bäuerin Schmidt schafft auch ein Radio in den Schutzraum, «das einem nicht nur die Zeit vertreibt, sondern man kann auch wichtige Meldungen über die Lage empfangen. Die vorbeugenden Maßnahmen gelten nicht nur dem Menschen, sondern auch einem gesunden Viehbestand. Krippen und Tröge werden gefüllt, die Kühe noch einmal gemolken und die Saugkälber werden freigelassen ... Familie Schmidt ist mit den Vorbereitungen rechtzeitig fertig geworden und hat sich bereits im Schutzbunker versammelt. Wie lange haben sie gebraucht: eine Stunde.» – «Genau 55 Minuten», ruft das kleine Mädchen dazwischen, und alle freuen sich im Schutzraum, Grund zum Lachen gefunden zu haben.

Eine Sirene heult los und der Kommentator sagt ernst: «Wenn man den Hof des Bauern Schneider zur gleichen Zeit betrachtet, ist einem nicht wohl zumute. Im Ernstfall wären die Folgen nicht abzusehen.»

Weil das Vieh für den Bauern so wichtig ist, «muß jetzt einer mal nach dem Vieh sehen». Großvater Schmidt sagt: «Na ja, warte man, dann laß mich mal gehen, ich bin ein alter Mann.» – «Er weiß, daß die radioaktive Strahlung für alte Leute viel weniger gefährlich ist», lobt ihn der Kommentator.

Aber dann gibt's Ärger, als der Alte zurückkommt, seine Plastikkleidung ablegt und sich nur das Gesicht wäscht. «Aber Großvater Schmidt, wo bleibt die gründliche Reinigung?» lautet der Kommentar. «Na ja, weil es sich nur um eine Übung handelt, wollen wir dem Großvater die so wichtige gründliche Reinigung erlassen.» Dann heult die Sirene Entwarnung. «Die Übung ist beendet. Familie Schmidt kann sich auf das beruhigende Gefühl verlassen, alles getan zu haben, was sich in so einem Fall tun läßt.»

Dienstag, 29. November, «ABC»-Lehrgang, 4. Teil.

Der Diplom-Ingenieur ist heute sehr bepackt. Über die Schultern hat er sich zwei Strahlendosismesser gehängt und unter jeden Arm einen Geigerzähler geklemmt. Ein Paket Strahlenschutz-Rechenscheiben wird ihm vom Ortsstellenleiter nachgetragen. Er will uns zum Schluß des Kursus noch «in die Kunst des radioaktiven Vermessens einweihen».

Die «Total-Strahlenschutz-Rechenscheibe» (mit Bedienungsanleitung: «Achtung! Alle Zeiten zählen vom Zeitpunkt der Explosion an») soll uns «im Ernstfall genau sagen, wie lange wir uns nach einer Kernexplosion im Freien aufhalten dürfen, ohne Schaden zu nehmen».

Nur hat das mit den Scheiben einen Haken: «Sie sind nicht genau», sagt der Ingenieur, «zumindest die älteren.» Das hat seine Ursache in dem «Beschaffungsklüngel». Die Firma *Total*, die den Bundesluftschutzverband mit Feuerlöschgeräten und anderen Geräten versorgt, bekam auch den Rechenscheiben-Auftrag, obwohl sie auf diesem Gebiet bis dahin nicht die geringste Erfahrung aufzuweisen hatte. «Das störte die Herren auf dem Beschaffungsamt aber nicht», sagte der Diplom-Ingenieur, «hunderttausende Rechenscheiben wurden hergestellt und stimmten alle nicht, wiesen Fehlmessungen bis zu 20 Prozent auf.»

Sie waren aus Blech, weil Blech in der Herstellung teurer als Kunststoff ist, obwohl Kunststoff genauer ist. Der Diplom-Ingenieur wandte sich direkt an die Firma *Total*. («Es hatte keinen Zweck, an das Beschaffungsamt nach Godesberg zu schreiben, die kapieren das gar nicht, die haben von der Materie überhaupt keine Ahnung. Die schreiben dann blöde Antworten und gehen überhaupt nicht auf sachliche Einwände ein.») Die Firma *Total* verstand ihn, aber sie schrieben ihm zurück, sie könnten nichts machen, das Beschaffungsamt vom Zivilen Luftschutz habe es so angeordnet. Nun hatte der Diplom-Ingenieur bereits am Anfang, als die «Strahlenschutz-Rechenscheiben-Frage» auftauchte, dem Beschaffungsamt den Vorschlag gemacht, «die Dinger bei der auf diesem Gebiet führenden Firma *Nestler* in Auftrag zu geben – die schrieben mir noch nicht mal zurück.» Inzwischen ist es so, daß die Firma *Nestler*, von *Total* um Hilfe ersucht, «vernünftige Rechenscheiben herstellt, das Beschaffungsamt sie aber weiterhin von *Total* mit dem Firmensignum *Total* bezieht.»

Als er uns die Strahlendosismesser und Geigerzähler vorführen will, stellt sich heraus, daß die Apparate nicht funktionieren. Außer einem, dessen Meßzeiger auf 15 Röntgeneinheiten hochschnellt, als der Abgesandte von der Hanauer Straßenbahn seine Hand darunter hält. «Das könnte im Ernstfall zu einer Panik führen», meint der Diplom-Ingenieur. Aber er hat eine plausible Erklärung. Die Batterien für diese Geräte werden von den Engländern bezogen, und die funktionieren nicht in deutschen Geräten.»

Da meldet sich ein Grauhaariger, der auf der Liste unter Dienststelle «Zollamt» eingetragen hat: «Ham wer denn immer noch nichts gelernt. Ich war im Krieg als Kraftfahrer. Da mußten wer zuletzt die deutschen Gewehre mit belgischer Munition laden. Das verbog den ganzen Lauf.» Der Diplom-Ingenieur sagt ernst: «Nein, wir haben nicht dazugelernt. Wenn wir nicht so viel Idealismus hätten, hätte ich den Kram längst hingeschmissen.»

Jetzt meldet sich der Inspektor von der Bundesbahn und erkundigt sich, ob es kein brauchbares Strahlenmeßgerät gäbe. Er wolle sich eins anschaffen. Er habe Familie. Der Diplom-Ingenieur nennt ihm eins. «Das kostet zwischen 200 und 300 Mark. Es ist schon sehr nett.»

Dann verabschiedet er sich von uns: «Also, wenn's mal losgeht, werden Sie an diesen Unterricht noch denken. Dann zahlt er sich bestimmt aus.»

«Die vom Bundesluftschutzverband betreuten Selbstschutzzüge sind die *guten Nachbarn*, die Freunde in der Not . . . Die Frauen und Männer, die in dieser Montur für den Ernstfall üben, sind keine Pessimisten, sondern Optimisten. Sie bringen die alte Lebensweisheit mit: *Hilf dir selbst, dann hilft dir Gott.* (Aus: *Es kommt auf jeden an*, Werbebroschüre des Bundesluftschutzverbandes.)

Vergangenheitsbewältigungen

I Zweierlei Recht

Die Schrift hat den Titel «*Die Verfolgung nationalsozialistischer Straftaten im Gebiet der Bundesrepublik Deutschland seit 1945*», ist herausgegeben vom Bundesjustizministerium und soll, da «von verschiedener Seite an der Rechtsprechung deutscher Gerichte Kritik geübt» wurde, das Vertrauen des Bürgers in die deutsche Justiz wiederherstellen.

Und 250 gegen NS-Verbrecher ausgesprochene und in der Schrift zitierte Gerichtsurteile scheinen in der Tat überzeugend zu belegen, daß wahr ist, was das Ministerium behauptet: «daß ... die nationalsozialistischen Verbrechen bereits seit 1945 mit Nachdruck verfolgt wurden.»

Aber die Dokumentation hat einen Schönheitsfehler. Sie verschweigt, daß die Urteile für NS-Straftäter, im Gegensatz zu den Urteilen für andere Straftäter, keineswegs bindend sind. Bei der Überprüfung von nur 38 der 250 in der Dokumentation des Justizministeriums genannten Fälle hat sich herausgestellt, daß nur 19 Verurteilte noch in Haft sitzen. 19 sind längst wieder in Freiheit. Denn die deutsche Justiz macht mit ihren NS-Verbrechern kurzen Prozeß: Sie entläßt sie.

Fall 1: Alfred G. nahm an Synagogenzerstörungen teil. In der Kristallnacht im November 1938 plünderte er jüdische Geschäfte und setzte sie in Brand. 1945 wird er dafür in Mosbach zu fünf Jahren Zuchthaus verurteilt. Er sühnt ein knappes Jahr. 1946 wird er begnadigt.

Fall 2: Dr. Walter Sch. wird 1947 wegen Tötung von Geisteskranken in der Heilanstalt Eichberg in Frankfurt zum Tode verurteilt. Die Strafe wird in lebenslänglich Zuchthaus umgewandelt. 1953, sechs Jahre später, ist für Dr. Sch. die lebenslängliche Strafe beendet.

Fall 3: Hermann Sch. erschoß 1933 als HJ-Führer einen Kommunisten. Sch. wird 1946 in Frankfurt zu lebenslänglich Zuchthaus verurteilt. 1955, neun Jahre später, wird er entlassen.

Fall 4: Dr. Hans G. war an der Tötung von über 1000 Geisteskranken maßgeblich beteiligt. 1948 wird er in Frankfurt zum Tode verurteilt. Das Urteil wird nicht vollstreckt. 1958, zehn Jahre später, wird er begnadigt. – Dazu die Notiz in einer West-Berliner Zeitung: «Dr. Hans G., der 1000fache Giftgasmörder von Hadamar, der im vorigen Jahr durch einen Gnadenerlaß des hessischen Justizministers wegen seiner angeblich schweren Leiden aus der Haft entlassen wurde, steuert seit Monaten einen eigenen Wagen, hat eine gute Stellung in einem Betrieb der pharmazeutischen Industrie und wohnt in G. bei B. – Seine Opfer liegen auf dem Frankfurter Friedhof.»

Fall 5: Adolf W. tötete mindestens 900 Insassen der Heil- und Pflegeanstalt Hadamar durch Gift. In Frankfurt wurde er zum Tode verurteilt. Das Urteil wurde nicht vollstreckt. Sechs Jahre später ist er wieder frei.

Fall 6: Hermann O. erschoß in Schwäbisch Gmünd zwei Männer, die am 13. 4. 1945 in angetrunkenem Zustand «Hitler verrecke» und «es lebe Stauffenberg» gerufen hatten. Der damalige NSDAP-Kreisleiter Hermann O. machte kurzen Prozeß: ohne gerichtliches Verfahren legte er die beiden *Wehrkraftzersetzer* um. 12 Jahre Zuchthaus lautet das Urteil des Landgerichtes Ellwangen. Knapp ein Drittel seiner Strafe sitzt O. ab, dann wird er 1951 begnadigt. Ein paar Jahre später stellt ihn das baden-württembergische Kultusministerium in den Schuldienst ein. O. wird Rektor an einer Dorfschule, knapp 30 km von dem Ort entfernt, wo er 1945 kurz vor der endgültigen Kapitulation die beiden Männer erschossen hat. Erst als O.s Vergangenheit in der Öffentlichkeit bekannt wird, entschließt sich das Kultusministerium, den Rektor vorzeitig in den Ruhestand zu versetzen.

Fall 7: Ferdinand G. hat an KZ-Morden, an Massenvernichtungsaktionen gegen jüdische Häftlinge teilgenommen. 1950 wird er in Stuttgart zu lebenslänglich Zuchthaus verurteilt. Zehn Jahre später entlassen.

Fall 8: Franz Reinhold Sch., ehemaliger NS-Gauleiter, wird in Coburg schuldig gesprochen wegen zahlreicher schwerer Mißhandlungen von Schutzhäftlingen, wegen Erpressung von Geständnissen und wegen Freiheitsberaubung. Die Strafe ist zehn Jahre Gefängnis. 1955, vier Jahre nach der Verurteilung, sind für Franz Reinhold Sch. die zehn Jahre Gefängnis vorbei. Er wird entlassen.

Fall 9: Adolf R. wird in Karlsruhe der Massenvernichtung von Juden im Raum Minsk für schuldig befunden. Er wird zu lebenslänglich und zusätzlich 15 Jahren Zuchthaus verurteilt. Von den 15 Jahren sitzt er dreizehn ab, das lebenslänglich wird ihm geschenkt. 1962 wird er entlassen.

Fall 10: Dietrich K., nationalsozialistischer Ministerpräsident von Braunschweig, wird wegen schwerer Freiheitsberaubung und Mißhandlung von Gegnern des Nationalsozialismus in Braunschweig zu lebenslänglich Zuchthaus verurteilt. Die Strafe wird in 15 Jahre Zuchthaus umgewandelt. Nach elf Jahren wird K. entlassen.

Fall 11: Fritz H. war an Judenverfolgungsaktionen beteiligt. Eigenhändige Erschießung von fünf Juden kann ihm nachgewiesen werden. Er bekommt in Bremen acht Jahre Zuchthaus dafür. Zwei Jahre sitzt er ab. Der Rest wird ihm geschenkt.

Fall 12: Paul H. ordnete die Erschießung, Erhängung und Vergasung von KZ-Häftlingen an. In Bochum wird er zu neun Jahren Zuchthaus verurteilt. Nach drei Jahren ist er wieder frei.

Fall 13: Hugo S. hat KZ-Häftlinge getötet. Er wird in Heidelberg mit 12 Jahren Zuchthaus bestraft. Nach 6 Jahren wird er begnadigt.

Fall 14: Georg M. mißhandelte, erschoß und erhängte Gefangene. Er befahl Untergebenen, das gleiche zu tun. Dafür bekommt er in Hechingen lebenslänglich. Sieben Jahre verbringt er in Haft, dann wird er begnadigt.

Fall 15: Werner H. gehörte zur Einsatzgruppe Tilsit. Seine Aufgabe war, Juden zu töten. Wegen Beteiligung an Massenerschießungen wird er in Ulm verurteilt. In der Dokumentation steht, er habe 15 Jahre Zuchthaus dafür bekommen. Das stimmt nicht. Tatsächlich lautet das Urteil nur auf drei Jahre Zuchthaus.

Fall 16: Franz F. erschoß 27 rumänische Kriegsgefangene, weil sie Lebensmittel entwendet hatten. F. bekommt in Memmingen zur Strafe 9 Jahre Zuchthaus. Nach 4 Jahren wird er entlassen.

Fall 17: Pranas L. gehörte zur Einsatzgruppe Tilsit. Nach Angaben der Dokumentation soll er wegen Beteiligung an Massenerschießungen von Juden in Ulm zu zehn Jahren Zuchthaus verurteilt worden sein. Tatsächlich lautet das Urteil auf fünf Jahre Zuchthaus.

Fall 18: Arthur G. mißhandelte eine im KZ inhaftierte Jüdin so schwer, daß sie daran starb. Zwölf Jahre soll er dafür ins Zuchthaus. Aber er kommt nach der Urteilsverkündigung in Wuppertal sofort frei.

Fall 19: Wilhelm G. erschoß bei Kriegsausbruch im litauischen Grenzgebiet Juden und Kommunisten. Er wird in Dortmund zu fünf Jahren Zuchthaus verurteilt, braucht sie aber nicht ganz abzusitzen. Das Urteil wird am 5. 2. 1963 im Landgericht Dortmund verkündet, knapp drei Monate später, am 24. 4. 1963, wird G. auf freien Fuß gesetzt.

In der Regel hat die deutsche Justiz zwei Möglichkeiten, um die Bevorzugung von NS-Verbrechern gegenüber anderen Verbrechern zumindest formal zu rechtfertigen. Zum einen kann ein Straftäter auf Grund eines Gnadenerlasses, zum anderen auf Grund eines angegriffenen Gesundheitszustandes in Freiheit gesetzt werden.

In Baden-Württemberg mußte sich der Landtag mit dem Fall des ehemaligen SS-Standartenführers Richardt beschäftigen. Richardt war wegen 45fachen Mordes an polnischen Zivilisten zu zweimal lebenslänglichem Zuchthaus verurteilt worden. Nachdem er fünf Monate seiner Strafe abgesessen hatte, wurde er Anfang 1966 wegen *Haftunfähigkeit* entlassen.

Haftunfähigkeit liegt nach § 45 der Strafvollzugsordnung dann vor, wenn der Verurteilte wegen körperlicher oder geistiger Erkrankung *vollzugsuntauglich* ist. Das bedeutet: sein Aufenthalt in der Anstalt muß sein Leben unmittelbar gefährden.

Das schien bei dem ehemaligen SS-Standartenführer der Fall zu sein; der Gerichtsarzt hatte ihm «Arteriosklerose», «Kreislaufstörungen» und allgemein «Herzgeschichten» bescheinigt.

Richardt würde noch heute in Freiheit sein, wenn ihn nicht ein Journalist des *Mannheimer Morgen* besucht hätte. Statt eines todkranken Mannes traf der Journalist einen sehr rüstigen älteren Herrn an, der ihm erzählte: Viel spazierengehen, zwei bis drei Zigarillos am Tag und ab und zu ein Gläschen Sekt – das ist mein Leben.

In München wurde der ehemalige General der Waffen-SS Sepp Dietrich wegen Beihilfe zum Totschlag in zahlreichen Fällen zu eineinhalb Jahren Gefängnis verurteilt. Ein halbes Jahr seiner Strafe verbüßte der General, dann wurde er wegen «schwerer Herz- und Kreislaufstörungen» freigelassen.

In der *Deutschen National- und Soldatenzeitung* stand wenig später, wozu ein todkranker Mann noch fähig ist. Dietrich nahm an Kameradschaftstreffen der ehemaligen SS teil und hielt dort Reden.

Zwei weitere Fälle, deren Entlassungen allerdings – durch den Druck der Öffentlichkeit – rückgängig gemacht werden mußten: Robert Mulka, der ehemalige Lageradjutant von Auschwitz, wurde wegen Beihilfe zum Mord an 3000 Häftlingen zu 14 Jahren Zuchthaus verurteilt. Wenig später wurde er wegen seines «angegriffenen Gesundheitszustandes» auf freien Fuß gesetzt.

Dr. Otto Bradfisch wurde die gleiche Begünstigung zuteil. Er war 1961 vom Schwurgericht München wegen Beihilfe zum gemeinschaftlichen Mord an 15000 Menschen zu zehn Jahren Zuchthaus verurteilt worden.

Die deutsche Justiz wollte, wie gesagt, um Vertrauen werben. NS-Straftäter vertrauen ihr auf jeden Fall.

Gespräch mit einem geachteten Mann

Ferdinand G., der nach der Dokumentation des Bundesjustizministeriums «KZ-Morde im Lager Bornhagen» begangen hat und «an Massenvernichtungsaktionen gegen jüdische Häftlinge beteiligt» war, wofür er zu lebenslänglich Zuchthaus verurteilt worden ist, lebt heute in einem kleinen Ort in der Nähe von Mannheim. Ich besuchte ihn.

Das Haus von G. liegt an der Hauptstraße des Dorfes. Umgeben von einem gepflegten Garten. Eine jüngere Frau öffnet die Tür. «Sie kommen wegen der Versicherung. Einen Augenblick, ich rufe meinen Vater.» Ein alter Mann erscheint auf dem Treppenabsatz des 1. Stocks und blickt zu mir herab. «Ich komme nicht wegen der Versicherung», sage ich, «kann ich Sie einmal kurz sprechen?»

«In welcher Angelegenheit?» fragt er.

«Es ist wegen damals», sage ich, «ich möchte gern aus Ihrer Sicht etwas darüber erfahren.» Die junge Frau ist erschrocken. Ich nenne meinen Namen und stelle mich als Journalist vor. Herr G. zeigt zur Tür. «Was wollen Sie von mir. Wie sind Sie an meine Adresse gekommen. Was rühren Sie an Dinge, die längst vergessen sind? Lassen Sie mir gefälligst meine Ruhe.» Er geht zum Fenster.

«Machen Sie es kurz», sagt er, «was wollen Sie von mir wissen. Ich habe nichts zu verbergen.»

Er zündet sich eine Zigarre an. Sieht zum Fenster hinaus, während ich Fragen stelle.

Er bekommt seine Rente. Es geht ihm nicht schlecht. Er geht viel spazieren. Die Gegend hier hat ihren landschaftlichen Reiz. Er hat seine Bekannten im Dorf. Er geht auch gelegentlich zum Stammtisch. Er ist angesehen in seinem Bekanntenkreis. «Die Sache damals? Ob die davon wissen? Ich will Ihnen sagen, das weiß ich nicht und ist mir auch egal. Und wenn sie es wissen, dann kümmern sie sich jedenfalls nicht drum.»

Wie das mit seiner vorzeitigen Entlassung vor sich ging?

«Da sind die Herren vom Ministerium gekommen, der Staatsanwalt und noch einer von der Zuchthausverwaltung Hohenasperg. Die Leute haben gesagt, es ist genug, Sie können sich fertig machen. Sie sind entlassen. Da bin ich Knall auf Fall innerhalb einer Stunde entlassen worden. Als Lebenslänglicher, ohne daß mir die Strafe vorher herabgesetzt worden wäre. Und dann ist mir noch gesagt worden von den feinen Herren: Wir raten Ihnen, unternehmen Sie nichts mehr gegen den Prozeß. Mein Anwalt aus München, der im Nürnberger Prozeß auch Verteidiger war und später den Krupp auch vertreten hat, hat mir dasselbe gesagt ...

Ich meine, ich trag keinem Menschen was nach. Ich sag mir, ich habe fast 10 Jahre gebüßt. Ich weiß nicht, für was, weiß auch nicht warum, ich kümmere mich auch nicht drum ... Ich weiß überhaupt nicht, wie ich in die Sache hineingeschlittert bin.»

Warum er seiner Meinung nach verurteilt wurde, seine Schuld und wie er damit fertig wird?

«Die Juden haben gegen mich ausgesagt. Die haben alle geschworen. Mit meinem Prozeß kann ich es mir nur so erklären, daß die Zeugen das nachher so gedreht haben, um das Geld rauszuschlagen. Ich hatte mit den ganzen Sachen im Lager nichts zu tun. Ich war im Landratsamt und für die Betreuung der Juden zuständig. Seinerzeit ist die SS gekommen, damit hatte ich nichts zu tun.»

Sie waren aber der Verwalter?

«Ich hab nur die Sache insofern unter mir gehabt, die Leute brauchten Lebensmittel. Die Juden waren überhaupt nicht bewacht, die haben sich selbst bewacht. Ich bin nur rausgekommen ins Lager wegen der Lebensmittel. Da war seinerzeit mal 'ne Misere gewesen. Da war kein Mehl da. Da bin ich hingegangen und hab ihnen Mehl besorgt. Erst als später, nach dem Zusammenbruch, das Lager aufgelöst wurde, stellte ich fest, daß 'ne ganze Menge Leute fehlten ... Ich bin so weit, daß ich mir sage, ich habe keinem Menschen was angetan, da ist die Sache erledigt ... ich bin zufrieden. Daß meine Nerven natürlich nicht mehr das sind, was sie waren, ist klar ... Ich war lediglich in der Partei, war Ehrenzeichenträger. Ich weiß nur das eine, ich habe viel Gutes für die Juden getan. Vor Gericht haben die ehemaligen Kollegen vom Landratsamt auch ausgesagt, ich wär der Vater der Juden gewesen.»

Warum hat keiner der Juden für Sie ausgesagt?

«Ach wo. Was weiß ich. Ich hab einem mal auf die Ohren gehauen. Wenn ich ihn angezeigt hätte, wär er erschossen worden.»

Was hatte er gemacht?

«Ach was, weiß nicht mehr, wenn ich ihn angezeigt hätte, wär er aufgehängt worden ... Mich hat's insofern getroffen, als ich einer der ersten war, die vor Gericht gekommen sind. Heute wär ich wahrscheinlich freigesprochen worden.»

Und nachher stellten Sie fest, daß Juden vergast wurden.

«Na ja, wenn die SS hinkommt, dann hab ich das arrangieren müssen, mit noch einem. Dann haben wir sie rausgeführt. Ich wußte aber nicht, was los war ...

Ich bin mißtrauisch geworden, und wenn an meinem Stammtisch über Politik gesprochen wird, dann steh ich auf und geh wieder. Ich will nichts mehr wissen, nichts mehr hören. Ich frage mich manchmal, was denn heute anders ist als damals. Die tun doch alle nichts als ihre Pflicht. Ich weiß nur das eine, und das ist für mich eine Genugtuung, ich bin mir vollkommen bewußt, daß ich keinen Menschen umgebracht habe, keinem was zuleide getan habe. Ich war nur Verwalter und kam nur ins Lager, um nach dem Rechten zu sehen. Ich schlaf so gut wie vorher.»

II «Baun wir doch aufs neue das alte Haus» oder die Judenehrung von Paderborn*

Um eine «kurze teuflische Zeit» zwischen 1933–45 dem endgültigen Vergessen zu entreißen, machten sich die Stadtväter von Paderborn daran, ihr Stück Vergangenheit zu bewältigen.

20 bis 30 Jahre, nachdem es geschehen, sah man die Zeit gekommen, «die Erinnerung an unsere Paderborner jüdischen Mitbürger, die Opfer der Verfolgung wurden, ehrend wachzuhalten». Also veranstaltete man die alljährlichen Kulturtage auch einmal als «Jüdische Kulturtage», die «aufhorchen» lassen sollten. Vom Stadtrat wurde dazu ein bleibendes Dokument in Auftrag gegeben, das zeigen sollte, «in welch grausamer, satanischer Weise geschah, was nur wenige wußten».

Der Archivrat der Stadt, Ferdinand Molinski, wird vom 1. Stadtdirektor, Wilhelm Sasse, angewiesen, die erforderlichen Unterlagen herbeizuschaffen.

Mit der entsprechenden Sorgfalt und wissenschaftlicher Genauigkeit macht Molinski sich ans Werk: Er durchforscht die Archive Paderborns und anderer Städte, korrespondiert mit den wenigen Überlebenden im

* Unter Mitarbeit von Irma Reblitz

Ausland, treibt Quellenstudium in der Monumenta und Bibliliotheca Judaica in Köln und besorgt die notwendige Literatur. So trägt er allmählich eine umfassende Dokumentation zusammen über die Vorgänge in Paderborn während des Dritten Reichs, über die einzelnen Verfolgten und ihre Verfolger. Er begnügt sich nicht mit dem allgemein «Schicksalhaften», er benennt Schuldige. Er beläßt es nicht bei dem Hinweis, daß die Synagoge vollständig niedergebrannt wurde, er stellt dabei die Rolle der damals noch freiwilligen Feuerwehr fest, die zwar löschte, doch vorsorglich nur die umliegenden städtischen Gebäude. Außerdem findet er heraus, was bisher in keiner Lokalzeitung berichtet worden war: daß neben dem Stadtheiligen Liborius noch ein unheiliger Schutzpatron mit Paderborn verknüpft ist: Josef Klehr, der lange in der Stadt Paderborn gelebt hat und in Auschwitz einen Rekord aufstellte im eigenhändigen Massenmord durch Phenolspritzen ins Herz. Bilanz (lt. Zeugenaussagen im Auschwitzprozeß): 20000 bis 30000 Tote. Und Molinski zeigt, daß gerade im Landkreis Paderborn das Rüstzeug für die Endlösung vermittelt wurde: in der Wewelsburg, die der SS des gesamten Reichsgebietes als zentrale Mörderschule diente. Doch bald muß Molinski erkennen, daß seine Gewissenhaftigkeit bei den Auftraggebern wenig Anklang findet. So hatten sie es nicht gemeint: «Den genannten Herren (Bürgermeister, Stadtdirektoren, Amtmännern) kam es darauf an, keine angeblich vernarbten Wunden aufzureißen.» Seine Vorgesetzten gaben ihm zu verstehen, daß seine Gedenkschrift nicht nur für die Toten verfaßt sein dürfe, sondern ebenso im Interesse der Lebenden. Und damit sich der Archivrat wieder stärker den Aufgaben des Tages zuwende, streichen ihm seine Vorgesetzten die Gelder für Buchanschaffungen und diesbezügliche Reisen.

Molinski, der kurz vor Abschluß der Bestandsaufnahme steht, bestreitet die Kosten aus eigener Tasche. Dennoch kürzt ihm der Stadtrat seinen allgemeinen Archivetat zunächst um 15 %, zuletzt um 70 %. Sein unverständliches Engagement und der «östliche» Name haben zur Folge, daß man ihn im Amt «Jude», auch «dreckiger Jude» nennt und ihm nahelegt, doch «in die Wüste Negew auszuwandern». Als Molinski weiterforscht, zwingen ihn Sasse und Leidinger, alles erarbeitete Material herauszugeben – ca. 5 kg Papier.

«Dann hat man mir verboten, dienstlich oder privat weiterhin über das Thema zu arbeiten und zu veröffentlichen . . . obwohl ich mich auf die im Grundgesetz garantierte Freiheit der wissenschaftlichen Forschung berufen habe.»

Zur Absicherung verlangen 1. und 2. Stadtdirektor (Sasse und Leidinger) mit Hinweis auf Beförderungssperre auch noch eine schriftliche Erklärung:

«daß ich gar nicht bereit sei, eine Judenschrift herauszugeben». Als Molinski ablehnt, versucht man, ihm das Geständnis mit einem inhaltlich verfälschten Protokoll zu unterschieben:

«Auf weiteres Befragen des Herrn Bürgermeisters Tölle und beider Stadtdirektoren erklärte Herr Molinski, daß er persönlich gewünscht habe, mit der Abfassung der Schrift, wie sie jetzt vorliegt, nicht betraut zu werden, und daß er seine Mitarbeit damals aus eigenen freien Stücken zurückgezogen habe.»

Molinski reagierte nicht, wie es von einem Beamten erwartet wird. Er zeigt seine Vorgesetzten wegen «Falschbeurkundung im Amt» an. Dieser zweifache Ungehorsam hat zur Folge, daß er aus dem Amt entfernt wird unter Weiterzahlung seiner Bezüge, die man um 25 Prozent kürzt. In der Presseerklärung der Stadtverwaltung heißt es:

«Archivrat Molinski mußte vom Dienst suspendiert werden, weil sein Verbleiben im Dienst für die Stadt untragbar ist.»

Die von ihm Beschuldigten drehen den Spieß um: Die Institution im Rücken, stellen sie gegen Molinski Strafantrag wegen Beleidigung und Verleumdung.

Als Molinski ankündigt, den Fall an die Öffentlichkeit zu bringen, versucht man die Öffentlichkeit vor ihm zu schützen: Man erklärt ihn für unzurechnungsfähig und betreibt seine Zwangsvorführung in die Landesheilanstalt Niedermarsberg. (Und falls der Arzt ihn «als Gefahr für sich selbst und die Allgemeinheit» ansehen würde, ließe sich schnell ein richterlicher Einweisungsbeschluß nachholen.)

Am 12. Januar 1968 klingeln kurz nach 6 Uhr früh zwei Polizisten mit Handschellen bei Molinskis, um den Archivrat in psychiatrische Obhut zu überführen. Vorabsprachen zwischen den Behörden waren schon getroffen worden, wie aus Polizeiberichten über die Nacht- und Nebelaktion ersichtlich wird:

«Der Vorführungstermin war bereits mit Herrn Dr. Jahn abgestimmt worden und sollte am heutigen Vormittag erfolgen.

Um dieser Vorführung wenig Aufsehen zu verleihen, wurde von uns Zivilkleidung getragen, und die Fahrt zur Wohnung des Molinski erfolgte mit einem Dienstfahrzeug – neutraler Farbanstrich. Herr Molinski, notdürftig angezogen ... begrüßte uns kurz ... schrieb sich nicht nur unsere Namen auf, sondern notierte sich auch die Unterschrift des Richters sowie den Namen des Herrn 1. StA Bechthold. Herr Molinski erkannte den Beschluß vom 4. 9. 1967 nicht an und erklärte, daß dieser seiner Meinung nach zu Unrecht bestehen würde. Auch den Vorführungsbefehl erkannte Herr Molinski nicht an. Er machte uns aufmerksam, daß wir bei einer eventuellen Gewaltanwendung wegen Freiheitsberaubung im Amt zur Anzeige gebracht würden. Desgleichen würde er auch Strafanzeige gegen den AGR Ewers und Herrn 1. StA Bechthold erstatten ... Als ihm dann unmißverständlich mitgeteilt wurde, daß er in jedem Falle von uns vorgeführt würde und selbst unter Gewaltanwendung, lenkte er ein und verhielt sich so, als ob er mitkommen wollte. Vorher führte er noch aus, ob wir auch unter gleichen Voraussetzungen – wie vor 30 Jahren – Juden festgenom-

men hätten, um sie dem Tode auszuliefern. Ihm wurde daraufhin mitgeteilt, daß wir nur die jetzige Anordnung durchführen würden. In ein politisches Gespräch wurde sich mit Herrn Molinski nicht eingelassen. Ihm wurde beschieden, daß uns seine Angelegenheit nichts anginge ...»

Molinski entkommt der Zwangseinlieferung. Unter dem Vorwand, sich noch Schuhe anziehen zu müssen, flüchtet er durch eine Nebentür. Zuerst sucht er als gläubiger Katholik in einer Kirche vorläufigen Schutz und Asyl, doch der Pfarrer hat Bedenken. Er will nicht mit der weltlichen Ordnung in Konflikt geraten, kann auch für nichts garantieren.

Molinski gelingt es, sich ins Ausland abzusetzen. Von dort erbringt er psychiatrische Gutachten, daß er zurechnungsfähig ist, und erwirkt einen Beschluß des Landgerichts, der die damals angeordnete Zwangseinweisung in eine Irrenanstalt als nicht gerechtfertigt aufhebt.

Nach dem Verschwinden Molinskis durchsuchen die Polizisten nicht nur dessen Wohnung, sondern auch die abgeschlossenen Räume seines Bruders, Prof. Waldemar Molinski, sowie zwei an Studenten vermietete Zimmer. Ohne Hausdurchsuchungsbefehl wurde diese Inspektion wenige Tage später wiederholt. Tagelang war das Haus von einem uniformierten Polizeiaufgebot mit Streifenwagen umstellt und bewacht.

Molinski hat sein Fleiß viel freie Zeit eingebracht. Seit zweieinhalb Jahren zahlt Paderborn ihm sein Gehalt (wenn auch vermindert) – ohne Gegenleistung in Anspruch zu nehmen. Molinski nennt es Korruption und Veruntreuung von Steuergeldern.

Die Schrift, die ihn zu Fall brachte, ist inzwischen ohne seine Mitwirkung erschienen. Unter dem sinnigen Titel:

«BAUN WIR DOCH AUFS NEUE DAS ALTE HAUS.»

Herausgeber: die Stadt Paderborn. Man fand für die Verantwortlichkeit den rechten Mann, einen Kurdirektor aus dem Schwarzwald, der sich schon immer zum Schreiben berufen fühlte und dem in Paderborn das Kultur- und Pressereferat anvertraut worden war. Dieser übernahm es gern, die Vergangenheit im Sinne der Stadtväter aufzubereiten, auf daß das Ansehen Paderborns keinen Schaden nehme. Innerhalb von sechs Wochen legte er das Werk vor, wobei er das von Molinski erarbeitete Material nicht einmal zu berücksichtigen brauchte.

«Wir wollen damit einer uns Deutschen in besonderer Weise angehenden Frage nicht ausweichen», bekennt Paderborns Altbürgermeister Christoph Tölle (MdL) «zum Geleit». Man dürfe «nicht mit leichter Hand über dieses dunkle Kapitel deutscher Geschichte hinweggehen», «vielmehr solle die Schrift, die nun in alle Welt gehen wird, ihren Teil dazu beitragen ... daß jetzt noch Unbekanntes bekannt und Dunkles erhellt wird.»

Die erste Hälfte der Schrift «erhellt» nur die (Vor-)Geschichte des Paderborner Judentums, wobei sich bereits hier wie ein roter Faden das Thema der bevorzugten Behandlung der «jüdischen Mitbürger» durch geistliche und weltliche Macht durchzieht.

Schon im 13. Jahrhundert, so wird behauptet, hielten die «Paderborner Fürstbischöfe, deren ‹Kammerknechte› die Juden waren, schützend ihre Hand über sie».

Selbst wenn es zu unkontrollierten Ausschreitungen kam, stellte die Obrigkeit die Juden unter ihren besonderen Schutz, so will es die Schrift:

«Im Jahre 1627 führte die Paderborner Judenschaft einstimmig Beschwerde über Ausschreitungen, die zum Stürmen von Judenhäusern, Einschlagen von Fenstern und Türen und Zerstörung des Mobiliars geführt hatten. Der Paderborner Fürstbischof befahl daraufhin dem Magistrat der Stadt, bei der Bestrafung der Übeltäter äußerste Strenge walten zu lassen.»

Nach einer Pestzeit, für die die Juden nach allgemeinem Brauch verantwortlich gemacht und vertrieben oder ausgerottet wurden, ließen die Paderborner aus christlicher Nächstenliebe doch einige am Leben, und da «den Juden (wiederum) menschliche Lebensbedingungen gewährt wurden, vermehrte sich die Zahl der Judenfamilien ziemlich schnell».

Aus jüngerer Zeit wird lobend hervorgehoben, daß die Juden im Ersten Weltkrieg mit «in den Krieg ziehen, Auszeichnungen für ihre Tapferkeit empfangen, verwundet werden oder im Kampfe fallen» durften. Der Prozentsatz der Toten war «im Vergleich zur jüdischen Bevölkerung zumindest so hoch . . . wie der Prozentsatz der christlichen deutschen Mitbürger».

Und aus der NS-Zeit, die in der Ablaßschrift gleich einem Naturereignis als «sichtbare Geißel» oder «Braune Pest» bezeichnet wird, werden die an den Juden begangenen Verbrechen kaum benannt, vielmehr geht es um «das gute Wort, das damals gesprochen, die gute Tat, die getan wurde».

So z. B. die gute Tat des Generalvikars Prälat Rhode, der zwar keine jüdischen Menschenleben, dafür aber eine Tora-Rolle aus der abgebrannten Synagoge der Nachwelt erhielt und diese 1959 (!) der winzigen jüdischen Gemeinde feierlich zurückgab.

Sichtbares Zeichen für den auch in Paderborn lebendigen Widerstandsgeist:

«Anfang 1933 erkletterte ein Nazi das Rathaus über die Giebelsprossen der Fassade und brachte oben am Gesims die Hakenkreuzfahne an. Oberbürgermeister Philipp Haerten war mutig genug, durch die Paderborner Feuerwehr die Fahne wieder entfernen zu lassen . . . Man wehrte sich noch in den Kreisen der Bürgerschaft gegen das totalitäre System, aber wie überall in Deutschland wurde jeder Widerstand mit Gewalt zerbrochen.»

Vom Paderborner Widerstand war nichts mehr zu spüren, als einige Jahre später «das Jüdische Waisenhaus im Zuge der teuflischen sogenannten ‹Endlösung der Judenfrage› aufgelöst» wurde. Hat einer protestiert?

Erwähnt wird zwar ein Lager in Paderborn, das junge Juden aus ganz Deutschland sammelte und umliegenden Firmen als Arbeitskräftereservoir diente. Nichts gesagt wird von der inneren Struktur, den Verbrechen und eventuellen Todesarten in diesem Lager, das als «Vorstufe» für die Deportation nach Auschwitz diente. Dafür ist von einem Dr. med. Heinrich Schmidt die Rede, der dort «ärztlich betreute» und «versuchte, gesundheitliche Schäden weitgehend abzuwenden». Als weiteres Alibi verweist man auf «das humane Verhalten von einigen Paderborner Firmen», wodurch «der Wert des Essens verbessert» worden sei. Und wieder die einzigartige Judenfreundlichkeit der Stadt, die besonders früh als «judenfrei» galt und es bis heute nicht übers Herz brachte, die Ehrenbürgerschaft Adolf Hitlers offiziell zu tilgen:

«Viele Paderborner Bürger zeigten den Lagerinsassen gegenüber eine tolerante Haltung, indem sie ihnen in versteckter Weise Nahrungsmittel zukommen ließen.»

Die Broschüre erhebt für sich den Anspruch, «ein Beitrag zur Stärkung der jungen deutschen Demokratie» zu sein, «ein Schritt nach vorn, diktiert von der Verantwortung und menschlicher Verpflichtung». Das schafft sie, indem sie z. B. die Zahl der ermordeten Paderborner Juden auf ein Sechstel reduziert. Statt der mindestens 450 Umgebrachten, wie sie in dem vom Stadtdirektor beschlagnahmten Material Molinskis belegt sind, gesteht die Stadt «nur» 79 Opfer zu. In der «Schicksals»-Liste «jüdischer Paderborner Mitbürger» (DEN TOTEN ZUM GEDENKEN, DEN LEBENDEN ZUM GRUSS) heißt es nie: In ‹Paderborn erschlagen›, ‹erschossen›, ‹im KZ Auschwitz oder Bergen-Belsen vergast›, ‹verhungert›, ‹zu Tode gefoltert›, wird kein Verantwortlicher genannt, nicht der Richter, der das Urteil wegen «Rassenschande» sprach, nicht die Firmen, die Zwangsarbeiter verschlissen.

Stereotyp taucht statt dessen die Wendung auf: «deportiert und im Osten umgekommen», man schiebt die Schuld an diesen Morden weit von sich, in eine barbarische Zone, wo die Eigenverantwortung aufhört.

In der Hauptsache ist von «Mitbürgern die Rede, die wie durch ein Wunder der Hölle entgingen». Der christliche Begriff «Hölle» dient ebenfalls der Verschleierung und Entschuldigung. Hölle untersteht nicht der menschlichen Gerichtsbarkeit, ist etwas Ewiges, gerecht Sühnendes, Unumstürzliches. Hölle wird in der Chronik manchmal auch durch «Teufelswerk», «blinder Haß» oder «alles zerstörender Schrecken» ersetzt. So umgeht man es, die konkreten Ursachen und Auswirkungen von Faschismus und Rassismus aufzuzeigen.

Die Mehrzahl der in der Namensliste aufgeführten Juden haben überlebt. Bei diesen Überlebenden spart die Schrift nicht mit positiven Beiworten wie «hoch geachtet und beliebt», «sehr bekannt», «rührig», «angesehen», «aktiv in der Feuerwehr tätig», «allgemein geschätzt», «im stillen

Gutes tuend», «rührig und gesellig», «ehrenamtlich tätig», «beispielhaft», «erfolgreich und tüchtig», «originell und geschickt», «einfach und rührig», «umsichtig», «weitbekannt», «schöngeistig».

Den anderen, «im Osten Umgekommenen» wird – von ein paar Ausnahmen abgesehen – solche Anerkennung versagt. Folglich waren es keine wertvollen Menschen, keine dem Gemeinwohl dienenden Bürger. Waren sie am Ende doch zu Recht umgekommen, als sogenannte Volksschädlinge?

Die wahren Volksschädlinge, die heute wieder das politische Leben in Paderborn mitbestimmen, unterschlägt die «Judenschrift». Molinskis sichergestelltes Material – das leider in keiner Kopie vorhanden ist – könnte einige Fälle aufdecken.

Es wäre z. B. interessant zu erfahren, welche Rolle der Paderborner Landgerichtsrat Paul Wolff, der 1959 wieder in den Justizdienst eingestellt wurde, seinerzeit als Landgerichtsrat am Sondergericht in Oppeln (Polen) hatte.

Auch die Aufklärung der Vergangenheit des Landgerichtsrats Dr. Ernst Beismann könnte evtl. dazu beitragen, daß ein *«Licht in die Nacht kommt»* (aus dem Nachwort zu BAUN WIR DOCH AUFS NEUE DAS ALTE HAUS). Landgerichtsrat Dr. Beismann stellt heute wieder seine als Kriegsgerichtsrat bei der NS-Wehrmacht erworbenen Fähigkeiten Paderborn zur Verfügung.

Echte Vergangenheitsbewältigung im Sinne von Schuldnachweis hätte man leisten können, wenn man einem zugezogenen großen Sohn der Stadt einige Seiten gewidmet hätte: dem Landgerichtsdirektor *Dr. Amedick*, der beispielsweise 1941 als beisitzender Richter einen Juden wegen «Rassenschande» mit seiner arischen Verlobten zu acht Jahren Zuchthaus verurteilte.

Aus der Urteilsbegründung, die mit perverser bürokratischer Exaktheit das «Sexualleben» eines angeklagten Juden durchleuchtet. (Die Urteilsbegründung wird ausführlich wiedergegeben, da sich die Verfolgung des Juden in ihrer Totalität in der Schilderung der Sexualpraktiken widerspiegelt. [‹Coitus interruptus›]. Hätte der Angeklagte seiner arischen Verlobten ein Kind gezeugt, hätte er mit der Todesstrafe rechnen müssen.)

«Ende Oktober 1938 kam es zwischen dem Angeklagten und der Templin im Kuhstalle auf dem Gehöft des Timmermann zum ersten Male zum Geschlechtsverkehr. Hierbei handelte es sich aber nicht um einen vollendeten Verkehr. Der Angeklagte brachte nur sein Glied an das Geschlechtsteil der Templin und führte daran Bewegungen aus. Dann brach er den Verkehr ab, ohne daß es zum Samenerguß gekommen wäre ...

In der Folgezeit kam es zwischen dem Angeklagten und der Templin auf immer wiederholtes Drängen des Angeklagten bis in die zweite Hälfte des Jahres 1940 in unbestimmten zeitlichen Abständen wiederholt zum

Geschlechtsverkehr, bei welchem regelmäßig der Angeklagte sein Glied bei der Zeugin Templin einführte. Alles in allem genommen verkehrten die beiden Personen 25- bis 30mal geschlechtlich miteinander. In den meisten Fällen brach der Angeklagte den Verkehr ab, ohne daß es zum Samenerguß bei ihm kam. Dann befriedigte sich der Angeklagte hinterher selbst. In der letzten Zeit kam es bei dem Angeklagten infolge des Verkehrs mit der Templin manchmal aber auch zum Samenerguß. Bevor es dazu kam, zog der Angeklagte sein Glied aus der Scheide der Zeugin zurück ...

Bei der Strafzumessung war zu berücksichtigen, daß der Angeklagte das Gastrecht, das er als Jude im Deutschen Reich genoß, schwer mißbraucht hat ...

Er hat es in echt jüdischer Art verstanden, die Zeugin trotz ihrer Abgeneigtheit seinen geschlechtlichen Gelüsten gefügig zu machen. Der große Umfang seines strafbaren Verhaltens kennzeichnet die Hartnäckigkeit seines verbrecherischen Willens, mit der er sich bewußt über wichtigste nationalsozialistische Gesetze hinweggesetzt hat. Er hat über lange Zeit hin mit der Templin Geschlechtsverkehr gepflogen, und zwar zur Hauptsache noch dann, als das nationalsozialistische Deutschland im November 1938 dem Judentum letztmalig schärfsten Kampf angesagt hatte und insbesondere noch nach Ausbruch des jetzigen, vom Judentum zur Vernichtung des deutschen Volkes entfesselten Krieges ...»

März 1944 zeichnete Dr. Amedick sich aus durch sechs Todesurteile gegen holländische Widerstandskämpfer und Juden – wegen Herausgabe der illegalen Zeitung «Waarheid».

Diese Fakten verschweigt die Schrift, die besonders an den Schulen des Paderborner Kreises kostenlos verteilt wurde und an viele Botschaften, an in- und ausländische Städte ging – um für eine schönere Vergangenheit und Gegenwart zu sorgen. Denn so will es die Schrift:

«In der mit der Zeit wachsenden Stille wird gehört und gefühlt, was einmal in all dem Bösen Gutes war.»

Der 1. Stadtdirektor Paderborns, Wilhelm Sasse, wohnt im Villenviertel. Seine SA-Vergangenheit (Altbürgermeister Tölle: «Davon weiß hier nur ein kleiner eingeweihter Kreis.») hat ihn in den ersten Nachkriegsjahren für den Kommunaldienst untauglich gemacht und der freien Wirtschaft zugeführt. Die dort erworbene Praxis stellt er nun seit 1952 der Stadt bei Landankäufen zur Verfügung und auch sich selbst: Er hat vier Häuser in den Besitz seiner Familie gebracht und ist Makler aus Leidenschaft.

Wir suchen ihn auf in seiner Villa. Wir kommen aus Israel, sagen wir und bieten ihm die «Jakob-Goldmann-Versöhnungsmedaille» des Kulturzentrums Tel Aviv an. Für besondere Verdienste in Sachen Vergangenheitsbewältigung. Wir wollen herausfinden, wie weit Zynismus und Heuchelei gehen können. Sasse, dessen unbewältigte Vergangenheit die Stadt zu ihrer eigenen gemacht hat, indem sie das Geschichtsbild fälschte, ist hier zuständig.

Sasse ist gerührt: «Ist uns eine Freude, wirklich ... Gott sei Dank ... Schön, daß Sie da sind.» Er feiert gerade seinen 62. Geburtstag. Er läßt es sich nicht nehmen, uns in den engsten Kreis der Familie einzubeziehen. Er bittet uns in den Garten, wo alle versammelt sitzen, bei Sekt und Orangensaft. Er schüttet uns ein, hebt das Glas: «Darauf stoßen wir erst einmal an!»

Er sieht es als ganz selbstverständlich an, daß die «Gäste aus Israel» sich bei ihm einfinden, ihm zu der Schrift BAUN WIR DOCH AUFS NEUE DAS ALTE HAUS gratulieren, ihm dafür eine Auszeichnung antragen und ihn gleich nach Israel einladen. (Es scheint, als habe er die ganze Zeit auf solche Vorzeigejuden gewartet, die bereit sind, ihm einen «Persilschein» auszustellen.)

Sieht man ihn vor sich – groß, breitschultrig, blauäugig, einst blond, jetzt ergraut –, kann man sich gut vorstellen, daß er in der NS-Zeit freiwillig und stolz die Uniform auch auf dem Stadtamt in Münster trug. Heute empfängt er uns in schwarzer Anzugshose mit schmalen schwarzseidenen Hosenträgern.

Er hat dem Alkohol schon etwas zugesprochen. Dennoch wählt er seine Worte bedächtig und voll Selbstbewußtsein wie zu einer offiziellen Rede:

«Es ist mir eine Ehre, wer hätte das gedacht, aber wie gesagt, wir haben uns ehrlich bemüht, alles, was wir irgendwie in Erfahrung bringen konnten, rein objektiv darzustellen ... Wir haben alle Quellen, die uns zugänglich wurden, ausgeforscht und aufgefunden, so daß wir eine umfassende Darstellung von allen Schicksalen geben konnten ... Wir sind der Auffassung, daß wir uns verpflichtet fühlen, unsern Bürgern, die hier in Paderborn gelebt haben, auch nach dem Schrecklichen, was geschehen ist, dieses Gedenken, dieses Erinnern, dieses Dartun schuldig sind, weil wir meinen, es sind *unsere* Bürger, denen wir diesen Dienst erweisen.

Wir in Paderborn sind eine alte historische, wirklich wohlbekannte Stadt. In unseren Räumen lebten seit Jahrhunderten unsere jüdischen Mitbürger in Eintracht und Frieden, und ich darf wohl sagen, es gibt auch einige von ihnen, die in besonderen kommunalen höheren Ämtern hervorgetreten sind, die also Mitglied des Rates beziehungsweise besonderer Organisationen waren und ein sehr hohes Ansehen gewannen. Ich könnte einzelne Namen nennen, das will ich jetzt nicht tun. Das ist aber Wirklichkeit und Wahrheit.»

Er gesteht den Juden zu, dem Gemeinwohl gedient zu haben, und entbindet sie von der Schuld, für ihren Untergang selbst verantwortlich zu sein:

«Wir hatten damals ganz prächtige jüdische Mitbürger, die damals schon mitgeholfen haben, das moderne Gesicht unserer Stadt vorzubereiten – ich denke z. B. an den Bau des ersten Stadthallenbades –, als Hauptaktionäre und Spender und Interessenten und Aufrufer. Wir sind schuldig, auch rein der Gerechtigkeit wegen, dieses anzuerkennen.»

Er ist der Ansicht, daß mit Schuldbekenntnissen der Deutschen nichts gewonnen ist:

«Das ist doch uninteressant, von ständigen Schuldbeweisen haben sie doch gar nichts. Wir leben schließlich in der Gegenwart. Es kommt auf die Überlebenden an, sind das Bürger von uns, die, wenn sie hier sind, sich wohl fühlen und mit denen wir ein gutes Verhältnis haben...»

Auf die Frage nach Pogromen und Boykotts in Paderborn:

«Das wird sicherlich gewesen sein. Das kann ich nicht bestreiten, das weiß ich nicht ... Aber was heißt schon Boykott? Boykott ist ja, wenn ich es veranlasse, eine allgemeine amtliche Verordnung ... Sie wissen ja, wenn so was angedreht ist, dann läuft die Sache. Das ist überall so.»

Hat er von KZs gewußt?

«Das ist also hundertprozentig sicher, daß bis auf einen verschwindend geringen Prozentsatz kein Mensch etwas gewußt hat, das kann man also hundertprozentig sagen. Die Tatsache haben wir nicht gewußt.»

Obwohl er als SA-Mann mehr wußte als die meisten, schlägt er sich jetzt auf die Seite der Nichtwisser:

«Die wurden in Deutschland doch deportiert, nicht etwa um getötet zu werden oder so etwas, sondern nur um außerhalb des Staatsgebietes angesiedelt zu werden, in Polen, in der Ukraine usw. Da gibt es keinen, dem gesagt wurde, der wird rausgebracht, damit er ... das gibt es überhaupt nicht.»

Er macht auf Völkerverständigung: gute Deutsche damals sind wie gute Israeliten heute.

«Sie folgen ja auch einer politischen Idee, und Sie können ja deswegen nicht persönlich für jeden Mißgriff der politischen Idee verantwortlich gemacht werden ... Sie wären doch schlechte Israeliten, wenn Sie das nicht täten, was man von Ihnen verlangt. Sie werden es aus wahrer Überzeugung tun. Das war damals auch so: man hat ja auch nur getan, was Sie auch tun, nämlich gemeint, für sein Volk das Richtige zu tun, dann kann man das ja nicht verurteilen ...

Ja, bitte schön, daß das nachher schiefgegangen ist, daß das falsch geleitet worden ist, da kann man doch nicht den einzelnen für verantwortlich machen, nicht, das ist doch das Problem. Ich meine, Sie können schließlich auch nicht dafür verantwortlich gemacht werden, daß Sie die Araber bekämpfen oder so was ...»

«Doch sind die Deutschen schließlich in andere Länder eingefallen, ohne bedroht worden zu sein.» Darauf Sasse:

«Ja, wie soll ich sagen ... Das ist ein solches psychologisches Moment, das kaum zu erklären ist ...»

Er ist stolz darauf, wie man hier in Paderborn die junge Demokratie hingekriegt hat:

«Genauso wie Sie neu anfangen mußten, haben wir hier neu angefangen. Ja, es ging hart zu. Trotzdem, es ist erstaunlich, was die Leute nach der Niederlage politisch geleistet haben . . . was die aufgepickt haben an Steinen aus den Trümmern und Staub, und neue Häuser entstanden, und nun geht es uns durch den bekannten deutschen Fleiß wieder sehr gut, mit der politischen Vorsorge . . .

Wir sind heute eine moderne Stadt, hoffen wir wenigstens, daß wir's hingekriegt haben, haben wir hingekriegt.

Wir sind zu 85 % eine katholische Stadt. Die CDU hat schon immer die absolute Mehrheit, aber selbst wenn das nicht wäre, die andern Parteien sind ja bei uns der gleichen Auffassung, die Fraktionen sind bei uns aus einem Guß. Darüber sind wir alle glücklich bei uns im Rat. Deswegen ist die erfreuliche Entwicklung in unserer Stadt überhaupt möglich gewesen, weil wir uns in den Sachen so vollkommen einig sind. Hier gibt es keine politische Minderheit oder Opposition.

Bei uns kommt es darauf an: ist einer für Paderborn oder ist er nicht für Paderborn . . .»

Ein Heilmittel gegen Unheil . . .

. . . nannte der Philosoph Emerson das Buch. Es bereite «in der höchsten Zivilisation noch immer die größte Freude».
Doch nur jeder vierte Bürger hierzulande wehrt mit dem gedruckten Heilmittel drückendes Unheil ab. Drei Viertel der Bundesbürger, so schätzt man (ohne es in anderem Sinne zu schätzen), lesen nie oder nur selten ein Buch.
Zu den meistverbreiteten Büchern zählen wohl also immer noch das Stammbuch, das Buch mit den Postleitzahlen, das Gesangbuch, das Telefonbuch und das Sparbuch. Von letzterem kann man wenigstens sagen, daß es, auf seine Art, auch ein wirksames Heilmittel gegen manches Unheil ist.

Töten um Gottes willen

Leitlinien für das Sterben in der Bundeswehr

Lieber Kamerad!

Du hast Dich zur Teilnahme an Soldatenexerzitien gemeldet. Das ist mir ein Zeichen dafür, daß Du Dein Stehen und Leben in der jungen wehrhaften Mannschaft unseres Volkes als einen Dienst vor Gott begreifst.

... Darüber freue ich mich und dazu gratuliere ich Dir ... Bringe neben den Dingen des täglichen Bedarfs a) ein frohes Herz b) Dein Soldatengesangbuch c) Schreibpapier mit.

Hilf mit durch Deine lebendige Teilnahme, daß die Tage von Gievenbeck zu einem weiteren Meilenstein in Deinem Leben als Christ und Soldat werden.

Mit Gruß und Segen
Dein Militärpfarrer
Bruno Mertens
587 Hemer
Blücher Kaserne

Gott zum Gruß, meine lieben Herren!

Liebe Kameraden!

Es weihnachtet sehr in der Welt, auch bei der Truppe. Ich beeile mich, Ihnen und Ihren Angehörigen meine Segenswünsche und mein Wort zur diesjährigen Weihnacht zu senden. – Wie werden Sie in diesem Jahr Weihnachten begehen? Eine Erfahrungstatsache: nach Weihnachten haben die Ärzte Hochbetrieb. Viele Zeitgenossen verderben sich Weihnachten den Magen an all den Leckereien, am fetten Essen. Ein verdorbener Magen – das ganze Resultat der Weihnacht? Das wäre kläglich ....

Ihr Seelsorger
Bruno Mertens
(Militärpfarrer)

«Der schönste Erfolg der Militärseelsorger», so heißt es im *Taschenbuch für katholische Soldaten*, «sind wohl die Soldatenexerzitien ...» – geistliche Übungen zur inneren Einkehr, die sich so großer Beliebtheit in der Bundeswehr erfreuen, daß die Teilnehmerzahl von Jahr zu Jahr steigt (1957: 1200 Soldaten; 1959: 6700 Soldaten; 1962: 16500 Soldaten; 1966: 18000 Soldaten).

«Dieser gute Anklang ist ein Beweis, daß die jungen Menschen unter ihrer religiösen und sittlichen Unordnung selber leiden und darauf warten, daß ihnen jemand wieder ins richtige Gleis hilft.»

Ich melde mich zu einem Exerzitien-Kursus an, obwohl, wie mir im Münchner Wehrdekanat erklärt wird, «das Militärbischofsamt Bonn es nicht gern sieht, wenn da schon mal ein Zivilist zwischengerät. Da hat die Bundeswehr, die die Tage mitfinanziert, schon mal Einspruch erhoben. Das muß man verstehen. Ein Soldat hat seinen besonderen Status.»

Dennoch: am 5. September mache ich mich auf den Weg zum Kloster Braunshardt bei Darmstadt, um für drei Tage zusammen mit 50 Uniformierten die «geistlichen Übungen» zu exerzieren.

Vor der Klostermauer parkt ein olivgrüner Bundeswehr-VW. Rechts hinter der Windschutzscheibe ist sehr akkurat ein mit einer Krone verziertes Kreuz befestigt, dessen Form dem Eisernen Kreuz nachempfunden ist. Der Wagen gehört dem katholischen Militärpfarrer aus Mainz. Das Kronen-Kreuz gilt nach Angaben der katholischen Zeitschrift *Soldat in der Zeit* als ein «taktisches Zeichen», das sowohl in schwerer Bronze in den Dienststuben der Pfarrer zu hängen habe, als auch «auf einer Flagge verwendet werden sollte, die das Zelt des Militärpfarrers bei Truppenübungen und dergleichen kennzeichnet». Im übrigen trägt der Pfarrer bei «Übungen und Manövern der Truppe . . . eine Schutzkleidung, die aus Teilen des Kampfanzuges des Soldaten besteht, wobei der Militärgeistliche an Stelle von Rangabzeichen auf den Schulterstücken dieses Kreuz trägt.»

Ihre Besoldung empfangen die etwa 500 Militärgeistlichen der Bundeswehr aus dem Verteidigungsministerium, ihr Status entspricht dem eines Majors, entsprechend ist die Höhe ihrer Bezahlung: 1400 DM (ein ziviler Kaplan verdient vergleichsweise etwa 600 DM).

Der Bundeswehrpfarrer ist nicht zuletzt auch Soldat. Das Benzin für seinen Dienstwagen bekommt er aus Bundeswehrmitteln gestellt: dafür ist er dann auch Geheimnisträger: er darf nicht in die DDR und in andere Ostblockstaaten reisen.

Hinter der Klostermauer parken zwei Bundeswehrbusse. Das Exerzitienhaus ist ein altes Schloß aus dem 18. Jahrhundert mit einer ausgedehnten Parkanlage. Am Haupteingang sitzt der Helfer des Pfarrers und kassiert die Unterbringungsgelder: 14 DM von den Soldaten, 30 DM von mir. Ich werde mit einem Trupp von Uniformierten in die Quartiere im 1. Stock geschickt. Wir haben Einzelzimmer. *St. Irmgard* steht auf einem Metallschild neben meiner Zimmernummer.

Die Begrüßungsansprache im großen Speisesaal hält Militärpfarrer Hubert Bittorf aus Mainz, Betreuer für die Bundeswehrstandorte Mainz, Wiesbaden, Darmstadt, Darmstadt-Eberstadt, Worms, Pfeddersheim und Bensheim-Auerbach. Er wird uns zuvor von seinem Helfer als «Herr Militäroberpfarrer» vorgestellt. Diesen Rang hat er bei der Bundeswehr erworben, im Zivildienst gibt es ihn nicht, er ist eine Art Oberstleutnant. Oberpfarrer Bittorf, ein kleiner, stämmiger Mittdreißiger mit frischer Gesichtsfarbe, bemüht sich, den Soldatenjargon zu treffen: «Meine Herren, liebe Kameraden! Die meisten kennen mich sicher schon aus dem Fernsehen. Obwohl ich da zwar noch nicht drin war, soll euch das aber nicht jucken, mich hier kennenzulernen.»

Einige lachen, der Oberpfarrer stimmt in das Lachen ein. Dann wird er ernst. Er sagt, die Tage sollen der Besinnung dienen. Wir sollten uns als katholische Soldaten unserer Aufgabe in der Welt bewußt werden. Dazu hätten sie von der Militärseelsorge einen Pater für uns engagiert. «Exzellenz Pater U., darf ich vorstellen», sagt Bittorf scherzhaft.

Ein älterer Pater im Talar erhebt sich gebeugt. Er nennt uns: «meine lieben Kameraden» und sagt, daß er die Soldaten-Exerzitien schon seit langem abhalte. Dann richtet der Helfer des Oberpfarrers noch mal das Wort an uns: wir sollten, so sagt er, nach Möglichkeit «Stillschweigen üben» und «auf gar keinen Fall diesen Standort» – er meint das Klostergebäude – «verlassen». Wer gegen dieses Verbot verstoße, «wird unweigerlich mit einem Begleitschreiben in seine Kompanie zurückgeschickt».

Der Grund für die strenge Klausur ist nicht zuletzt die Dorfkneipe in der Nähe. Bei früheren Einkehrtagen soll sich dort oft die halbe Exerzitienmannschaft betrunken haben. Spät abends sind dann keine Gebete gesprochen, sondern die Nonnen im Schlaf gestört worden.

Vor und nach dem Mittagessen wird gemeinsam gebetet. Der Exerzitienmeister, Pater U., sitzt beim Essen neben mir. «Wann kommen Sie denn zur Wehrmacht?» fragt er. «Im Herbst», antworte ich, und als er Bataillon und Standort wissen will, sage ich nur: «Koblenz» und «Viertes». Er meditiert: «Ja, was wär Koblenz ohne Soldaten. Ohne die Bundeswehr wär das doch ein Dorf.» Den Soldaten, der ihm gegenübersitzt, bittet er: «Reich mir doch mal den Negerschweiß.» Der Angesprochene versteht und schüttet dem Pater Kaffee ein.

Dann erzählt der Geistliche von seinen Kriegserfahrungen als Gebirgsjäger. Wie sie zum Beispiel der Russe über die Karpaten zurückgetrieben hätte und wie sie zum Schluß die Munition rationiert bekommen hätten. «Das war eine schöne Bescherung. Nur noch im Bataillonsrahmen durfte geschossen werden.» Nicht ohne Stolz berichtet er, wie ihm das EK I verliehen worden sei und wie er seinen Pfarrerberuf dabei verschwiegen habe, um den Orden zu bekommen.

Vor dem Dankgebet fachsimpelt er noch mit den Soldaten unseres Tisches über die neuesten Geschütze der Bundeswehr. «Die reinste Munitionsvergeudung», meint er zum neuen Maschinengewehr. «Das spuckt die Munition schneller aus, als man überhaupt zielen kann.» Das sei bei der Wehrmacht besser gewesen. «Ein Schuß – ein Mann, galt da die Regel.» Aber nun sei genug geredet. «Aufi, aufi!» Mit diesen Worten hebt der Pater die Tischrunde auf.

Nach zweistündiger Mittagsruhe kommen wir im Vortragssaal zusammen. Zuerst das obligatorische Gebet, dann ein kurzes Wort aus der Heiligen Schrift: «In jener Zeit sprach Jesus zu seinen Jüngern: *An ihren Früchten werdet ihr sie erkennen.*» Dann dürfen wir uns setzen.

Den eigentlichen Sinn dieser Exerzitien erläutert der Pater: «Wie der Oberpfarrer heute mittag schon erwähnte, wollen wir nicht erreichen, daß nachher jeder eine geweihte Kerze auf dem Stahlhelm trägt oder jeder einen Liter Weihwasser verbraucht, oder daß man so schief geneigte Köpfe hat oder die Augen verdreht, gerade das wollen wir nicht erreichen.» Statt dessen soll erreicht werden, daß «wir mit Gott konfrontiert werden und wir unsere Aufgabe als Soldat in der Welt erkennen». – Hierfür sei «Kameradschaft» die Basis, denn das Schrecklichste im letzten Krieg sei gewesen: daß «die Landser zum Schluß einfach zu Kampfeinheiten zusammengewürfelt wurden, ohne daß einer den anderen kannte und echte Kameradschaft entstehen konnte ... Wenn wir aber sagen können, wir haben eine echte Kameradschaft gehabt, einer steht für den andern, dann können wir sagen, wir haben etwas Rechtes getan. Dann werden wir nachher glücklicher und froher und einsatzfreudiger sein als zuvor.»

Die Vorträge dauern 40 Minuten, fünf sind's am Tag, dazwischen ist jeweils eine halbstündige Pause.

Um diese Zeit zu überbrücken, sitzen wir in den Pausen in schweren alten Ledersesseln vor Tischen, die in Nischen stehen, und blättern in für uns ausgelegten Schriften: den vom katholischen Militärbischofsamt herausgegebenen *Briefen an Soldaten.* Diese monatlich erscheinenden Briefe sollen den Soldaten mit seinen spezifischen Aufgaben und Pflichten als Soldat und Mensch vertraut machen». Beispielsweise mit der Antwort auf die Frage «Soldat sein – wofür?»: «Wenn Du ein eigenes Geschäft oder einen Hof hast, brauchst Du nicht zu befürchten, daß Dein Besitz eines Tages sozialisiert wird und Du als Angestellter oder Kolchosenarbeiter auf dem eigenen Boden unter Aufsicht eines Funktionärs schuftest.» Oder mit der Antwort auf die Frage: «Hat die Kirche im Dritten Reich versagt?»: «Die Kirche hat ... nicht versagt! Dies heißt nicht, daß nicht dieser oder jener Bischof oder Priester oder Laie noch tapferer hätte kämpfen müssen.» Und was das am 8. Juli 1933 mit Hitler abgeschlossene Reichskonkordat betreffe: «Die Kirche kann eine dargereichte Hand [die Hitlers] viel weniger ausschlagen als ein Staat, weil sie als *Mutter Kirche,* als die Kirche der Liebe und Barmherzigkeit, dem Menschen so weit wie möglich entgegenkommen muß.» Und worin bestand der Vertrauensbruch Hitlers?: «Tatsächlich ist es Hitlers unverzeihliche Schuld, daß er den Bolschewismus im Gefolge seiner dummen Politik bis in die Mitte Deutschlands hereingezogen und ihm ganz Osteuropa ausgeliefert hat. Ihm verdanken wir die heutige Situation.»

Der Soldat, der neben mir sitzt und gelangweilt in den Soldaten-Briefen blättert, schätzt den ihm für diesen Exerzitien-Kursus gewährten Sonderurlaub sehr: «Hier kann ich mal ausspannen. Das Essen ist besser als in der Kaserne und beim Vortrag kannst du dösen. Wenn nur nicht die dauernden Messen und Gebete wären, da rutsch ich noch lieber im Gelände rum als das Knien in der Kirche.» Er sagt, daß sich in seinem Standort eine halbe Kompanie zu den Exerzitien gemeldet und die Zugführer dann die soldatisch Besten ausgesucht hätten.

Im nächsten Vortrag spricht der Pater über die Beichte und über den unsichtbaren Gott. Wir brauchten, so sagt der Pater, auch in einem Krieg über allen Schrecken nicht zu verzweifeln. Denn «alles, was Gott auch immer schickt, schickt er zu unserem Besten, und wenn wir es auch nie begreifen, er meint es gut mit uns». Als ein Soldat fragt: «Wie ist das für uns Soldaten mit dem Töten? Sie sagten, daß Gott das alleinige Recht über Leben und Tod hat ...» verschiebt der Pater die Antwort auf den nächsten Tag: «Da ist der Oberpfarrer da. Der macht extra für solche Dinge eine große Fragestunde.»

Am Abend des 1. Tages unterhalte ich mich mit dem Unteroffizier einer Feldjägereinheit. Er beschwert sich, daß er als einziger Unteroffizier «mit der Mannschaft zusammen» untergebracht sei. Zudem gefalle es ihm nicht, daß es hier mit der Uniformordnung nicht so genau genommen werde: «Die ziehen ihre Jacken hier aus, wie's ihnen paßt. Und die Schulterstücke machen sie gar nicht erst dran. Und so in der Kirche. Der letzte Sauhaufen!» Dann berichtet er aus seinem Dienstleben. Besonders stolz ist er darauf, daß er häufig den Auftrag hat, in Zivil auf Streife zu gehen. Neulich habe er dabei einem Soldaten mitten in der Stadt Handschellen angelegt und ihn abgeführt. Und: «Da wollte doch so ein Zivilist meinen Ausweis sehen. Dem hab ich vielleicht Bescheid gesagt. Das ist ein dienstlicher Auftrag, hab ich nur gesagt. Das andere ging den ja nichts an.»

Die Räume hier sind unverschließbar. Morgens, kurz nach dem Wecken durch ein Glockenzeichen um 7.15 Uhr, macht der Helfer des Militärpfarrers seinen Rundgang. Er schaut in jedes Zimmer.

In der morgendlichen Messe beten wir zur Opferung: «Herr, gedenk auch Deiner Diener und Dienerinnen, unserer Gefallenen der beiden Weltkriege und der Toten der Bundeswehr, die uns mit dem Zeichen des Glaubens vorangegangen sind und in Frieden entschlafen sind.» – Wir singen und beten aus dem katholischen Gesang- und Gebetbuch für die deutsche Bundeswehr, das den Titel *Im Heiligen Dienst* hat und in dessen Vorwort unsere Aufgabe steht: «Ich streite für Gottes Ehre.» Und: «Die Pflicht, die ich erfülle, ist mir von Gott auferlegt.» – Und: «Ich muß gehorchen.» Und: «Ich bin seit der Taufe Soldat Christi.»

Im Vortrag nach dem Frühstück spricht der Pater über die «göttliche Vorsehung» und darüber, «wie Christus mehr von uns verlangt, als selbst Hitler von uns verlangt hat.»

Später erklärt er den Opfertod Christi zum Vorbild für den Soldaten. Er berichtet aus seinen eigenen Kriegserlebnissen von einem Offizier, der für sein Bataillon in den Tod gegangen sei: «Mit einigen wenigen Soldaten sollte er ein Dorf verteidigen bis zum letzten Atemzug. Er nahm den Befehl an. Am Morgen kam er bleich, übernächtigt in die Stellung, er hatte eine schlaflose Nacht verbracht. Er ging in das Dorf, das ein paar Tage später sein Grab wurde. Wann hat nun dieser Offizier das Opfer seines Lebens gebracht? Doch nicht erst da, als er wirklich starb? Nein, bereits da, als er den Befehl annahm. In diesem Augenblick war es um sein Leben geschehen, er war ein Geopferter. Und was dann kam, daß er wirklich mit seinen Soldaten in das Dorf hineinging und bis zum letzten Blutstropfen kämpfte, das war gewissermaßen der äußerste Vollzug seines Opfersterbens. Und nun übertragen wir das mal, als Christus in den Abendmahlssaal hineinging . . .»

Am Eingang des Vortragssaals steht ein Fragekasten, der «helfen soll, daß keine Frage verschwiegen und weitergeschleppt wird». – Bisher hat nur einmal einer davon Gebrauch gemacht. Der Pater las den Zettel vor: «Wir bekommen zu wenig zu essen. Morgens knurrt mir der Magen.» Heute werfe ich einen Zettel in den Kasten: «Ist der Vergleich des Opfertodes Christi mit dem *Opfertod* des Offiziers nicht Gotteslästerung?»

Zu Beginn des nächsten Vortrages liest der Pater den Zettel vor. Die Frage erschüttert ihn nicht. «Nein, wieso denn?» fragt er. Und er erläutert kurz, daß das Opfer an sich eine Tugend sei. Das ist alles. Mehr sagt er nicht dazu.

Am Abend des zweiten Tages ist Beichte. Während die anderen ihre Sünden vortragen, übe ich mit einigen Schriften des Bonner Katholischen Militärbischofsamtes – mit der *Parole*, den *Leitlinien* und dem *Taschenbuch für katholische Soldaten* geistliche Einkehr.

Die Parole: «Wenn es jemand gibt, der vor allen anderen heute aufgerufen ist zum Kampf gegen alle Unkultur unserer Zeit, dann ist es der Soldat!»

Und: «Es geht nicht mehr um den oder jenen, sondern um das Wohl und Wehe des Gesamtvolkes. Ist das politische Leben heute nicht weithin ein Murren und Anklagen, als ob es nur noch Parteien und kein Volk mehr gäbe?»

Und: «Ein Blick in die Geschichte belehrt uns, daß immer nur sittenstrenge Völker es sind, die sich durchsetzen und ihren Aufstieg erzwingen. Ein Volk, das der sinnlichen Lust verfällt, geht wie an einer Fäulnis zugrunde.»

Und was ist also nötig? «Ob eine Truppe gehorchen kann oder nicht ist entscheidend für ihre Brauchbarkeit im Frieden wie im Ernstfall. So ist das Gehorchen eine der vornehmsten Soldatentugenden und innerste Voraussetzung für wahres Soldatentum . . . Man kann als rechter Christ gar nicht mitmachen, wenn die Zuchtlosigkeit auf den Thron erhoben und die Autorität untergraben wird; man müßte ja sein ganzes Wesen als Christenmensch verleugnen und aufgeben, wenn man jemals der Autoritätslosigkeit das Wort reden wollte.» Denn: «Der Dienst wird angesetzt und durchgeführt!»

In den *Leitlinien* finde ich ein Rezept, wie man dem Töten (dem Dienst an der Waffe) Geschmack abgewinnen kann: «Nur ein Rezept, das sich recht hausbacken anhört: mache aus der Not eine Tugend und verwandle durch die Kraft deines Herzens jedes widerwärtige *ich muß* in ein *ich darf*.» Wer danach handelt, «bricht den Dornen des Lebens die Spitzen ab. Was man gern tut ist doppelt leicht, und wer sich aufbäumt gegen Dinge, die er niemals ändern kann, läßt sich wie ein Sklave zur Arbeit peitschen, kommt aus dem Ärger und Verdruß nicht heraus und gerät aus einer Schwierigkeit in die andere . . . Es ist für den Christen eine Lebensaufgabe, alles innerlich zu bejahen. BEREIT SEIN IST ALLES.»

Dieses Bereitseins wegen sollen wir möglichst oft beten: «Herr, Dein Wille geschehe, wo ich geh und stehe! Herr, Dein Wille geschehe, wenn ich's auch nicht verstehe! . . . und tut's auch noch so wehe!»

Als Motto dafür sollen die «drei Affen östlicher Weisheit» dienen, die so erklärt werden: «Du mußt nicht alles gesehen haben, du brauchst nicht alles zu hören und du sollst nicht immer reden. Sonst wirst du nicht innerlich frei!»

Im *Taschenbuch für katholische Soldaten*, zu dem Militärbischof Hengsbach das Vorwort geschrieben hat, finde ich eine Karte, auf der zwar die Bundesrepublik von der DDR durch eine gestrichelte rote Linie getrennt ist, die äußeren Grenzlinien sich aber mit denen des Großdeutschen Reiches von 1937 decken. Am Schluß des Buches Gebete für Bundeswehr-Soldaten: «Laß mich stehen, mein Gott, wo die Stürme wehen und schone mich nicht! . . . Laß mich jagen, mein Gott, wo die Flammen schlagen und kühle mich nicht!

Laß mich finden, mein Gott, wo die Besten sich finden und hämmere mich!»

Oder:

«Als christliche Soldaten bitten wir Dich um unbesiegbare Kraft, unverbrüchliche Treue und einen Opfergeist bis zum Heroismus, wenn es nötig ist!»

Oder:

«*Nimm hin O Gott,*
meine Freiheit,
meinen Willen,
mein Gedächtnis,
meinen Verstand,
alles, was ich bin und habe!»

Am Ende des zweiten Tages versammeln wir uns in der Klosterkapelle und beten zwanzigmal hintereinander das Gebet: «Gegrüßet seist du Maria.»

Abends, 19.30 Uhr, erscheint Oberpfarrer Bittorf, um seine Fragestunde abzuhalten. Er läßt die Stühle im Kreis aufstellen und setzt sich mit in die Runde.

Ich frage ihn: «Wie kann der Soldat heute erkennen, ob er nicht an einem Angriffskrieg teilnimmt? Wie will er erkennen, wann die Verteidigung aufhört und der Angriff anfängt?» Und: «Wo waren im Dritten Reich die katholischen Soldaten, die ihr Gewehr hingeschmissen haben, als der Eroberungskrieg begann?»

Oberpfarrer Bittorf ist zuerst verblüfft, dann betrachtet er mich aufmerksam. Es sieht aus, als fiele ihm erst jetzt auf, daß ich der einzige Nichtuniformierte hier bin. Zur Beantwortung meiner Frage holt er dann weit aus. Er lehnt sich in seinem Stuhl zurück und faltet die Hände, aber er betet nicht.

«Sehen Sie, meine Herren», wendet er sich an alle, «das 5. Gebot ist: Du sollst nicht töten. Das ist eine negative Aussage, dieses 5. Gebot. Positiv müssen wir dieses 5. Gebot sehen, das bedeutet: mein Recht auf Leben. Bitte, meine Herren, indem jemand dieses mein Leben angreift, bin ich auf Grund dieses 5. Gebotes verpflichtet, mein Leben zu schützen.»

Nach dieser eigenwilligen Auslegung des 5. Gebotes – (der Pater hatte berichtet, daß Oberpfarrer Bittorf seinen Dozentenschein für die Universität besitzt) – geht er auf meine Frage ein: «Sie dürfen mir das glauben, ich bin jetzt acht Jahre bei der Bundeswehr, da kennt man sich aus. In der Zeit, in der ich mich dort bewege, habe ich wirklich noch keinen getroffen, der in den Osten ziehen wollte.» Einige lachen. – «Sehen Sie, und weder in der deutschen Regierung noch in der deutschen Presse gibt es Revanche- oder Aggressionsgelüste.»

Ich will ihm antworten, aber er läßt sich nicht unterbrechen. «Meine Herren, was würden Sie machen, wenn Sie als Familienvater mit Frau und Kindern von einem Gewaltverbrecher bedroht werden, glauben Sie denn nicht, daß dann das Recht auf Notwehr zur Verpflichtung wird?» Und er überträgt das persönliche Notwehrrecht auf einen eventuellen Völkermord. «Genau das ist doch aber unsere verdammte Pflicht hier bei der Bundeswehr.» Dann zieht er seine eigene Lehre aus der Vergangenheit und gibt dem Pazifismus die Schuld dafür, daß Hitler zur Macht kommen konnte: «Schauen Sie, meine Herren, wenn Sie sich die Situation vor dem Zweiten Weltkrieg anschauen, die ich noch erlebt habe, da gab es diese ganzen Strömungen der Wehrdienstverweigerung, der absoluten Gewaltlosigkeit, so daß das Volk ganz verwirrt wurde. Da war Hitler folgerichtig das Gegenextrem.»

Einem Soldaten gelingt es, eine Frage zu stellen: «Wir sind der NATO angeschlossen, können wir da nicht leicht in etwas reingezogen werden, was wir nicht verantworten können?» – «Oder wenn der Vietnam-Krieg sich ausweitet», ruft ein anderer dazwischen. – «Das ist schließlich ein Angriffskrieg von unserem mächtigsten Verbündeten», kann ich noch für alle hörbar in die Diskussion werfen, die Oberpfarrer Bittorf jetzt entschieden abbremst: «Meine Herren, meine Herren, mal langsam, ganz von vorn anfangen ...» Der Redefluß wird wieder breit, er läßt sich nicht mehr unterbrechen: «Erst einmal grundsätzlich: Kein Staat kann heute auf Soldaten verzichten . . .» Auch im Dritten Reich sei das Soldatentum an sich positiv gewesen. «Sehen Sie, z. B. auch der 20. Juli konnte doch nur von solchen fabriziert werden, die dabei waren . . .»

«Darf man überhaupt als Katholik soweit gehen, im Widerstand oder so, daß man sein Leben riskiert und an die Wand dafür gestellt wird?» stellt jetzt einer die Frage auf den Kopf.

«Ja, nun», windet sich der Oberpfarrer, «man darf sein Leben nicht leichtfertig riskieren, so daß man in Gefahr gerät, erschossen zu werden. Aber das werden schon andere für Sie besorgen.» Er lacht laut und die meisten lachen mit.

Ich versuche zum Schluß, mit dem Biermann-Zitat «Soldaten sind sich alle gleich, lebendig und als Leich» den Oberpfarrer auf das Thema zu stoßen. Er bricht die Diskussion plötzlich ab. «Das Thema ist zu umfassend, das läßt sich hier in der kurzen Zeit sowieso nicht erschöpfend behandeln. Werden Sie erst mal Soldat», rät er mir.

Vom Thema «Krieg» geht er zum nächsten Thema über. «Ist eine Abtreibung unter Umständen erlaubt?» hatte ein Soldat gefragt. Der Oberpfarrer ist entrüstet. «Das Leben, auch im Keim, ist heilig», sagt er.

Am nächsten Morgen ist die Abschiedsansprache. Der Oberpfarrer will sich kurz fassen. «Empfehlen Sie mich Ihren hochverehrten Kompanien, zu Einkaufspreisen», verabschiedet er sich jovial. Und der Pater läßt durch des Oberpfarrers Helfer eine handsignierte Darstellung des Opfertodes Christi fürs Gebetbuch austeilen. «. . . müssen wir in aller Nüchternheit die Notwendigkeit einer Ordnungsmacht in der Welt anerkennen und damit den Stand des Soldaten, in dem jeder einzelne sein Heil erwirken kann wie in jedem anderen Beruf und Stand», steht als Grußwort des Militärbischofs auf der Rückseite.

«Meine Schuld liegt in meinem Gehorsam. Gehorsam wird als christliche Tugend gepriesen, und ich möchte daher darum bitten, daß nur die Tatsache meines Gehorsams in Betracht gezogen wird.»

(Adolf Eichmann)

Wiederaufnahme einer Verfolgung

Ort der Handlung: Geradstetten, eine Ortschaft von 3000 Einwohnern und andere Ortschaften im Umkreis von etwa 50 Kilometern. Das zuständige Land: Baden-Württemberg, dessen Hauptstadt Stuttgart in einer halben Stunde von Geradstetten aus zu erreichen ist. Beteiligte Personen: einfache Leute, Polizisten, Bürgermeister, ein Zeitungsverleger, Beamte des Ministeriums für Ernährung, Landwirtschaft, Weinbau und Forsten, Interessenverbände.

Stein des Anstoßes: Palmer, der meint, in der gleichen Gegend zu Hause zu sein, sich aber offensichtlich in einem schwerwiegenden Irrtum befindet.

Zeit: Jetzt. Die Anfänge liegen fast 30 Jahre zurück.

Als ich am frühen Nachmittag nach Geradstetten komme, schneit es. Die Dorfbewohner sind damit beschäftigt, den Bürgersteig vor ihren Häusern schneefrei zu halten. Es schneit ununterbrochen, der Wetterbericht hat stark anhaltende Schneefälle gemeldet; trotzdem lassen sich die Dorfbewohner nicht beirren, das Stück Gehweg vor ihrem Haus sauberzuhalten.

Vom Gasthof «Zur Traube» aus beobachte ich die Frau vom Haus gegenüber. Seit zwei Stunden ist sie draußen, macht hin und wieder kurze Pause, bis eben so viel Schnee gefallen ist, daß es sich für sie lohnt, ihn wegzufegen. Die Geradstetter halten ihr Dorf sauber.

Die etwa 50jährige Wirtin vom Gasthof «Zur Traube» scheint nichts für fremde Gäste übrig zu haben. Einheimischen am Tisch gegenüber serviert sie noch Mittagessen, während sie mir zuvor erklärt hat, 14 Uhr sei's mit der Essenszeit vorbei, es gäbe nichts mehr. «Ich suche einen Palmer, kennen Sie ihn zufällig, verkehrt er hier?» frage ich sie.

Helmut Palmer, 38, ist in seiner schwäbischen Heimat einer der verhaßtesten und erfolgreichsten Obstbauern zugleich. Die meisten Männer, die von ihren Frauen das Obst Palmers zu Tisch vorgesetzt bekommen, würden ihre Mahlzeit unterbrechen, wenn sie wüßten, von wem die Ware stammt. Die Frauen müssen rechnen und wissen eher zu trennen, unterscheiden zwischen der wirklich preiswerten und guten Ware und dem Menschen, der sie ihnen auf dem Markt verkauft. Sie stehen Schlange vor seinem Stand. Auch die baden-württembergischen Obstbauern samt ihrem Verband befinden sich in einer höchst unerfreulichen, zwiespältigen Situation. Einerseits bekämpfen sie seit Jahren die «radikalen und unqualifizierten» Anbaumethoden des Palmer, andererseits zwingt sie die Entwicklung auf dem Agrarmarkt dazu, mehr und mehr die palmerschen Schnittechniken anzuwenden, wodurch ihre Ernte besser und ertragreicher wird. Palmer, der vorgibt, seinen Obstbau nicht zuletzt auch fürs Gemeinwohl zu betreiben und es für nötig hält, in teuer bezahlten Anzeigen darauf hinzuweisen, daß er sich zum Beispiel «immer besonders anstrengte, um ein guter Deutscher zu sein», verstößt nicht selten besonders kraß gegen landläufige Gepflogenheiten. So ist es sein Prinzip, in besonders guten Erntejahren, den Usancen entgegen, grundsätzlich kein Obst zu vernichten, um den Preis künstlich hochhalten zu können; statt dessen verschenkt er es an Kindergärten und Waisenhäuser.

An der Unbeliebtheit Palmers, die er sich – wie man im Dorf sagt – selbst zuzuschreiben hat, ist auch seine Herkunft schuld. Wie schon der Name verrät. Palmer ist Jude, vielmehr Halbjude und dazu noch unehelich geboren. Seine Mutter, eine Geradstetterin, hat ihn aufgezogen, sein Vater, ein jüdischer Kaufmann, ist im KZ verschollen. Und wie man im Dorf sagt: «So eine Mischung ist schlimmer als ein reiner Jud, da hat der Teufel seine Hand im Spiel gehabt.»

Sie kennt ihn, möchte aber nichts dazu sagen, ihr Gesichtsausdruck verschließt sich. «Ich will Geschäfte mit ihm machen, möchte mich aber sicherheitshalber vorher nach ihm erkundigen.» Sie schüttelt nur bedenklich den Kopf, sagt aber nichts und wendet sich dem Tisch zu, an dem die Einheimischen sitzen. Als sie mir noch ein Bier bringt, frage ich sie direkt: «Ich muß wissen, ob es was Seriöses ist. Stimmt es, daß er Jude ist.» Es muß wohl zu direkt gewesen sein, sie scheint sich nicht darüber im klaren, worauf meine Frage hinauswill. «Das weiß ich nicht und geht mich im übrigen nichts an», sagt sie. Eine halbe Stunde später zahle ich. «Wo wohnt er?» frage ich. Die Richtung kann sie mir erklären. «Welche Hausnummer hat der Jud?» ruft sie zum Nebentisch. «Er ist also doch Jude?» frage ich. «Na, wir nennen ihn nur so», sagt sie, «einige nennen ihn auch den Mose. Aber was geht Sie das denn an.» Sie nimmt mein Bierglas, geht damit zur Theke und spült es.

Es wäre zu einfach, die Anfeindungen seiner Umwelt, denen er zweifelsohne ausgesetzt ist oder die er, anders gesehen, wie kein zweiter auf sich zu lenken versteht – vorrangig seiner jüdischen Herkunft zuzuschreiben, die sogar von einigen jüngeren Dorfbewohnern angezweifelt wird. Immerhin war Palmer in der «HJ» und will auf dem Schulhof am lautesten geschrien haben: «Stellt die Juden an die Wand!» Es nutzte ihm nichts. Wenn in der Klasse ein Diebstahl vorkam, wurde er von der Lehrerin als der Schuldige in die Ecke gestellt, und als die Endlösung der Judenfrage propagiert wurde, stieß man ihn aus der «HJ» aus.

Als der Krieg aus war, mochte Palmer nicht länger in seiner Gemeinde leben. Er ging in die Schweiz und erlernte auf einem staatlichen Mustergut den Obstanbau. Jahre später kam er nach Geradstetten zurück. Die Anbaumethoden in der Gegend, die er für seine Heimat hält, erschienen ihm rückständig.

Palmer beschließt, allen zu beweisen, daß er nicht das ist, was man allgemein unter einem Juden versteht. Er führt Obstanbaukurse durch und reist in der Gegend herum, um allen zu besseren Erträgen zu verhelfen. Dabei versucht er einen Schnitt einzuführen, der in der Schweiz als «Oeschbergschnitt» bekannt ist und den er noch verbessert hat. Mittels einer Broschüre verbreitet er die Anwendung dieses Schnittes. Ein Haus, das er geerbt hat, will er ausbauen lassen – wie er sagt –, zur «Verschönerung des Dorfes». Es wundert ihn, daß die drei Bauunternehmer seines Dorfes den Bauauftrag ablehnen, so muß er sich einen von außerhalb nehmen.

Für 150 Mark läßt er noch ein hölzernes Wappen schnitzen und an der Vorderfront des Hauses anbringen, mit den Wahrzeichen seines Dorfes und denen des Landes Baden-Württemberg, zusammen mit seinen eigenen Initialen. Als das Haus für 60000 Mark umgebaut ist, gibt er in den umliegenden Kreiszeitungen Anzeigen auf, daß der Obstbauer Palmer jeden, der den Weg nicht scheue, in sein neues Haus einlade und ihm mit Rat und Tat zur Seite stehe.

Der Erfolg blieb aus, es kam keiner.

Nachts werden von seinen Bäumen Äste abgesägt, der Maschendraht, mit dem er seine Obstkulturen vor Tieren schützt, wird zerschnitten. In Anspielung auf den von ihm propagierten «Oeschbergschnitt» und auf seine Herkunft wird er «Ölbergprophet» genannt.

Spottverse in schwäbischer Mundart und Witze werden über ihn verbreitet, wie zum Beispiel: Zwischen Hitler und Palmer sei nur ein Unterschied, nämlich, daß Hitler die Leute kaputtgemacht habe und Palmer die Bäume. Störtrupps, von Bürgermeistern und Gemeinderatsmitgliedern aufgestellt und ermuntert, reisen ihm zu seinen Vorträgen und Kursen nach und zwingen ihn mehrmals zum Abbruch seiner Veranstaltung. Als Flüsterpropaganda verbreiten sie: «Macht bei Palmer keine Kurse mit und kauft keine Bäume von ihm, denn er ist Jude.»

Eine Nachbarin Palmers gibt bereitwilliger Auskunft. Sie ist gerade beim Schneefegen. Ein reiner Jude sei er nicht, aber immerhin Halbjude. «Ja, dann ist er ja gar kein Jude mehr», teste ich. «Er soll doch protestantisch getauft sein.» Sie stützt sich auf ihren Besen und sieht mich unverwandt an, sie versteht die Welt nicht mehr. Das könnte man doch nicht vergleichen, sagt sie, da sei ein himmelweiter Unterschied. Ein Tropfen Jud in der Familie, das sei bis zum Jüngsten Tag nicht mehr rauszukriegen. Jud bleibt Jud.

Viele besuchen seine Vorträge zwar noch, weil sie Nutzen daraus ziehen können, aber meist nur dann, wenn Palmer im Nachbarort spricht, damit sie in der eigenen Dorfgemeinschaft nicht auffallen. Die Kreiszeitungen schreiben gegen ihn, bezeichnen ihn als «Dilettanten» oder «Häretiker des

Obstbaus».

In anderen, vom Schauplatz weiter entfernt liegenden Gemeinden, setzt sich der palmersche Oeschbergschnitt langsam durch, man spricht inzwischen vom «Württembergischen Obstbaukrieg», der von Palmer entfacht worden sei. Höhere Instanzen schalten sich ein und beteiligen sich an der Kampagne, so die Kreisbauinspektoren Jeutter und Süller, von denen Palmer zu berichten weiß: «Sie setzten die Versammelten unter Druck, indem sie mich des Kommunismus verdächtig bezeichneten. Süller sprach dabei vom ‹roten Obstbau›, als ich vortrug, daß man neuzeitliche Obstarten haben sollte, wie zum Beispiel die Sorte Jonathan, die ja bekanntlich rot ist.» Es dauerte nicht lange und die politische Polizei erscheint bei ihm im Haus. Sie fahndet vergeblich nach kommunistischem Belastungsmaterial.

Vom Direktor des Landesobstbauverbandes, Stuttgart, Josef Seitzer, berichtet Palmer: «Er beschimpfte mich vor 300 Personen in Eltingen. ‹Palmer ist der gemeingefährlichste Mensch Württembergs, er ist wie die Maul- und Klauenseuche und kommt im ganzen Land herum, aber es vergeht wieder.› Gleichzeitig verdächtigte er mich des Kommunismus.» Als Palmer daraufhin laut protestierte, ließ ihn der Vorsitzende der Versammlung, der dortige Landrat, unter Toben und Klatschen der Versammelten des Saales verweisen.

Geradstettens Bürgermeister Gayer, ehemaliger Offizier, verbietet Palmer, gemeindeeigene Gebäude und Grundstücke zu betreten, und der Landesobstbauverband gibt eine «Schrift zur sachlichen Auseinandersetzung» mit Palmer heraus, die mit einem Hinweis auf seine uneheliche Geburt beginnt und mit dem Rat schließt, Palmer möge sich eine Tätigkeit aussuchen, die seinen «erwiesenermaßen eng begrenzten obstbaulichen Fachkenntnissen entspricht, die ihm ein zwar bescheidenes, aber tägliches Brot sichert». Die Stimmung in seinem Dorf verschlechtert sich noch. Angetrunkene Wirtshausbesucher warten ihm nachts mit Ständchen auf: einzeln oder im Chor brüllen sie «Saujude», «Drecksjude» oder einfach «Mose».

Bürgermeister Gayer erklärt auf einer Gemeinderatssitzung: «Der wagt es noch, Geradstetten als Heimatgemeinde zu nennen», und Direktor Seitzer vom Landesobstbauverband gibt ihm den gutgemeinten Rat: «Verlassen Sie Württemberg, für Sie ist hier kein Platz.» Als Palmer versucht, in der 30 km entfernt liegenden Gemeinde Köngen, wo er ein 40 Ar großes Grundstück erworben hat, eine Baugenehmigung zu bekommen, wird sie ihm verweigert. «Wir wollen Sie hier nicht, Sie brauchen Ihr Baugesuch gar nicht erst einzureichen.» Die Grundstücke, die an das seinige grenzen, werden nach und nach bebaut.

Eine Verlobung und mehrere Freundschaften Palmers gehen auseinander. Die Mädchen selbst oder auch deren Eltern bekommen anonyme Droh- und Schmähbriefe, zum Beispiel mit dem Hinweis, daß Palmer Jude sei und so eine Bindung eine Schande fürs ganze Dorf.

«Ja, was tut er Ihnen denn», frage ich sie. Sie zögert mit der Antwort und scheint nachzudenken. Dann kommt sie auf das Nächstliegende. «Hier der Lieferwagen vor unserem Haus, das ist seiner, der steht jetzt seit vor Weihnachten da. Er ist abgemeldet. Nicht mal die Tür hat er abgeschlossen. Die Kinder setzen sich manchmal rein und hören Autoradio.» Der Wagen sei eine Schande. Dreimal sei sie bisher auf dem Bürgermeisteramt gewesen, aber die hätten noch keine Handhabe, etwas zu unternehmen. Der Wagen stört in der Tat keinen. Er steht genau auf der Stelle, wo er Autos und Fußgänger am wenigsten behindert. Nicht mal Weihnachten habe er ihn weggeschafft. Das sei reinste Schikane. «Aber was bedeutet diesem Juden schon Weihnachten», fährt sie fort.

Inzwischen hat sich Palmers «Oeschbergschnitt» im Land durchgesetzt, die Obstbäume bringen 30 % mehr Ertrag, Palmers Broschüre erscheint in der 3. Auflage.

Gleichzeitig bringt das Ministerium für Ernährung, Landwirtschaft und Forsten eine Schrift heraus, in der die von Palmer propagierten und offiziell bekämpften Anbaumethoden als eigene Erkenntnis ausgegeben und zur allgemeinen Anwendung aufs dringlichste empfohlen werden. Der Name Palmer ist nicht erwähnt, auch sein «Oeschbergschnitt» nicht, dafür heißt das gleiche Verfahren jetzt: «Neue württembergische Kronenpflege.»

Damit hätte der Fall «Palmer» zu Ende sein können. Palmer hat erreicht, was er will, wenn auch nur indirekt und ohne gleich einen Orden dafür zu bekommen, und den Obstbaumwarten und verantwortlichen Behörden ist die eigentliche Grundlage genommen, Palmer weiter am Zeug zu flicken. Es geht aber weiter:

Am 15. 8. 1966 erscheint in der *Neuen Württembergischen Zeitung* und in zwei weiteren Kreiszeitungen folgende Anzeige:

«Verkaufe wegen Auswanderung Obsthandel mit LKW!
Kundschaft vorhanden
Jahresumsatz wird nachgewiesen.
Obstbau-Palmer, Geradstetten.»

Am gleichen Tag noch sperrt ihm seine Bank einen hohen Kredit. Lieferanten machen nur noch gegen bar Geschäfte mit ihm. Palmer steht knapp vor dem Bankrott. Es kommt nie heraus, wer die Anzeige aufgegeben hat. Die Polizei läßt ihn die gefälschte Unterschrift auf dem Anzeigenauftrag nicht einsehen, man droht ihm, falls er einen Prozeß gegen Unbekannt anstrenge, mit einem Gegenprozeß wegen Irreführung und groben Unfugs. Die Annoncenrechnung bekommt Palmer zugeschickt.

Zweimal wird Palmer aus Gaststätten in Geradstetten herausgeprügelt und zweimal in Oberkenningen von einem ehemaligen SS-Mann bewußtlos geschlagen. Einige Gaststätten und Hotels, so das Hotel «Schweizerhof» in Tübingen und der Gasthof «Harmonie» in Reutlingen verhängen Lokalverbot über ihn.

Palmer versucht die Flucht in die Öffentlichkeit.

Er will «bewußt provozieren und beleidigen, um dann vor Gericht als Angeklagter alles zur Sprache bringen zu können».

Er läßt Flugblätter drucken mit dem Titel «Denn sie wissen, was sie tun!» und nennt namentlich die an der Kampagne beteiligten Personen. Seinem Bürgermeister schickt er aus Berlin eine offene Postkarte mit dem Text: «Sehr geehrter Herr Bürgermeister! In Spandau sind noch Zimmer frei!» Ähnlich lautende Schreiben schickt er seinen Feinden auf den Behörden. Der Erfolg bleibt nicht aus: es wird Anzeige wegen Beleidigung in 8–10 Fällen gegen ihn erstattet. Zur Verhandlung kann Palmer nicht erscheinen, er liegt frisch operiert im Kreiskrankenhaus Göppingen, der behandelnde Professor Fuchs schickt auch kurz darauf ein Attest, aber beim Gericht liegt bereits ein anderes vor, das Attest des zuständigen Amtsarztes Dr. Dorn, der diagnostiziert hat, daß Palmer gesund und vernehmungsfähig sei. Palmer wundert sich, woher der Amtsarzt das wissen will, er sei ihm noch nie begegnet. Nach seiner Entlassung aus dem Krankenhaus begibt sich Palmer zu dem Eßlinger Zeitungsverleger Otto Wolfgang Bechtle, dem Herausgeber der *Eßlinger Zeitung*, einem Duzfreund Springers und dessen «starker Mann in der Provinz». In ihm vermutet Palmer einen Freund, da ihm Bechtle früher einmal angeboten hatte, für ihn da zu sein, falls er Hilfe brauche. Er ist für ihn da. In seinem Büro erscheint Polizei und verhaftet Palmer.

Palmer soll auf seinen Geisteszustand hin untersucht werden. Es gelingt ihm, vorher in die Schweiz zu entkommen, von wo aus er ein Gutachten eines namhaften Professors ans Gericht schickt, worin ihm volle Zurechnungsfähigkeit bescheinigt wird. Trotzdem wird er, als er nach Geradstetten zurückreist, nochmals dem Psychiater vorgeführt. Dr. Irle von der Universitätsklinik Tübingen legt sich angesichts des Gutachtens des namhaften Kollegen nicht fest. Abnorme Persönlichkeit zwar, aber dennoch soweit zurechnungsfähig.

Da jetzt Verdacht auf Fluchtgefahr besteht, weil Palmer seiner Verhandlung ferngeblieben war, bringt man ihn im Gefängnis Eßlingen unter. Als er in den Hungerstreik tritt und seine Zelle von innen verbarrikadiert, bricht man sie auf, fünf Polizisten knüppeln so lange auf ihn ein, bis er bewegungslos liegen bleibt. Als er, wieder zu sich gekommen, erklärt, Anzeige erstatten zu wollen, gibt ihm Gefängnisvollzugsbeamter Messer zur Antwort: «Palmer, du Arschloch, du hast doch keine Zeugen.» Statt dessen wird gegen ihn zusätzliche Anzeige erstattet, zuerst wegen «versuchten Totschlags», was dann fallengelassen und in «Widerstand gegen die Staatsgewalt» umgewandelt wird.

Zur Verheilung seiner Wunden bringt man ihn ins Gefängnis Hohenasperg. Als Untersuchungsgefangener verbringt er ein Vierteljahr mit dem

Raubmörder Cowell in einer Zelle, und anschließend überführt man ihn in die psychiatrische Abteilung. Palmer erinnert sich: «Die Wärter nannten uns Schweine und Drecksäue, womit sie nicht einmal Unrecht hatten. Wir steckten in staubigen, verkoteten Räumen bis zu zehn Mann auf einer Zelle, worin sich ein offenes nicht abdeckbares Klosett befand. Es gab Mitgefangene, die Wasser aus der Klosettschale tranken.»

Die schwebenden Prozesse werden zu einem zusammengefaßt, das Landgericht Ludwigsburg verurteilt Palmer zu acht Monaten mit Bewährung.

«So was gab's bei Hitler nicht», sagt sie und wartet auf meine Bestätigung. «Wie kommt's, daß er nicht vergast wurde?» – Er hätt halt ein Vetterchen da sitzen gehabt. Sie blinzelt mich an. Der hätte nach dem Krieg vom Palmer verlangt, daß er für ihn aussage und noch für andere Parteileute dazu. Dann allerdings erzählt sie, im Sommer machten sie mit Palmer gute Geschäfte. «Er zahlt halt besser als die andern.» Darum brächten ihm die meisten im Dorf auch die Beeren und das Obst. «Wenn er nun genausoviel zahlen würde wie die andern?» frage ich. «Dann kriegt er halt nix.»

Besonders erbost ist sie über das Plakat mit den Hakenkreuzen, das Palmer ins Schaufenster gestellt hat. «Jeder andere wäre dafür eingesperrt worden. Der Palmer kann sich's erlauben.»

Juni 1967 steht Palmer erneut vor Gericht. Aussage steht gegen Aussage. Polizist König, der Palmer wegen Beleidigung angezeigt hat, will gehört haben, wie Palmer zu ihm auf dem Eßlinger Marktplatz gesagt habe: «Die Eßlinger Polizisten sind alle Verbrecher.» Palmer behauptet, gesagt zu haben: «Wie die Polizei an mir gehandelt hat, ist ein Verbrechen.» Der Beamteneid gilt mehr, das Urteil: zwei Monate Gefängnis, die Bewährung ist verfallen, jetzt sind es insgesamt 10 Monate, die Palmer absitzen soll.

Da Palmer die Strafe nicht sofort antreten muß, nimmt er die Gelegenheit wahr, um auf dem Reutlinger Marktplatz und in seinem Schaufenster Geradstetten dagegen zu protestieren. Er hängt Plakate mit Hakenkreuzen und folgendem Text aus: «Sie haben doch gesiegt. 10 Monate für eine Lüge *eines* Polizisten. Wer steht dahinter?» Die Polizei beschlagnahmt die Plakate und erstattet Anzeige. «Die öffentliche Verwendung von Kennzeichen einer ehemaligen nationalsozialistischen Organisation ist gemäß § 96 Abs. 1 Ziffer 3 StGB mit Gefängnis bis zu drei Jahren bedroht. Die Tatsache der Strafbarkeit solchen Verhaltens ist allgemein bekannt, da in der Presse immer wieder von sogenannten Hakenkreuz-Schmierereien berichtet wird.» Das teilt ihm die Staatsanwaltschaft Tübingen mit und stellt das Verfahren später wegen «Geringfügigkeit» ein.

Als ich am Eingang des Nebenhauses von Palmer parterre schelle, schließt sich die Tür, kaum geöffnet, als ich den Namen Palmer erwähne. Die meisten im Dorf, die ich nach Palmer frage, werden mißtrauisch und weichen aus. Sie mißtrauen dem Fremden.

Ich spreche noch auf dem Bürgermeisteramt vor. Der Bürgermeister selbst liegt krank zu Hause und ist nicht erreichbar. Sein Stellvertreter ist etwa Anfang Dreißig. Ja, das sei auf jeden Fall eine riskante Sache, mit diesem Menschen Geschäfte zu machen. Die Ware sei zwar gut, da könne man nichts sagen, aber der Mann selbst . . . Obwohl der Bürgermeister davon überzeugt wäre, daß Palmer Jude sei, habe er da seine eigene Theorie. Er nennt sie. «Der versucht sich nur als Verfolgter aufzuspielen, wo er seinen Vater nie gekannt hat und unehelich geboren ist, wer weiß, wer sein wirklicher Vater ist!»

Zum Schluß nennt er mir die einzige Möglichkeit, wie man mit so einem «Juden» Geschäfte machen kann: «Geben Sie ihm keinen Kredit. Kaufen Sie bei ihm auf Kredit. Dann haben Sie ihn in der Hand.»

Palmers Haus ist zur Zeit unbewohnt. Er hat den Eingang und die Fenster parterre zur Straßenseite hin zugemauert. Der Seiteneingang ist mit Brettern verbarrikadiert. Seit einiger Zeit hat Palmer sein Quartier gewechselt. Er hält sich in Gasthäusern und Hotels auf.

Napalm? Ja und Amen

Napalm ist ein chemisches Produkt, das unablässig brennt und nur schwer mit Erde oder Wasser zu löschen ist. Das Napalmopfer wird vor den Augen der vor Schrecken gelähmten Betrachter verzehrt, und der Zweck dieser Waffe ist sowohl die Peinigung des Opfers wie die Brechung des Widerstandswillens des Überlebenden. Die USA benutzen dieses Benzingelee, um in Vietnam ganze Dörfer zu verbrennen, und es dient seit langem als Routinewaffe gegen die Zivilbevölkerung. In Vietnam hat man Krankenhäuser, Schulen, Sanatorien und Polikliniken durch Napalm in Flammen aufgehen lassen.

(Bertrand Russell: *Napalm und Massenmord*)

Napalm haftet leicht an Menschenhaut, verbrennt dort unlöschbar und langsam (bis zu 15 Minuten) und erzeugt schwerste Brandwunden. Die Sterblichkeit bei Napalmverbrennungen ist hoch (im Durchschnitt beträgt sie 35 Prozent an den Brandherden und weitere 21,8 Prozent in den Krankenhäusern). Die Brandverletzungen durch Napalm sind Verletzungen dritten Grades, also tiefe Wunden. Napalm brennt langsam und entwickelt eine Temperatur bis zu 1000 Grad Celsius. Brandwunden, die bis auf den Knochen reichen, sind ziemlich häufig. Napalm-Brandwunden heilen langsam und hinterlassen entstellende Narben.

(Aus der schwedischen Dokumentation *Napalm*)

Eine Bombe mit 500 Kilo Napalm erzeugt eine 60 Meter breite, rollende, dumpf dröhnende Feuerwand, die alles brät, was ihr in den Weg kommt. An der Peripherie des Feuers droht Erstickungstod, denn Napalm verbrennt mit solcher Hitze, daß der Luft aller Sauerstoff entzogen wird.

(Prof. B. H. Franklin, Stanford University, USA)

Der Bedarf an künstlichen Armen und Beinen ist in Vietnam zur Zeit wohl größer als jemals in der Welt, aber der Vorrat ist beschränkt. Für Zivilisten reicht er jedenfalls nicht. Die schlimmsten Wunden, die ich sah, sind durch Napalm verursacht worden. Wo brennendes Napalm die Haut trifft, schmilzt das Fleisch und gerinnt zu dicken Klumpen. Es fehlen Medikamente und Personal, um diese Wunden zu behandeln ... Diese Waffe wurde bei mehr als 1400 Dörfern verwendet ... Tausende Kinder werden jeden Monat durch Kriegseinwirkung getötet oder verwundet. Die Verwundeten liegen auf Holzpritschen, oft zu zweit, auf Bahren auf den Korridoren, überall ...

(M. Gellhorn in der amerikanischen Zeitschrift *Ladie's Home Journal*).

Um die Gewissensfrage stellen zu können, konstruiere ich folgenden Fall: «Ich bin Chemiefabrikant und habe ein besonders billiges Verfahren der *Natriumpalmitat*-Herstellung (Hauptbestandteil der Napalmbombe) entwickelt. Ein Großauftrag der US-Armee liegt vor. Mit weiteren Großaufträgen ist zu rechnen. Ich habe Skrupel. Ich weiß von der schrecklichen Wirkung der Bombe. Als katholischer Unternehmer mit Gewissensbissen frage ich um Rat: darf ich, soll ich oder muß ich Aufträge annehmen, auch wenn ich damit den Krieg unterstütze?»

Zuerst rufe ich bei der katholischen Telefonseelsorge in Frankfurt an. Der diensttuende Kaplan ist gefaßt. Er läßt mich den Fall schildern. Er unterbricht mich nicht. Seine erste Reaktion: «In Ihrer Haut möchte ich nicht stecken.» Ebenso spontan sein Rat: «Ich würde es nicht tun ... bei dieser fürchterlichen Sache in Vietnam, wo die Amis so brutal vorgehen ...» Außerdem: da ich das Napalm billiger liefern würde als andere Firmen, wäre es sogar eine «finanzielle Unterstützung des Krieges». Und «selbst wenn dieser Krieg gerechtfertigt wäre» – was er nicht annimmt –, «stellt sich diese moralische Frage bei einem Mittel, das derartige fürchterliche Verletzungen hervorruft». Ich danke ihm und sage, daß ich es nicht liefern werde. Noch ein paar Stichproben mit gleichem Ergebnis und die mir selbst nicht ganz geheure Anfrage dürfte erledigt sein.

Es kommt anders. In der Kirche einer Kleinstadt bei Frankfurt stelle ich meine Frage zum zweitenmal. Ich knie im Beichtstuhl und sage, daß ich nicht beichten will, sondern nur einen Rat brauche. Ein junger Kaplan hört mir zu, und ich erzähle die Geschichte von dem Auftrag und von dem Bombengewinn, der dabei herausspringen würde. Zum Schluß: «Meinen Sie, daß ich mich mitschuldig mache?» Er sieht das Problem von einer anderen Seite: «Nein, von Schuld kann keine Rede sein. Es ist lediglich eine Entscheidung, die man wirklich persönlich fällen muß und mit Gott beratschlagen muß.» Es ist auch ganz gleich, «wie ich mich entscheide, so oder so, die Hauptsache ist, es ist eine Entscheidung mit Gott».

Mein Einwand, «jetzt könnte ich es vielleicht. Aber später, ich könnte mir vorstellen, daß dann die Gewissensbisse kommen. Wenn dann nachprüfbar wird, es war ebenso ein Angriffskrieg wie bei Hitler», scheint ihn zu beeindrucken: «Schon, ja, ja, ja. Man muß ja vor allen Dingen auch berücksichtigen, welchen Eindruck das auf andere macht, nicht! Denn es ist ja so, daß es dann später heißt, der war auch katholisch und der hat damals bei der schlechten Sache dafür gestimmt, und das kann dann leicht offiziell zum Ärgernis werden!»

Der einzige Grund, es nicht zu tun, ist nach seiner Ansicht keine moralische, sondern eine taktische Frage: «Man könnte später sagen, der als katholischer Unternehmer hat damals *nein* gesagt. Das kann wirklich dann einen blendenden Eindruck hinterlassen und die anderen spüren, hier hat ein Katholik mutig und aus Verantwortung gehandelt.»

Als ich sage: «Ich glaube nicht, daß das später eine Rolle spielen wird, die Aufträge sind ganz geheim», besinnt er sich anders: «Nun ja, beten Sie zum Heiligen Geist um eine gerechte Erleuchtung.» – Und wenn ich «mit seiner Hilfe eine Entscheidung gefällt habe – so oder so – brauche ich mich nachher nicht zu beunruhigen». Ich soll mir sagen, «ich hab's mit Gott gemacht, Gott um Rat gefragt und ich habe es damals schließlich mit der Erleuchtung des Heiligen Geistes so für gut befunden ... Was hinterher dann kommt an Gewissensbissen vielleicht oder so, das soll einen dann nicht mehr groß beunruhigen; denn es kommt moral-theologisch gesehen nur auf den Augenblick drauf an vor der Entscheidung und in der Entscheidung und eben vor allem, daß es eine Entscheidung mit Gott ist.» So einfach ist das, wenn man ein göttliches Alibi hat.

Ich will aufstehen und sage: «Ob ich's nun tun soll oder nicht, weiß ich nun immer noch nicht.» Er scheint weiterhin auf den Heiligen Geist zu vertrauen: «Warten Sie», sagt er, «ich will Sie noch segnen: im Namen des Vaters, des Sohnes und des Heiligen Geistes, Amen.» – «Amen», sage ich und gehe.

Im Kirchenvorraum steht ein Opferstock mit einer kleinen Negerfigur. Wenn jemand eine Münze hineinwirft, nickt der Kopf des Negers. Auf einem handgeschriebenen Schild steht: *Dieser Opferstock wird täglich geleert, das Aufbrechen und Berauben ist somit zwecklos!*

Am nächsten Tag gehe ich in ein Kloster in einer an der Autobahnstrecke Frankfurt–Köln gelegenen mittleren Stadt. In der Klosterkirche gibt es viele kerzenbeleuchtete Nischen mit Sonderaltären. Für den heiligen Judas Taddäus einen, den heiligen Joseph einen und für den heiligen Vincenz einen, und einen besonders prunkvoll ausgeschmückten für jemanden, der nicht genannt ist: eine steinere Figur, gestützt auf ein Schwert, die auf dem Kopf einen Stahlhelm trägt: der unbekannte Soldat. *Zum Andenken an die gefallenen Brüder von 1914–1918*, ist in den steinernen Sockel gemeißelt.

Ich wende mich an den Bruder Pförtner: «Ich brauche einen Rat. Ich möchte gern einen Priester sprechen.» Er schickt mich in einen der Besuchsräume. Nach fünf Minuten erscheint ein etwa 70jähriger grauhaariger Mönch in schwarzer Kutte. Ich erzähle meine Geschichte.

Er: «Napalm, was ist das?» und «Vietnam, was geht denn da eigentlich vor sich?» Ich beschreibe ihm die Wirkung von Napalm: «Es ist schlimmer als Phosphor, brennt sich in das Fleisch ein und kann nicht gelöscht werden. Das Fleisch der Opfer schmilzt in Klumpen und eitert. Ich habe Bilder von Kindern gesehen, die Opfer eines Napalm-Angriffs geworden waren. Es waren die grauenvollsten Verstümmelungen, die man sich vorstellen kann.» Er zerstreut meine Bedenken: «Da brauchen Sie eigentlich keine Gewissensbisse zu haben, denn Sie setzen die Bombe ja nicht ein und ob sie eingesetzt oder gelagert wird, ist dann noch eine zweite Frage.»

Er spricht sehr abgeklärt. «Nun, das ist genauso, wenn jetzt der einzelne Mann zum Militär muß. Da kann er ja auch nichts dran machen. Die Verantwortung ist immer bei den Großen, das ist klar!» Ich: «Weil wir es soviel billiger herstellen, könnte es sein, daß wir den Krieg verlängern helfen. Vielleicht auch nur einen Tag, aber ...» Er unterbricht: «Nun ja, mein Lieber, Sie könnten ihn dadurch aber auch beschleunigen helfen.» (Ein Argument, das auch den Einsatz der Hiroshima-Bombe rechtfertigen sollte.) Er entläßt mich mit der Versicherung: «Glauben Sie, der kleine Mann kann da wirklich überhaupt nichts tun. Da muß man einfach mit fertig werden. Die Gefahr einer Gewissensbelastung sehe ich in Ihrem Fall ganz bestimmt nicht.» Aber er fügt noch hinzu: «Sehen Sie zu, daß Sie nicht einseitig in den Gewinnsog hineinstrudeln. Mit dem Geld können Sie ja dann auch allerhand Gutes tun.»

Ich fahre zu einem der größten deutschen Dome mit ganztägiger Beichtgelegenheit. Die Beichtväter wechseln sich schichtweise ab. Ich knie in einem der Stühle. Hinter dem Korbgeflecht ein Jesuit, wie die Buchstaben *S. J.* auf seiner Namenskarte verraten. Er ist sehr sachlich, er sieht die Sache vom Kaufmännischen her: «Fragt sich, ob Sie, wenn Sie den Auftrag ablehnen, überhaupt etwas verhindern können. Außerdem setzen Sie das Zeugs ja schließlich nicht ein, Sie bleiben im Hintergrund, das ist eine Regierungsentscheidung.»

Er bringt ein Gleichnis: «Das ist die Frage wie mit dem Messer! Wenn ich Messer verkaufe und es kommt einer, von dem weiß ich, der bringt mit dem Messer einen um, gleichzeitig weiß ich aber, der ist so fanatisch, der klappert noch fünf weitere Geschäfte ab, bis er sein Messer bekommt, und wenn er den doppelten Preis dafür bezahlen muß, dann würd ich es ihm halt verkaufen. Ich bin schließlich Geschäftsmann.»

Mein Einwand: «Wenn jeder so denkt ...» macht ihn etwas unsicher. «Nun ja, ich hätte auch Hemmungen, aber wie weit man sie sich ausreden kann, das ist eine Frage der Vernunft.» Den letzten Rat kann er mir auch nicht geben, «es sind so viele Rücksichten zu beachten».

Er rät mir, einen «Fachmann auf diesem Gebiet, einen versierten Moraltheologen aufzusuchen, Professor Klomps, der hat was los in solchen Dingen».

Vorher versuche ich es aber noch bei einem anderen Jesuiten, bei Pater Leppich. Ich erreiche ihn telefonisch in Frankfurt. «Oh, da bin ich leider zu dumm zu.» Und: «Erhard, Außenpolitik und erst so was, da gebe ich mich nicht ab. Ich bin zuständig für Asien, Afrika, Leprakranke und so, aber für solche Fragen bin ich meistens zu dumm.» Ich soll ihm schreiben, er habe seine Fachleute, die ihn beraten. Als ich sage, daß ich mich heute noch entscheiden müsse, betont er noch einmal, daß er «zu dumm» sei und daß das «so aus der Lameng überhaupt keiner entscheiden kann, das ist zu schwierig».

Danach Besuche bei neun weiteren Pfarrern und Kaplänen. Vier raten mir klar zu. Einer sagt, ich solle die Finger davon lassen. Ein anderer sagt, es komme darauf an, was Johnson sich bei dem Krieg denke, ob er die Dinge aus «Verantwortung für den freien Westen einsetze oder ob es inzwischen für ihn zu einer persönlichen Prestigefrage geworden sei», da man da aber nicht dahinterkommen könne, solle ich doch besser «auf den irdischen Gewinn verzichten».

Drei Pfarrer erklären sich als nicht zuständig und nennen mir Adressen von «berufenen Leuten», bekannten Moraltheologen, von denen einige am letzten Konzil mitgewirkt haben.

Ich gehe zur höheren Instanz. Am Telefon frage ich Professor Klomps, eine Kapazität in allen Fragen der Moral und Lehrer am Kölner Priesterseminar: «Was würden Sie machen, wenn Sie in meiner Haut steckten?» Klomps: «Es spielen da viele Erwägungen eine Rolle, aber ich würde es machen.»

Auch er hat gleich ein Beispiel zur Hand, nachdem ich ihm die verheerende Wirkung der Napalmbombe geschildert habe: «Die Bischöfliche Weinkellerei in Trier, die liefern ja auch den Wein in die ganze Welt, und die können ja auch nichts dafür, wenn er dann in sündhaften Nachtlokalen ausgeschenkt wird, wo auch Nackttänze stattfinden und was weiß ich davon. Dann kann man das doch auch nicht dem Konvikt in Trier in die Schuhe schieben. Wir werden ja immer in Dinge verstrickt, die wir im Grunde nicht gewollt haben.»

«Wenn das so ist», sage ich, «kann ich den Auftrag ja beruhigt annehmen.» – «Ja», meint er, «es ist ja auch die Frage *Kommunismus oder Demokratie*, und daß die Amerikaner die Demokratie vertreten, darf man doch wohl sagen. – Wenn Sie noch mal was auf dem Herzen haben», entläßt er mich, «bin ich gerne für Sie da.»

Professor Hirschmann, Jesuit aus dem Konvikt St. Georgen, Frankfurt, ist mir von mehreren Pfarrern als der Experte schlechthin auf diesem Gebiet genannt worden. Ich frage ihn: «Sie meinen also, daß ich da Schuld auf mich nehme, wenn ich das Napalm liefere?» Er: «Das kann man nicht unbedingt sagen. Das Entscheidende ist, wo wird es eingesetzt und wie wird es eingesetzt.» – Pater Hirschmann S. J. war Konzilberater in diesen Dingen und ist maßgeblicher Berater der Fuldaer Bischofskonferenz. – Ich: «Wie kann ich als Unternehmer wissen, wie und wo es im speziellen Fall eingesetzt wird, für mich ist es eine grundsätzliche Frage.» Er ist anderer Ansicht. Für ihn ist das überhaupt keine moralische, sondern eine «militärtechnische» Frage. Deshalb verweist er mich ans Militärbischofsamt Bonn: «Generalvikar Gritz ist ein Mann, der bei militärischer Planung genauer Bescheid weiß. Er kennt auch Offiziere, die bei militärischer Planung ein Wort mitzureden haben.»

Generalvikar Gritz befindet sich auf Bischofsvisitation bei der Bundeswehr. Sein Stellvertreter, Prälat Steeger, nimmt sich dafür meiner an. Er ist sehr vorsichtig: «Offengestanden, am Telefon möchte ich nicht viel darüber sagen.» Aber dann sagt er es doch: «Für eine gerechte Sache darf man so etwas tun. Ob es eine gerechte Sache ist, das kann Ihnen der Moraltheologe mit seinem Handwerkszeug auch nicht sagen. Das ist eine politische Frage, ob ein Krieg gerecht ist oder nicht.» Und er verweist mich an die nächste Instanz: «Das müßte ein Bundestagsabgeordneter sein, der sich mit Außenpolitik ausführlich beschäftigt.» Ich: «Meinen Sie, da könnte ich eher einen Rat erhoffen als von einem Priester?»

Er wird etwas unsicher: «Es soll ein Abgeordneter sein, der einen weiten Blick hat.»

Dann verspricht er sich beinahe: «Die Frage des gerechten ... hm, der gerechten Verteidigung ist insofern schwierig, als man nicht ohne weiteres einwandfreie Unterlagen bekommt. Am heutigen Krieg behaupten beide Seiten, sie sind angegriffen worden. Es kann ja nicht der Priester entscheiden: wer hat angegriffen?» Ich erzähle von den Fotos mit den verstümmelten Kindern: «Ich frage mich, ob man diese Mittel überhaupt verkaufen darf. Ich meine, dann hört's auf!» Er: «Ich freue mich, daß Sie sich so ein Gewissen daraus machen. Wer hat Sie an uns verwiesen?» Ich: «Professor Hirschmann!» Er: «Das wundert mich ein bißchen, denn er ist ja Moraltheologe.» Ich: «Genau. Zuerst bin ich von meinem Pfarrer an Professor Hirschmann verwiesen worden, und er verweist mich nun an Sie, weil er sagt: das muß jemand entscheiden, der Einblick hat in die Materie.» Er: «Genau.»

Ich: «Und Sie verweisen mich wieder an den nächsten Spezialisten.» Er: «Also gut, ich hab auch von diesen Berichten gelesen, von diesem Napalm und so, habe mir aber – offengestanden – nicht allzu viel darunter vorstellen können.» Ich: «Es sind die schlimmsten Verbrennungen, unheilbar oft.» Er: «Also, wenn es so ist, möchte man ja fast dazu neigen zu sagen, man möchte es nicht tun. Obwohl die Gefahr besteht, daß sie es sich eben woanders beschaffen.»

Ich: «Man könnte abstrakt sogar sagen, daß ich helfe, den Krieg zu verlängern, wenn es später um Riesenaufträge geht. Weil sie es bei uns sehr viel billiger bekommen.» Er: «Also, jetzt geht's wirklich über ein Telefongespräch raus. Sehen Sie, das ist natürlich auch oft die Frage, wenn man sagt: grausige Waffen. Ja, es kann sein, daß grausige Waffen den Krieg abkürzen ... Aber wenn es stimmt, daß es keine Waffe im eigentlichen Sinn ist, möchte ich fast dazu neigen, ohne jetzt ein letztes Urteil fällen zu können, aber ich möchte sagen: tun Sie es doch lieber nicht. Aber wie gesagt, es soll nicht von mir ... das kann man nicht so, und wie gesagt, es ist furchtbar schwer zu sagen, stehen die Amerikaner dort zu Recht oder zu Unrecht. Wer möchte schon sagen, sie stehen dort zu Unrecht. Wissen Sie, die Jugend auf der Straße, die schimpft schon gegen den Krieg. So einfach geht's – glaub ich – nicht.»

Nach diesem Ringen und dem Augenblick der Schwäche widerruft er schließlich doch wieder: «Es geht dort um die Welt, es geht um die Welt, meines Erachtens um die Welt ... und ein unfehlbares Urteil, eine letzte Sicherheit bekommen Sie hier nie. Und, wie gesagt, am Telefon, so was macht man nicht gern ...» Darauf sage ich: «Ich bin jetzt fast so weit, daß ich es nicht mache. Es ist alles so kompliziert.»

Er: «Ich würde sagen, sprechen Sie mit einem Außenpolitiker. Der davon was versteht.»

Zwei Tage später erreiche ich Generalvikar Gritz in seiner Privatwohnung. Auch er kann mir nicht mehr sagen, als sein Stellvertreter, der ihn von unserem Gespräch unterrichtet hat. Ich sage: «Ich habe versucht, über Außenpolitiker etwas zu erfahren. Die meinen, ich müßte mich direkt an die Amerikaner wenden.»

Er paßt: «Gut, dann sind für Sie aber die Möglichkeiten, sich ein Urteil zu verschaffen, erschöpft, und so können Sie sich meiner Ansicht nach auf guten Glauben berufen ... Denn jetzt ist es eine so entfernte Wirkung, daß Sie praktisch nicht mehr mitwirken.» Als ich noch zögere: «Sie können es ja noch mal am Auswärtigen Amt versuchen.»

Dann versuche ich es bei Professor Richard Egenter, München, auch Moraltheologe. Egenter wurde mir von einem Pfarrer im Beichtstuhl als «besonders gewissenhaft in derartigen Dingen» empfohlen.

Napalm kennt Egenter jedoch nicht: «Sind das denn Brandbomben?» Trotzdem urteilt er: «Ich meine, man kann eben Napalmbomben durchaus sicher in einer *menschlich korrekten Kriegführung* anwenden ... Es ist ja auch eine Granate, auch ein Bajonett kein angenehmes Instrument ...» Er glaubt auch nicht, «daß die Amerikaner im wesentlichen die Napalmbomben gegen Zivilisten einsetzen».

Aber: «Ich mein, daß so was immer mal wieder vorkommt, das liegt schließlich im Bereich des menschlichen Versagens.» Außerdem: «Die brauchen die Napalmbombe ja wahrscheinlich auch nur, um den Dschungel zu verbrennen.» – «Ja», sage ich, «ich glaube *den Dschungel entlauben* nennen die Amerikaner das, obwohl hin und wieder auch ein Dorf dran glauben muß.» Er: «Ich würd ja vor jedem Respekt haben, der sagt: ich kann's nicht auf mein Gewissen nehmen. Ich würde aber auch keinen verachten, der sagt: ich halt es unter diesen Umständen für richtig.»

Anschließend nennt er sich selbst als Beispiel: «Ich bin da schon sehr angegriffen worden wegen meiner Stellung zu den Atombomben.» Denn er «bringt es einfach nicht fertig zu sagen, sie sind schlechthin unerlaubt ... Wenn man bedenkt, was der Menschheit droht, wenn die freie Welt vom Kommunismus überfallen wird ...» In einem dreifachen Sinn erteilt er mir die Absolution im voraus: «1. der Zweck, zu dem es eingesetzt wird ist, aufs Ganze gesehen, wieder ein guter, 2. es bewegt sich im Rahmen dessen, was man konventionelle Kriegführung nennt, 3. wenn Sie es nicht herstellen, stellen es andere her.»

Professor Alfons Auer, Würzburg, ebenfalls ein prominenter Moraltheologe, gibt zu: «Das ist natürlich eine sehr schwierige Frage», schränkt aber gleich darauf ein, «obwohl es sich dabei ja nicht um Atomwaffen handelt, sondern um eine fast noch traditionelle Sache.»

Grundsätzlich hat er nichts gegen den Krieg der Amerikaner in Vietnam: «Ich würde doch sagen, daß die Amerikaner echte Gründe haben, *positive* Gründe, diesen Krieg zu führen.» – Er hat andere Bedenken: «Wirkt das nur auf die Menschen, die es unmittelbar trifft, oder hat es eine Streuwirkung?»

Ich: «Wenn es fließt, dann breitet es sich sehr schnell aus.» Er: «Oh, das ist außerordentlich schwierig.» Ich: «Sie meinen, ich mache mich mitschuldig?» Er: «Wenn Sie sonst eine Waffe herstellen, müssen Sie auch gegenwärtig sein, daß Unschuldige getroffen werden. Das würde mich nicht eigentlich beunruhigen. Mich beunruhigt nur, ob hier nicht noch etwas zu einer normalen Waffe Zusätzliches eingesetzt wird, das nicht mehr als menschlich bezeichnet werden kann ...» Ich: «Ist es nicht vielmehr das Neue, vor dem man erschrickt. Wenn man die ersten Bomben hätte liefern müssen, hätte man die gleichen Bedenken gehabt.» Er: «Es ist die Frage, ob es noch eine weitere Streuwirkung hat, daß es eben dadurch unkontrollierbar wird. Das war ja auch das Problem bei der Atombombe, sie ist unter Umständen erlaubt, weil sie noch *kontrollierbar* eingesetzt werden kann.»

Ich: «Aber in dem Sinne, wo man dann auch sagen könnte, wenn man einen Schritt weitergeht, eine Bombe, die die ganze Welt zerstört, ist noch kontrollierbar ...»

Er: «Es ist übrigens kein Kriterium, daß die Sache unter Umständen auch gegen die Zivilbevölkerung eingesetzt wird. Das liegt ja nicht in Ihrer Hand. Sie können eine *harmlose* Pistole verkaufen und ein anderer bringt seine Frau damit um.» Weiter: «Das mit dem Napalm ist für mich besonders schwierig, weil ich mir über die Realitäten kein präzises Bild machen kann. Ich weiß zuwenig über die genaue Wirkung.» – Ich: «Das könnte man auch erst dann wissen, wenn man im speziellen Fall das Opfer selbst ist.»

Dann kommt es zum wesentlichen Kriterium. Er ist für ein sauberes, schmerzloses Töten. «Bei diesen neuen Dingen hat man eben immer ein sehr ungewisses Gefühl wegen der Wirkung. Mein Bedenken liegt jetzt hauptsächlich darin, daß also hier nicht die *unausbleiblichen* Verwundungen hervorgerufen werden, sondern daß zusätzliche Peinigung hervorgerufen wird.»

Ich: «Ist es nicht doch an erster Stelle eine grundsätzliche Frage, daß jedes Mittel, das zur Vernichtung von Menschen eingesetzt wird, zu verurteilen ist?»

Er: «Das würde ich nun nicht ohne weiteres sagen. Ich würde Unterschiede machen, ob ein Mittel nun diesen *unumgänglichen Zweck* sozusagen geradewegs erreicht oder ob eben eine solch schreckliche Form der Tötung gewählt wird ...»

Ich: «Sie meinen, daß man durch Abschreckung den Krieg verkürzen kann.» Er: «Ja, damit hat man ja auch damals bei der Atombombe gerechnet. Es weiß ja noch immer niemand, ob's nicht im Endeffekt tatsächlich das *geringere Opfer* war, als wenn der Krieg noch jahrelang weitergegangen wäre.»

Ich erinnere ihn noch an die Bergpredigt: «Wenn es dort heißt: liebet Eure Feinde, tuet Gutes denen, die Euch hassen, kann einem das schon imponieren.»

Er läßt die Bergpredigt aber für diesen Fall nicht gelten. Aus folgendem Grund: «Dann wäre ja überhaupt ein Krieg von vornherein unsinnig.» Die Bergpredigt gilt bei ihm nur «beim Verhalten von Mensch zu Mensch». Zum Schluß nennt er mir noch zwei Experten, bei denen ich noch Rat einholen kann: «Dr. Martin Gritz vom Militärbischofsamt Bonn und Pater Hirschmann, S. J.»

Ich sage nicht, daß ich mit beiden schon gesprochen habe.

Schließlich gerate ich doch noch an einen Moraltheologen, der in meiner Frage ein grundsätzliches Problem sieht: Professor Scholz aus Fulda. «Die Bereitstellung dieser Dinge kommt hart an die Grenze des Sittenwidrigen heran», sagt er. Und er ist der Ansicht, daß es «heute höchstens noch in kleinen Situationen eine *gerechte Verteidigung* geben kann». Darum hält er «auch die Kriegsdienstverweigerung für ein echtes Anliegen».

Scholz: «Wir müssen Leute haben, die eine große Idee, wie zum Beispiel das Christentum oder die Demokratie prophetisch vorwärtstragen. Aber eben nicht mit Waffen.»

Seine Objektivität geht soweit, nun auch die andere Meinung zu Wort kommen zu lassen: «Ich will Sie nicht einseitig beraten. Sie können ja, wenn Sie noch einmal jemanden, der Ihnen ein relativ ausgewogenes Urteil geben kann, sprechen wollen, einen Jesuiten anrufen in St. Georgen, Frankfurt: Pater Hirschmann.»

Der zweite Moraltheologe, der mir ebenfalls rät, das Napalm nicht zu liefern, ist Professor Böckle aus Bonn. Auch für ihn ist es keine militärische Frage, sondern «eine klare sittliche Entscheidung», die er «im Schwersten mitempfindet». Er ist verwundert: «Wo finde ich einen Industriechef, der sich überhaupt darüber Gedanken macht, wenn es um so ein Riesengeschäft geht?» Und er nennt die Ausführung des Auftrags «ein Verbrechen an der Menschheit ... Obwohl man da gewiß nach klassischer Moraltheologie herumlaborieren könnte.»

Ein «klassischer Moraltheologe» ist sein Kollege Professor Schöllgen: «Ich habe die beiden Weltkriege mitgemacht. Ich muß sagen: heute im modernen Krieg ist das praktisch egal, wie da jemand umgebracht wird. Wenn einer einen Bauchschuß mitbekommt oder ein Splitter die Wirbelsäule verletzt, dann ist er querschnittgelähmt. Das kann schlimmer als Napalm sein: Deshalb muß man härteste Waffen einsetzen, denn wenn man darauf verzichtet, gibt man sich dem Aggressor preis.»

Der Aggressor ist in seinen Augen der Vietcong, vielmehr «das gesamte kommunistische Lager», er sieht da «eine weltweite Verschwörung».

Sehr imponiert hat ihm der Bericht des Militärberaters der *Frankfurter Allgemeinen Zeitung* Adalbert Weinstein in der Sonnabendbeilage. «Der Weinstein sagt, wenn die Amerikaner mit ihrer Taktik noch eine gewisse Zeit fortfahren, dann würde einfach der Partisanenkrieg austrocknen.» (*Ausbluten* wäre wahrscheinlich die realistischere Bezeichnung, aber er sagt *austrocknen.*) Er warnt mich davor, mit meinem Gewissenskonflikt einen *Gesinnungsmenschen* aufzusuchen: «Der würde Ihnen am Ende noch abraten.» Statt dessen müßte ich eine Haltung einnehmen, die er *Verantwortungsethik* nennt.

Schöllgen: «Ich muß Ihnen persönlich sagen, daß ich kein Freund der Radikalpazifisten bin. Man hat Sie wahrscheinlich an mich verwiesen, weil ich über diesen ganzen Komplex ein Buch geschrieben habe. Ich werde immer wieder um Artikel, Äußerungen und Vorträge gebeten. Da helfe ich immer in der Weise, daß ich ganz konsequent den Standpunkt des deutschen Soziologen Max Weber anwende, daß ich sage, mit Ostermärschen und all dergleichen, mit einer reinen Gesinnung, da ist nichts zu wollen, man muß eben die Verantwortung mit sich selbst entscheiden. Ich glaube, daß Arbeit für den Frieden eine ganz banale Arbeit ist.» Ich: «Sie meinen, eine schmutzige?» Er: «Ja, es stehen sich nie schneeweiße Engel und rabenschwarze Teufel gegenüber.»

«Die Dinge mögen grauenerregend sein, aber man muß weiterdenken.» Er wirft den Amerikanern «eine große, sentimentale Dummheit» vor. «Man steht heute auf dem Standpunkt, der Amerikaner hätte damals nur eine einzige Atombombe auf die Chinesen in Nordkorea zu werfen brauchen. Dann wäre der Krieg zu Ende gewesen. Und die Chinesen hätten nicht die Möglichkeit gehabt, heute selber Atombomben herzustellen. Sie sind ja jetzt schon bei der H-Bombe angekommen. Die ganze Serie der vollkommenen Aggression wäre dann nicht vorgekommen.»

«Das wäre dann vorbeugend gewesen», sage ich.

Er: «Sie müssen vor allen Dingen die Sache soziologisch sehen. Ich hab jetzt dieses Interview von Niemöller gehört. Dessen Argumentation, die hängt eigentlich an ganz traditionellen Vorstellungen. Er tut so, als ob Vietnam ein abgegrenzter souveräner Staat sei. Das ist aber ganz und gar nicht der Fall.»

Dann bringt er einen neuen Aspekt seiner moraltheologischen Strategie: «Man hat ja jetzt auch den endgültigen Nachweis geliefert, daß der Zweite Weltkrieg durch Verrat entstanden ist. Es hat angefangen damals in Tokio mit dem Sorge, und jetzt sind da diese fürchterlichen Geschichten herausgekommen: es hat sich in der Schweiz abgespielt.»

Er folgert daraus: «So muß man sagen, daß jeder Krieg, der gegenwärtig tobt und der in Zukunft entsteht, zwei Seiten hat. Der hat eine Außenseite, die heute meist unehrlich ist und nur Tarnung ist und eine Innenseite, und diese Innenseite ist die ideologische Auseinandersetzung.»

Ich: «Sie meinen, es geht um Christentum oder Kommunismus?» Er: «Ja, man muß noch weiter sagen, es geht vor allem um die Frage: totalitäre Diktatur oder Demokratie. Es geht also um die Frage einer freien Lebensführung. Da muß ich doch sagen, daß es ein Ideal ist, das verteidigt werden muß. Ich würde doch sagen, daß es genug Leute gibt, wenn die einmal wirklich erfahren, was Diktatur bedeutet, sie würden vielleicht zum Selbstmord kommen.»

Er ist der Überzeugung, daß der Krieg im ganzen gesehen humaner geworden ist. «Im Mittelalter oder Altertum hat man sich halt gegenseitig Keulen über den Kopf geschmettert. Da hat sich schon allerhand gebessert, wenn man die Dinge z. B. vergleicht mit dem antiken Krieg. Bei dem heidnischen Krieg, da ging es immer um das Ausrotten von ganzen Völkern und soweit sie nicht ausgerotten wurden, waren sie Jagdbeute, kamen auf die Sklavenmärkte. Und über dieses Stadium sind wir nun doch weit herüber, zum Glück. Eine ganze Menge von Eingrenzungen. Das Schreckliche ist ja gerade, daß der moderne Partisanenkrieg diese Dinge unterhöhlt. Und das Schrecklichste eben die Theorie von Mao Tse-tung, der sagt, die Partisanen müssen, das ist der Kernpunkt der Taktik, die Zivilbevölkerung als Schild benutzen. Das ist ungefähr so, als wenn ein Spitzbube irgendwo einen Einbruch macht, und dann zwingt er Frau und Kinder, neben ihm zu bleiben. Und wenn dann die Polizei kommt und bedroht ihn mit der Waffe, ja, dann wird eine Frau oder ein Kind, die er da einfach vor sich hält, dran glauben müssen.»

Für ihn geht es «letztlich um die Frage des Krieges überhaupt» und er beantwortet sie so: «Ich sehe da gar keine Möglichkeit, die Dinge zu stoppen.»

Um mir die letzten Bedenken auszureden, sagt er: «Ob Sie nun diese Geschichte da an die Amerikaner liefern oder irgendwie sonst mit ihnen Handel treiben, es kommt auf das gleiche heraus.»

«Sie meinen, es ist ein Handel wie jeder andere?» – «Ja, genau das.»

«Wenn's so ist», sage ich, «kann ich's ja mit ruhigem Gewissen machen. Ich kann ja von dem Gewinn eine Spende an unsere Pfarrei machen.»

Er, erfreut: «Ja, das ist eine Sache, über die sich reden läßt. Oder noch besser, wenn das Land befriedet ist, der Widerstand des Vietcong läßt ja schon spürbar nach, dann werden natürlich in der Form des Wiederaufbaus ungeheure Leistungen gefordert. Dann sollten Sie sich mal mit der Missionszentrale in Aachen in Verbindung setzen. Für uns Katholiken ist ja die ungeheure Tragödie, daß ein großer Teil der Bevölkerung gerade in Südvietnam gut katholisch ist. Und denen müssen wir dann wieder auf die Beine helfen!»

Jesus schickte Boten vor sich her und die gingen hin und kamen in ein Dorf der Samariter, um für ihn Vorbereitungen zu treffen. Aber man nahm ihn nicht auf, weil sein Antlitz auf den Weg nach Jerusalem gerichtet war. Als

die Jünger Johannes und Jakobus das sahen, sprachen sie: «Herr, willst du, daß wir sagen es solle Feuer vom Himmel herabfallen und sie verzehren, wie auch Elias tat?» Er wandte sich um und verwies es ihnen streng und sprach: «Ihr wißt nicht, wessen Geistes ihr seid. Der Menschensohn ist nicht gekommen, Menschenleben zu vernichten, sondern zu retten.» Und sie gingen in ein anderes Dorf.
(Lukas 9, 52–54)

Absprachen oder die unterschiedlichen Erfahrungen von zweien, die sich um eine Stelle bewerben

Am 12. Juli 1968 wird der Maschinenschlosser Günter Bauder von seiner Firma, der Metalltuchfabrik *Oberdorfer*, Heidenheim, fristlos entlassen. Das Arbeitsamt verhängt die für so einen Fall übliche Sperrfrist bis zu acht Wochen; in dieser Zeit läßt man den Arbeiter ohne Arbeitslosenunterstützung, in der Annahme, daß er seine Kündigung selbst verschuldet hat – dann steht ihm keine Unterstützung zu –, andernfalls hat er Gelegenheit, seine Rehabilitation über die Arbeitsgerichte zu betreiben, dann wird ihm das Geld nachgezahlt.

In Heidenheim – einer Industriestadt von 50000 Einwohnern, inmitten der Schwäbischen Alb, von den nächstgrößeren Städten Ulm 50 km, von Stuttgart 90 km und von Heidelberg 150 km entfernt – hat der Fabrikant Oberdorfer eine exponierte Stellung. Die Firma, obwohl mit knapp 300 Arbeitskräften nicht zu den größten zählend, steht wirtschaftlich mit an der Spitze. Hans Oberdorfer, Diplom-Ingenieur und Vorstandsmitglied im Arbeitgeberverband, stellt Metallsiebe für Papiermühlen her. Sein Umsatz ist gesichert. So ein feinmaschiges Sieb kostet 8000–30000 DM und hält bis zu einer Woche. 60–80 Siebe produziert die Firma *Oberdorfer* pro Woche, der Reinverdienst schwankt zwischen 100 bis 200 Prozent.

Fabrikant *Oberdorfer* hat seine Villa mit einem atombombensicheren Bunker unterkellert, wie es im ganzen Brenztal keinen zweiten gibt.

Der Betriebsschlosser Bauder, 28 Jahre, verheiratet, drei Kinder, war bis zu seiner Entlassung 7 Jahre bei der Fa. *Oberdorfer*. Bei der Betriebsratswahl im März 1968, bei der er als jüngster kandidierte, kam er auf Platz acht; zwei Plätze besser und er wäre in den Betriebsrat gekommen und als solcher unkündbar gewesen. Bei der Firmenleitung war Bauder weniger beliebt. Er engagierte sich zu stark in Dingen, die ihn nach Auffassung von Oberdorfer nichts angingen.

Bauders Hartnäckigkeit hatte es Oberdorfer zum Beispiel zu verdanken, daß er 13 Schlossern ein Jahr Lohndifferenz nachzuzahlen hatte. Obwohl es sich im einzelnen um minimale Beträge von 17–30 Pfennigen handelte, machte das einen Betrag von über 5000 Mark aus. Hinzu kam Bauders politische Einstellung: als Kriegsdienstverweigerer und Kandidat für die *Demokratische Linke*, die in Heidenheim über die 5-Prozent-Klausel kam, geriet er gelegentlich mit seinem Chef, der als Leutnant den letzten Krieg mitgemacht und sieben Jahre in russischer Kriegsgefangenschaft verbracht hatte – aneinander. Für *Oberdorfer* war Bauder ein «ewiger Nörgler» und «Querulant», das sagte er ihm auch offen. Er fühlte sich für die politische Bildung seiner Arbeiter mitverantwortlich – einige hundert Exemplare des *Ost-West-Kuriers*, eines Organs, das sich für die Wiedereingliederung der Ostgebiete einsetzt, liegen bei ihm stets kostenlos aus.

Einige Monate vor Bauders fristloser Entlassung passierte folgendes:

In den Betriebsräumen werden Anfang März drei Galgen in die Wand geritzt. Text: *Hängt Bauder auf, das Kommunistenschwein*, darunter *DL – Bauder.*

Zwei Monate später hängt am Schwarzen Brett des Betriebes ein Papp-Plakat: *Gestern Benno Ohnesorg – heute Mordanschlag an Rudi Dutschke – morgen Bauder!*

Zuvor hatte die Firmenleitung bekanntgegeben, daß Bauder den Betriebsfrieden störe. Zwei ihrer besten Arbeiter – Brachert und Kettler – hätten gemeinsam vorgesprochen und erklärt: «Entweder geht Bauder oder wir.»

Brachert: «Ich hatte mit Bauder eine Auseinandersetzung. Deswegen mußte ich mit Kettler zur Betriebsleitung. Dort sagten wir, wenn Bauder seine politischen Schwätzereien nicht einstelle, würden wir kündigen.»

Brachert, der im Werk bereits unbehelligt das Organ der NPD, die *Deutschen Nachrichten*, verteilt hatte, kurz vor der Landtagswahl zu Bauder, im Beisein von anderen Kollegen: «Wenn du auf der Großveranstaltung den Thadden anpöbelst, leg ich dich mit meinem Zielfernrohrgewehr um!»

Freitag, den 12. Juli, gegen Schichtende, 15.40 Uhr, wird Bauder zur Firmenleitung gerufen. Oberdorfer und dessen Schwager, Personalchef Köpf, verlesen ihm drei Erklärungen, in denen ihm Betriebssabotage vorgeworfen wird. Unterzeichner der Meldungen: Brachert, Kettler, Traub, die miteinander befreundet sind. Sie wollen gesehen haben, daß Bauder an Schweißgeräten den Gashahn aufgedreht hat. Oberdorfer: «Unter diesen Umständen ist eine Zusammenarbeit mit Ihnen unmöglich geworden.» Bauder spricht von einem Komplott politischer Gegner: «Dann haben Sie ja endlich das erreicht, was Sie erreichen wollten.»

Oberdorfer: «Allerdings!»

Bauder, dessen Arbeitszeit inzwischen zu Ende ist, erklärt, da ihm doch nicht geglaubt werde, könne er ja nach Hause gehen, er wolle Anzeige wegen «Verleumdung» erstatten und die Presse informieren.

Am folgenden Tag erhält Bauder sein Kündigungsschreiben und gleichzeitig das Verbot, Firmengelände zu betreten. Ein Kündigungsgrund ist nicht angegeben. Zweimal versucht Bauder Anzeige wegen Verleumdung zu erstatten, vergeblich. Begründung: Er als Beschuldigter müsse erst die polizeilichen Untersuchungen abwarten. Erst als er sich einen Anwalt nimmt, wird die Anzeige entgegengenommen. Sein Anwalt erfährt, daß bisher keine Anzeige gegen ihn vorliegt. Erst fünf Tage später, nachdem die Lokalpresse über die angebliche Sabotage berichtet, schaltet sich die

Staatsanwaltschaft ein.

Dem Arbeitsamt gegenüber hatte die Firma jedoch bereits vorher die fristlose Kündigung damit begründet, daß «strafrechtliche Ermittlungen im Gange seien», obwohl zu diesem Zeitpunkt nach Auskunft des Gerichts keinerlei Ermittlungen gegen Bauder liefen und auch keine Anzeige gegen ihn vorlag.

Erst als sich die Presse für den Fall interessiert, nimmt die Kriminalpolizei Ermittlungen auf – allerdings nicht das zuständige Kommissariat in Heidenheim, sondern das nächst liegende politische Ressort in Ellwangen.

Als sich Brachert, Kettler und Taub bei den polizeilichen Vernehmungen in Widersprüche verwickeln und auch die Vorgeschichte des Falls durch die Presse bekannt wird, rückt die Firma von ihrem ursprünglichen Kündigungsgrund ab.

Der Betriebsrat hatte zuvor folgende Erklärung abgegeben:

«Seit Monaten kann der Betriebsrat beobachten, daß gegen Herrn Bauder wegen seiner politischen Einstellung laufend Diffamierungen und Unterstellungen verbreitet werden. Nach Anhörung der drei Schlosser vermutet der Betriebsrat, daß auch die jetzt erhobenen Beschuldigungen gegen Herrn Bauder, welche zur fristlosen Kündigung führten, nicht der Wahrheit entsprechen. Im Gegensatz zu den gehörten Schlossern hat Betriebsratsmitglied Lochstampfer, welcher in der gleichen Abteilung arbeitet, keinen Gasgeruch festgestellt.»

Inzwischen hat sich der *Baden-Württembergische Verband Metallindustrieller* des Falls angenommen. Ihr Vorsitzender, Dr. Hildebrand, gibt der Kündigung eine überraschende Wendung:

«Der Kläger schaute dann demonstrativ auf die Uhr, erklärte, daß seine Arbeitszeit abgelaufen sei, da es bereits 15.47 Uhr sei (also zwei Minuten nach Arbeitsschluß) und verließ den Raum. Prokurist Köpf konnte dem Kläger nur noch mit Mühe zurufen, daß er nunmehr fristlos entlassen sei.» – Dieses Verhalten, so Hildebrand, «stelle eine grobe Beleidigung im Sinne des § 123 Ziffer 5 GewO dar, die schon für sich allein die fristlose Entlassung rechtfertige».

Und beim ersten Arbeitsgerichtstermin wird als Kündigungsgrund nur noch «impulsives Fehlverhalten» Bauders angegeben.

Bauder wehrt sich dagegen, in der fristlosen Entlassung mehr als den Racheakt von einzelnen, politisch Andersdenkenden zu sehen. Allerdings verschiedene Begleitumstände lassen ihn schon mal daran zweifeln. So die Warnung des Oberkommissars Burbach, der Bauder aus einer Versammlung der *DL* zur Vernehmung herausholen läßt: «Wir verbrennen dich noch zu Asche, jetzt ermitteln wir wieder. Du Arschloch, wie kannst du gegen den Kapitalismus ankämpfen als so ein kleines Licht. Die drehen dir doch die Luft ab.»

Ein Ereignis, das genau zwei Jahre vor Bauders Entlassung liegt: Der

Besuch eines Herrn, der sich telefonisch bei seiner Firma anmeldete und ihn unbedingt sprechen wollte. Bauder erinnert sich, daß er zu der Zeit Telefonverbot hatte, und die Firmenleitung bei diesem Gespräch eine Ausnahme machte, ihn ans Telefon holen ließ. Der Herr verabredete sich mit ihm im Restaurant «Bäuchle» und stellte sich dort mit einem SED-Ausweis auf den Namen Bernhard Sonnenberg vor. Er sei, so sagte er, aus der DDR gekommen, um den Auf- und Ausbau illegaler Betriebskadergruppen zu organisieren. Bauder macht ihm klar, daß er für so etwas nicht zu haben sei, im übrigen so ein Vorhaben Blödsinn sei und daß er seine politische Tätigkeit innerhalb der DFU legal betreibe. Worauf der Herr umschwenkte und ihm 3000 DM Anfangsprämie bot, falls er sich bereit fände, für «seinen Verein zu arbeiten», gemeint war der Verfassungsschutz. Er sollte in der *DFU* als Spitzel arbeiten und gleichzeitig Informationen über Kollegen aus dem Betrieb liefern. Als Bauder ablehnte, empfahl sich der Herr mit der Bemerkung, daß die Zeit komme, wo er es bereuen werde.

Und nach Bauders Entlassung ein Parallellfall: das *DL*-Mitglied Max Kübler wird ins Lokal «Lamm» bestellt, dort erwartet ihn ein Herr, der sich mit «Leopold» vorstellt, in einem Nebenraum. Alkoholische Getränke sind bereits serviert, «damit uns hier keiner stört». Der Mann gibt sich sofort als Verfassungsschutzbeamter zu erkennen und gibt Kübler zu verstehen, daß er nicht länger mit dem Fahrrad zur Arbeit zu fahren brauche, wenn er wolle. Ein neuer Wagen erwarte ihn, wenn er bereit sei, aus der *DL* und aus dem Betrieb Informationen zu liefern. Als Kübler ablehnte: «Wenn Sie irgendeinem über dieses Gespräch berichten, wird ein zweiter Fall Bauder geschaffen, Sie verlieren nicht nur ihre Arbeit, sondern auch Ihre Werkswohnung.»

Am 7. Oktober 1968, zwei Wochen vor den Kommunalwahlen, gibt der einzige Vertreter der *DL* im Stadtparlament Heidenheim, der Stadtrat Karl Hitzler, seinen Austritt aus der Partei bekannt. Er mußte um seinen Arbeitsplatz fürchten. Die Zementfabrik *Schwenk*, wo er als Garagenmeister beschäftigt war, hatte ihn bereits zum einfachen Arbeiter degradiert.

Auf Stellensuche

Bauder, seit drei Monaten aus der Firma *Oberdorfer* herausgeklagt, versucht wieder Arbeit zu bekommen. Die Aussichten scheinen nicht schlecht, Heidenheim ist Industriestadt, Maschinenschlosser werden gesucht, Heidenheim hat zur Zeit 2000 offene Stellen.

Bauder, der rausgeschmissene Linke, bittet um Arbeit. Er hat Frau und drei Kinder zu ernähren. Er spricht vor und wenn man sagen wird: «Bauder? Da wissen wir Bescheid, wir können Sie nicht nehmen», wird er soweit gehen und sagen «ich halte mich politisch ganz zurück, wenn's sein muß, trete ich sogar aus der Partei aus, ich muß jetzt an meine Familie denken», zum Schein wird er so argumentieren, um zu sehen, wie weit ein Boykott besteht.

Ich werde mich der Stellensuche anschließen, einen Tag später bei denselben Firmen vorsprechen, mit dem gleichen Berufsbild, nur mit anderen Vorzeichen. Auch ich bin wegen meiner politischen Einstellung fristlos gekündigt worden. Allerdings als aktiver NPD-Mann, der vorm Werk Flugblätter für seine Partei verteilt hat. Ich ziehe von Hessen aus nach Heidenheim um, sage ich, um für die Partei weiterzuarbeiten, die bei der Landtagswahl hier 10,6 Prozent Stimmenanteil erreichte.

Auf dem Arbeitsamt

Der Leiter des Arbeitsamtes, Benz, macht Bauder klar, daß es unklug von ihm gewesen sei, mit seinem Fall an die Öffentlichkeit zu gehen. Das erschwere jetzt seine Wiedereinstellung. (Damit verschweigt Benz, daß er bereits vor Bekanntwerden des Falls in der Öffentlichkeit mit dem *IG Metall*-Vertreter von Heidenheim, Pommerenke, über Bauders Wiedereinstellung gesprochen hat. Bauder sei in Heidenheim kaum mehr unterzubringen, so Benz bereits damals.) Außerdem würden auch kaum Schlosser gesucht. Bauder will's trotzdem versuchen.

Bei mir sieht es anders aus: «Ich habe jede Menge Angebote für Sie, wenn Sie sich da alles ansehen wollen. Wie gesagt, wer die Wahl hat, hat die Qual, man wird überall versuchen, Sie zu behalten.»

1. Bewerbung:

Fa. Fuchslocher – Metallverarbeitung – 60 Beschäftigte.

Fuchslocher kennt Bauder. «Ich würd Sie schon einstellen. Aber mein Vorarbeiter, Herr Glocker, würde dann gehen. Er mag keine Linksleute.»

Bauder: «Suchen Sie denn Schlosser?»

Fuchslocher: «Schon, ja. Aber mein Vorarbeiter müßte befürchten, daß durch Sie dann Unruhe in den Betrieb hineingetragen wird. Sie können mir nicht zumuten, daß ich auf den Glocker Ihretwegen verzichte. Er ersetzt mir 10 Arbeiter. Im übrigen müßten Sie ja auch ganz unten wieder anfangen hier, sozusagen als Schütze Arsch . . . Sie können mir nicht vorwerfen, ich sei unsozial, Ihre Familie, ich weiß . . . ich hab sogar 'ne Menge Vorbestrafte bei mir arbeiten . . .»

Zwei Tage später: Ich spreche bei Fuchslocher vor und berichte von meiner NPD-Aktivität und der daraus erfolgten fristlosen Kündigung.

Fuchslocher: «So 'n Pech, ich hab gerad heute einen Griechen eingestellt. So 'n Pech, ich hab soviel Arbeit, ich könnt doppelt soviel einstellen, hab nur keinen Platz.»

Ohne auf meine NPD-Vergangenheit einzugehen: «Können Sie auch schweißen?» – «Ja, A- und E-Schweißen.» (Auch Bauder konnte A- und E-Schweißen.) Fuchslocher: «Oh, verflixt, hätt ich das gewußt, hätt ich den Griechen nicht eingestellt. – Aber wenn Sie erst in zwei Monaten umziehen, hab ich bestimmt was für Sie.» – «Meinen Sie, ich könnte eventuell hier Schwierigkeiten wegen meiner politischen Einstellung bekommen?» – «Solang Sie die Leute damit nicht von der Arbeit abhalten, ist mir das ganz egal. Gegen Ihre politische Einstellung habe ich gar nichts. Männer, die A- und E-Schweißen können, kann ich immer gebrauchen.» Er überreicht mir eine Visitenkarte der Firma. «Wenn Sie in zwei Monaten erst hier hinziehen, geht das klar.»

2. Bewerbung:

Sägewerk Wirth, 70 Beschäftigte, Herbrechtingen.

Sägewerkbesitzer Wirth zu Bauder: «Jetzt kommt der Winter, jetzt muß man schauen, daß man die Leute unter Dach bekommt. Wir brauchen niemanden.»

Wirth (zu mir, nachdem ich von meiner Kündigung berichtet habe und mich gleichzeitig auf eine Empfehlung der hiesigen NPD-Kreisvorsitzenden Sieger, Holzhausen, berufe): «In Ordnung, nehme Sie.» – «Ich könnte aber erst am 1. Dezember anfangen. Ginge das, wegen der vielen Feiertage, die ja dann gleich zu Ihren Lasten gehen würden?»

Wirth: «Ist kein Problem, das machen wir schon.»

3. Bewerbung:

Rolladenbau Basch, Heidenheim, 40 Beschäftigte.

(Für Basch hat Bauder eine Bewerbungskarte vom Arbeitsamt.)

Unternehmer Basch: «Wir brauchen keinen. Außerdem arbeiten bei mir viele, die der NPD nahestehen, da könnte es leicht zu Reibereien kommen. Im übrigen haben wir hier auch keinen Betriebsrat. Gesetzt den Fall, ich würde Sie einstellen, Sie würden sich bei mir bestimmt nicht wohl fühlen . . .»

Bauder: «Da mögen Sie recht haben . . .»

Basch ist erstaunt über meinen Fall: «Wie, daß Sie bei der NPD sind, ist doch keine Schande.»

Normalerweise würde er jetzt keinen einstellen, sagt er, «ich muß sehen, wie ich die Leute über den Winter bringe. Aber bei Ihnen mach ich schon eine Ausnahme. Ich kann Ihnen aber nur 3,90 bis 4 DM Stundenlohn zahlen. (Meinen vorherigen Lohn hatte ich mit 4,70 DM angegeben.)

«Dafür ist die Kameradschaft aber hier auch erstklassig. Bei mir ist's so, hier werden sie alle mit dem Vornamen gerufen.» Basch ruft seine Frau hinzu und berichtet ihr über mich. Frau Basch: «Sie können sich trösten, wir haben sie auch gewählt, nach dem Grundgesetz können sie uns ja nicht verbieten.»

Herr Basch: «Wenn sie den Kommunismus verbieten, da hab ich gar nichts dagegen. Die Verbotsforderung, die ja jetzt sogar von Regierungsseite gestellt wird, geschieht ja nur durch Druck von Moskau . . .»

4. Bewerbung:

Fa. Althammer, Bauschlosserei, Heidenheim, über 100 Beschäftigte.

Fabrikant Althammer, über 60, ergraut, «befürchtet, daß durch Bauder Unruhe in seinen Betrieb kommt».

Er könne ihn nicht einstellen.

Bauder (impulsiv): «Aber einen NPD-Mann würden Sie einstellen?»

Althammer: «Nein. Ich war Nationalsozialist und schäme mich auch heute nicht, mich dazu zu bekennen. Aber die *NPD* hat kein Recht, sich auf uns zu berufen, sie ist der Verräter unserer Idee, denn sie kopieren uns nur.»

Althammer (zu mir): «Sie hätten mir das gar nicht zu erzählen brauchen.» Er stellt mich seinem Ingenieur vor, einem knapp 30jährigen. Dieser bedauert, daß er soeben zwei eingestellt habe. Als er meinen Kündigungsgrund erfährt: «Aber das ist doch an und für sich kein Grund, ich kann mir überhaupt nicht vorstellen, warum man Sie behelligt hat.» – «Wir hatten da einen linken Betriebsrat.» – Ing.: «Hier wäre Ihnen das nicht passiert, wir haben hier überhaupt keinen Betriebsrat . . .» – Er notiert sich meine Personalien. «Ich werde Sie dann verständigen, wenn etwas frei ist.»

5. Bewerbung:

Fa. Frey, Wurstmaschinenfabrik, Bolheim, ca. 50 Beschäftigte.

Als Bauder das erste Mal vorspricht –

Frey: «Ich kann Sie nicht einstellen. Sie wohnen zu weit weg. Ich muß meine Arbeiter nahe bei mir wohnen haben, damit sie da sind, wenn ich sie brauche. Sie wohnen zu weit weg.»

(Bauder wohnt 8 km entfernt in Heidenheim.)

2. Vorsprache eine Woche später, der Fabrikant sitzt im Gasthof «In der Linde». «Ach, da kommt der Kommunist, den man entlassen hat.» Die Wirtshausgäste begrüßen Bauder.

Bauder: «Herr Frey, ich kann jetzt hier eine Wohnung bekommen. Frey (zögert): «... Ich brauche Sie nicht. Wir haben so ein schönes Betriebsklima, Sie würden das nur kaputtmachen. Wir sind eine große Familie, und die laß ich mir nicht zerstören. Ich versuche in meinem Betrieb schon selbst eine soziale Gerechtigkeit durchzuführen, manchmal gelingt es, manchmal nicht. Irren ist menschlich. Auch Tiere machen Fehler ...» Bauder: «Glauben Sie nicht, daß man auch mich hier einstellen könnte in einer großen Familie, wenn ich mich politisch zurückhalten würde?»

Frey: «Das kann nie gutgehen, denn die Katze läßt das Mausen nicht. Die Gefahr ist da, daß Ihr Hauptinteresse nicht ist, Wurstmaschinen herzustellen, sondern daß Sie da gleich an die Grunddinge rühren. Mein Betrieb ist zu klein für solch ein Risiko.»

Herr Frey kommt darauf zu sprechen, daß er auch mal jung gewesen sei und sich für politische Ideen begeistert habe. «Ich war *HJ*-Führer, heute nimmt einem das niemand mehr für übel, wenn man das war. Wir kommen heute noch zusammen. Sie stellen mir ihre Kinder und Enkelkinder vor und die ihre Bräute, ob sie die heiraten sollen ... Wir waren gute Deutsche gewesen. Sie müssen unterscheiden zwischen Nazi und einem guten Deutschen, zwischen Nazis und Nationalsozialisten. Es waren reine Sozialisten, sie hätten das letzte Hemd hergegeben für den Bruder, wenn die Volksfürsorge gekommen wäre. Wir waren Sozialisten in erster Linie und dann auch gute Deutsche und was neben so gewesen ist, hat mir persönlich auch Kummer gemacht und ist von uns ja auch bekämpft worden.» (Er erzählt die Geschichte vom «Spinnmeister Rauh, der lebt immer noch, ist jetzt 85», der einen *SA*-Mann wegen Arbeitsverweigerung gemaßregelt hätte, und von diesem daraufhin ins Arbeitslager Welzheim befördert worden sei. «Der *SA*-Mann hat nichts getaugt, war ein großer Einzelgänger.» Jedenfalls, die Partei habe dafür gesorgt, daß der Spinnmeister wieder rausgekommen sei. «Spinnmeister ist er zwar nicht mehr geworden, aber er lebt immer noch.»)

Frey, der schon etwas getrunken hat, versucht Bauder zu trösten: «Das müssen Sie doch einsehen, ich lebe nur für mein Geschäft, arbeite Tag und Nacht dafür, da muß ich sehen, daß der Laden läuft. Das hat nichts mit politischen Grundsätzen zu tun. Ich wäre genauso dagegen, einen aktiven Sportler einzustellen.»

Bauder: «Arbeiten bei Ihnen denn keine Fußballspieler?» Frey: «Doch, schon, ich meine hier einen besonders gefährlichen, hm, Kampfsport.»

Frey macht Bauder klar, was für ein sozialer Betrieb der seine ist: «Ich habe sogar Fürsorgeempfänger bei mir aufgenommen, alles schwarze Schafe. Dazu muß ich sagen, daß ich über die Hälfte wieder zu rechten Leuten mache. Ich bin ja bei der Fürsorge bekannt, die sagen schon zu mir, jetzt will er schon wieder einen besser machen.»

Bauder: «Das spricht für Sie, Herr Frey.»

Frey: «Ja, aber wenn einer ein Verbrecher ist, den mach ich auch nicht anders. Das ist wie mit der Katze, die das Mausen nicht läßt, das ist eine Lebensweisheit . . . Ich geb Ihnen einen guten Rat, wenn Sie nirgendwo mehr unterkommen, machen Sie sich doch selbständig, fangen Sie erst mal klein an und wenn Sie was zusammengespart haben, lassen Sie andere für sich arbeiten.»

Bauder: «Es kann doch nicht jeder Unternehmer werden.»

Frey: «Warum denn nicht?»

Bauder: «Wenn es nur Unternehmer gibt, gibt es keine Arbeiter mehr.»

Frey: «Aber die Dummen sterben doch nie aus . . .»

Als ich mich zwei Tage später beim Wurstmaschinenfabrikanten Frey als NPD-Mann vorstelle, meint er nur, «sympathisch» und gibt mir ein Einstellungsformular mit.

6. Bewerbung:

Fa. Voith KG u. GmbH, Maschinenfabrik, 7000 Beschäftigte.

Bauder: «Ich wollte es mal hier versuchen, ich bin jetzt 10 Wochen, arbeitslos und weil das hier der größte Betrieb ist, dachte ich, gehst du mal hin, da hast du bestimmt eine Chance, die suchen immer Leute.»

Personalchef Oetinger läßt Bauder stehen. Er lehnt sich im Sessel zurück und läßt Bauder seinen Namen buchstabieren. Er scheint über ihn Bescheid zu wissen. «Momentan ist's hier nicht gut. Schlosser hätten wir genug, was wir brauchen, sind Hilfsarbeiter.» Bauder: «Das wäre mir auch recht. Im Moment ist es mir egal, Hauptsache, ich habe Arbeit, ich kann mich vielleicht später wieder mal hocharbeiten.»

Oetinger: «Wir brauchen auch nicht unbedingt Hilfsarbeiter. Bauder, Günter, ja? Ich werde es der Geschäftsleitung erst vortragen müssen. Sie bekommen automatisch Bescheid.»

Bauder erfährt auf dem Arbeitsamt, daß Voith Schlosser sucht, allerdings sei es für ihn zwecklos, sich dort zu bewerben.

Bauder spricht noch einmal vor. «Auf dem Arbeitsamt hat man mir gesagt, man könne vielleicht doch noch Schlosser brauchen.»

Oetinger: «Sie können mich nicht vergewaltigen. Ich sagte Ihnen bereits, daß ich in so einem Fall die Firmenleitung konsultieren muß, die hat zu entscheiden.»

Einige Tage später. «Also, Herr Bauder, wir nehmen Sie auf keinen Fall, ich bin in der netten Lage, Ihnen das zu sagen, eine Begründung brauchen wir Ihnen nicht zu geben.»

Bauder: «Haben Sie auch den Betriebsrat konsultiert, der hat doch da ein Mitspracherecht.»

Oetinger: «Das haben wir hier nicht nötig.»

Mich empfängt bei der Fa. Voith Oetingers Stellvertreter Schwarz. Er bietet mir einen Stuhl an. Als ich mit meiner Geschichte zu Ende bin. «Nun, uns interessiert im Grunde genommen Ihre politische Einstellung nicht. Auch bei uns sind Bestrebungen mancher Art. Im Grunde genommen wäre es mir ja lieber gewesen, ich hätte davon gar nichts gewußt, da auch von der anderen Seite einige hier sind ...» Er gibt mir einen Personalbogen zum Ausfüllen mit, «ziehen Sie schon mal um, dann melden Sie sich wieder hier, Schlosser suchen wir immer».

7. Bewerbung:

Zigarrenfabrik Schäfer, Heidenheim, ca. 1800 Beschäftigte.

Bauder ist auch hier bekannt. Die übliche Ausrede: sie brauchen keine Schlosser mehr.

Der Ingenieur im Einstellbüro hat die 60 überschritten. Auf seinem Schreibtisch das Wappentier der Firma, eine ausgestopfte Eule. Jawohl, Schlosser suchen sie, ich könne an einem Automaten angelernt werden.

Als ich jedoch mit meiner Geschichte herausrücke – die erste ablehnende Haltung. «O je, da kann ich Sie aber nicht einstellen, das könnte mal Schwierigkeiten geben, das fällt dann auf mich zurück, da sind mir die Hände leider gebunden.» Der Grund, mich nicht einzustellen, ist jedoch keine Ablehnung, nur Vorsicht und vorläufiges Abwägen. «Sehen Sie, ich war auch mal ziemlich rechts, das hängt einem an, die ersten Jahre nach dem Kriege, als man dafür abgesägt wurde, heute fragt ja niemand mehr danach, heute kann es einem ja schon wieder helfen, aber *NPD* ist doch noch was früh.»

«Wenn ich in der *CDU* wäre, hätten Sie da Bedenken?»

Der Ingenieur: Das wäre überhaupt keine Frage, ob *CDU* oder *SPD*, das wäre dasselbe, «die sind ja jetzt auf Gedeih und Verderb miteinander verwachsen».

Ich: «Sehen Sie mal, Strauß z. B. sagt, daß im Moment noch nicht an eine Koalition *CDU/NPD* zu denken sei, aber vier Jahre weiter ... es gibt ja jetzt auf Kreisebene schon gute Ansätze ...»

Ingenieur: «Ja, das müßte man dann aber erst einmal abwarten, es tut mir leid, im Moment, wie gesagt ...»

«Dann schau ich in vier Jahren noch mal vorbei ...»

8. Bewerbung:

Fa. Hartmann, Verbandsstoffe und Watte, Heidenheim, ca. 1000 Beschäftigte.

Kein Bedarf für Bauder. – Ich werde drei Instanzen vorgeführt: Oberingenieur, Personalleiter und Ingenieur, trage jedem einzelnen meine politische Vergangenheit vor, und keiner nimmt Anstoß. Als einzige Formalität noch eine ärztliche Untersuchung. Mit einem verschlossenen Kuvert muß ich mich beim praktischen Arzt melden, der festzustellen hat «ob der Überbringer zur Arbeit als Betriebsschlosser für tauglich gehalten wird». Die Sparten «Augen, Ohren, Mundhöhle, Herz, Lungen, Extremitäten, Urin und Geschlechtsorgane» müssen lediglich vom Arzt als tauglich abgehakt werden. Die Spalte *brauchbar* bedeutet Einstellung, die Spalten *Vorsicht geboten* oder *unbrauchbar* Nicht-Einstellung. Den Arztbesuch spare ich mir.

9. Bewerbung:

Schwäbische Hüttenwerke GmbH, Königsbronn.

Diplom-Ingenieur Vomhoff möchte nicht in ein schwebendes Verfahren eingreifen. «Und was wir hier brauchen, sind Arbeiter und keine, die Politik machen und Unruhe in den Betrieb tragen, es ist ja auch verboten, sich im Betrieb politisch zu betätigen.»

Bauder: «Ja, ich kenne das Betriebsverfassungsgesetz sehr gut.»

Vomhoff: «Wenn Sie es aber trotzdem tun, so kann ich das nicht immer kontrollieren und das möchte ich nicht riskieren.» Im übrigen: «Wenn Sie keine Revolution machen wollen, warum bekämpfen Sie dann eigentlich die Notstandsgesetze?»

Vomhoff: «Sie wollen doch sicher in Ihrem Beruf bleiben?»

Bauder: «Nach Möglichkeit schon.»

Vomhoff: «Sehen Sie, und wir brauchen hier ja fast nur Dreher.»

Bauder: «Drehen kann ich, ich wäre damit auch zufrieden.»

Vomhoff: «Aber nicht gleich, nicht gleich, überstürzen Sie das nicht.»

Bauder: «Sagen Sie's doch gleich, Sie nehmen mich wegen meiner politischen Einstellung nicht?»

Vomhoff: «Nein, nicht doch. Sehen Sie, mir ist die *NPD* genausowenig lieb, möchte ich mal sagen, wie die *DL*.

Aber Sie passen hier einfach nicht rein. Sehen Sie, wir sind hier in Königsbronn in der Produktion – ich möchte es ruhig mal so ausdrücken – schon immer kapitalistisch veranlagt. Wir arbeiten bis zu 58 Stunden in der Woche, was sich ja überhaupt nicht verträgt mit gewerkschaftlichen Vorstellungen. Allerdings komme ich mit dem Betriebsrat bestens aus, ich habe ja auch schon Betriebsräte zu Meistern gemacht ...»

Diplom-Ingenieur Vomhoff hört sich meinen Fall in Ruhe an. «Nun, ich geh auch hin und wieder in *NPD*-Versammlungen. Wo ich Wert drauf lege, das ist die Ruhe im Betrieb, sonst sehe ich hier kein Risiko, hier werden noch viele Leute gesucht.»

10. Bewerbung:

Zeiss-Werke, Oberkochem. 6600 Beschäftigte.

Hier macht sich Bauder noch Hoffnungen. Die Zeiss-Werke sind eine Stiftung, sozialer als die meisten Werke dieser Größenordnung. In der Betriebsordnung ist ein außergewöhnlicher Punkt vermerkt. Unter *Rechte der Mitarbeiter:* «Die Arbeitnehmervertretung soll eine wirkliche Arbeitnehmervertretung sein, nicht eine Kulisse, hinter welcher zuletzt wieder der Unternehmer stecken kann.»

Und unter *Gewährleistung persönlicher Freiheit* steht vermerkt: «Es darf keine Diskriminierung der Mitarbeiter aus rassischen, politischen oder konfessionellen Gründen erfolgen.»

Personalchef Kunz (zu Bauder): «Das ist natürlich schon mal sehr schlecht, wenn man so in der Presse herumgezogen wurde. Es ist ja ganz klar, daß man in der Bundesrepublik und hier im Hause ganz besonders mit der Linken nicht gern was zu tun hat. Wir sympathisieren hier auf keinen Fall mit den Linken. Wenn man in die Vergangenheit schaut, ist man gar nicht erfreut, von diesen Erscheinungen. Ich kann Ihnen versichern, daß es bei uns viele Leute gibt, die Ihnen nicht gerade wohlgesinnt sind.»

Bauder: «Ich werde mich im Betrieb nicht politisch betätigen.»

Kunz: «Nun, Sie müssen wissen, wie der Standpunkt des Hauses ist.»

(Kunz bittet Bauder, draußen zu warten. Er telefoniert mit einigen Stellen.) Dann:

«Ja, Ihre Verdienstmöglichkeiten würden sehr viel geringer bei uns sein. Wir suchen zwar immer entwicklungsfähige und ordentliche Leute.» – Bauder soll in zwei Stunden wiederkommen und sich bei Diplom-Physiker Spitzner melden. –

Dimplom-Physiker Spitzner (2 Stunden später): «Ihre politische Einstellung interessiert mich im Grunde genommen nicht, aber es geht nicht an, daß Sie im Betrieb über politische Dinge diskutieren, das ist hier nicht erwünscht.»

Er gibt Bauder einige Tips: «Sagen Sie mal, halten Sie dieses Engagement für so wichtig. Sie ruinieren doch auf die Dauer Ihre Familie.»

Bauder: «Ja, sehen Sie, hier zeigt eben der Kapitalismus sein wahres Gesicht.»

Spitzner: «Wenn Sie älter werden, denken Sie bestimmt anders, dann ist es vielleicht aber schon zu spät zur Wandlung für Sie, dann sind Sie erledigt. – Mehr als 4,20 Mark können Sie hier nicht verdienen, Sie würden sich um 100 Mark verschlechtern. Gehen Sie jetzt wieder zu Herrn Kunz.»

Kunz: «Ich habe jetzt mit einigen Herren gesprochen. Daß Sie dermaßen aktiv in der *DFU* und *DL* waren, wußte ich ja gar nicht. Es wird nicht lange dauern und Sie werden hier angeschossen, dann fällt's auf mich zurück, dann heißt's, Sie stellen einen solchen Mann hier ein. Es werden sehr massive Bedenken gegen Ihre Einstellung erhoben, die *DFU* ist schließlich eine kommunistische Partei ... Tut mir leid ...» Als Bauder das Werk verläßt, weiß er, daß er wieder nicht eingestellt wird.

Anders bei mir: Kunz zitiert den Passus der Einstellungsordnung: «Ihre politische Einstellung interessiert mich nicht. Kein Mitarbeiter von uns darf aus politischen oder religiösen Gründen diskriminiert werden.»

> *Niemand darf wegen seines Geschlechtes, seiner Abstammung, seiner Rasse, seiner Sprache, seiner Heimat und Herkunft, seines Glaubens, seiner religiösen oder politischen Anschauung benachteiligt oder bevorzugt werden.*
>
> Grundgesetz, Artikel 3

Bauder bewarb sich noch bei zwölf anderen Firmen in seinem Landkreis, ebenso erfolglos. Der Leiter des Arbeitsamtes weigerte sich, ihm weitere Stellenangebote zu geben. Statt dessen riet er ihm, in eine andere Gegend zu ziehen, wo ihn keiner kenne.

Wehe, wenn sie losgelassen!

Am Anfang lagen zwei Informationen über einen Tatbestand vor, der nach dem Gesetz eigentlich nicht möglich war. Die erste Information stammte von einem Gewerkschaftsfunktionär, der in einem Telefongespräch behauptete, in zahlreichen Großbetrieben der Bundesrepublik sei eine «zunehmende Militarisierung» zu beobachten. Ja, in einigen Werken der Großindustrie gebe es als sogenannten Werkselbstschutz sogar schon «paramilitärische Verbände».

Ich wollte Näheres wissen. Aber der Funktionär war vorsichtig. Es sei gefährlich, so etwas am Telefon zu besprechen, sagte er. Der Verfassungsschutz höre wahrscheinlich mit, und die Vorbereitungen für die von ihm genannten paramilitärischen Verbände seien geheim. Er sei überhaupt in einer «furchtbaren Situation». Zwar wisse er von der Illegalität heimlicher Notstandsvorbereitungen, und er habe auch genügend Material eingesehen, aber er müsse damit hinterm Berg halten.

Denn, so drückte er sich aus: «Ich stehe unter bestimmten Geheimhaltungskautelen. Diese Unterlagen, die ich einsehen konnte, tragen eine bestimmte Kennziffer, die, wenn Sie so wollen, unter notariellem Verschluß liegen. Es gibt nur ganz bestimmte Personen, denen man das zugänglich gemacht hat. Und zwar durch Beauftragung von Leuten, die Großkoryphäen in der Industrie darstellen.» Er könnte also keine Fakten nennen, da dann der Verdacht sofort auf ihn fallen würde.

Die dunklen Hinweise schienen unglaubwürdig. Sollte es in einem Rechtsstaat rechtsbeugende Notstandsvorbereitungen in großem Umfang geben, ohne daß sich das für die Einhaltung des Rechts verantwortliche Bundesinnenministerium einschalte? – Ich wollte sichergehen und rief in Bonn an. Auskunft des Innenministeriums: Unmöglich. Es gebe nach den bestehenden Gesetzen keine Grundlagen für derartige Werkselbstschutzmaßnahmen. Kein Grund zur Beunruhigung also.

Wenig später erhielt ich eine neue Information. Sie war konkreter als die des Gewerkschaftsfunktionärs. Ein Bekannter, der als Werkstudent einige Monate in den Gummiwerken *Continental* in Hannover gearbeitet hatte, wollte «mehr durch Zufall» erfahren haben, daß in dem Werk eine etwa 100 Mann starke Betriebs-Kampfgruppe mit Waffen ausgerüstet ist, die, wie er annahm, bei eventuellen wilden Streiks oder anderen betriebsinternen Spannungen eingreifen solle. Der Student behauptete, daß sich in den *Henschel*-Werken in Kassel ähnliches tue. Allerdings wisse er das nur vom Hörensagen.

Ich war im Zweifel. Bis mir drei Broschüren in die Hände fielen, die nur für Firmeninhaber oder deren Bevollmächtigte bestimmt waren.

Die drei Schriftstücke wurden bereits im Juni 1964 als interne Druckschriften an alle mittleren und Großbetriebe verschickt. Als Herausgeber zeichnet ein *Arbeitskreis des Bundesverbandes der Deutschen Industrie.*

In den Broschüren, den *ersten, zweiten und dritten Empfehlungen*, bereitet der BDI, der mit dem Bundesinnenministerium zusammenarbeitet, die deutschen Unternehmer seit fast drei Jahren in allen Einzelheiten auf die Durchführung noch nicht beschlossener Notstandsgesetze vor. Und diese Notstandsgesetze waren 1964 dem Parlament teilweise noch nicht einmal im Entwurf bekannt.

Die *Vorschläge für Stärke, Gliederung, Ausrüstung und Ausbildung von Werkselbstschutzkräften, gemäß § 24 des Entwurfs zum Selbstschutzgesetz* empfehlen die Ausführung eines Gesetzes, dessen Entwurf nach wie vor heftig umstritten ist und dessen Inkrafttreten eventuell noch vom Bundestag verhindert werden kann. Ein illegaler, verfassungsbeugender Vorgang: unter Ausschaltung des Bundestages soll eine geplante Gesetzgebung bereits unter der Hand praktiziert werden, zumindest geprobt, zum Nutzen der Industrie, zum Ausbau der demokratischen Rechte der Arbeiter.

Im Vorwort der Broschüren wird den Firmeninhabern «empfohlen, die künftigen Führer und Unterführer» bereits jetzt auf die Schulen des Bundesluftschutzverbandes zu entsenden. Aber nur solche Leute, die «für die Zwecke einer straffen und schlagkräftigen Führung in Frage kommen».

«Die künftigen Werkselbstschutzkräfte sollen (werks-)ärztlich untersucht werden ... im Interesse einer wirklichen Schlagkraft der Werkselbstschutz-Einheit.»

Neben der «Schlagkraft» der Truppe entspringen auch die anderen Begriffe dieser Drucksachen militärstrategischer Denkweise. Der «Werkselbstschutz», nicht zu verwechseln mit dem bisher legalen Werkschutz, wird in «Trupps», «Staffeln», «Gruppen» und «ggf. in Züge» unterteilt. Unter anderem sind «Gastarbeiter ... für den Werkselbstschutz nicht auszuwählen».

Durchgeführt werden sollen «praktische Einsatzübungen unter wirklichkeitsnahen Verhältnissen und bei Nacht». Außerdem soll ein «Ordnungs- und Sicherungsdienst» geschaffen werden, der «zur Lenkung der das Werk verlassenden Betriebsangehörigen» und «zur Sicherung der Betriebe gegen Diebstahl, Plünderung und Sabotage» eingesetzt werden kann. Damit das alles im Anwendungsfall den notwendigen Nachdruck erhält, sollen «Werkselbstschutzhelfer» nach der BDI-Empfehlung über «Rechtsgrundlagen für Durchsuchung, vorläufige Festnahme, Notwehr und Waffengebrauch» unterrichtet werden. In sechs Ausbildungsstunden sollen die Waffenträger dann auch «Angriffsübungen» erlernen.

Es gab keinen Zweifel mehr: hier wurden ungesetzliche Maßnahmen empfohlen, die nach Aussagen meiner beiden Informanten, des Gewerkschaftsfunktionärs und des Studenten, bereits in die Wirklichkeit umgesetzt waren.

Ich wollte mir Sicherheit verschaffen und rief bei den Pressestellen der von dem Studenten genannten *Continental*- und *Henschel*-Werke an.

Ich stelle mich als Journalist vor, dem Informationen über «Selbstschutzvorbereitungen und Schießübungen» im Werk vorliegen. Die Dame von der Pressestelle der *Continental*-Werke in Hannover verbindet mich mit einem «leitenden Herrn», der für die «Werksicherheit und dergleichen Dinge mehr» verantwortlich ist. Der «leitende Herr», Herr Bockenkamp, reagiert auf das Stichwort Selbstschutzvorbereitungen ziemlich heftig: «Ach was, keineswegs, das ist eine wilde Story.» Als ich nach «Bewaffnung und solchen Sachen» frage, reagiert er ebenfalls eindeutig: «Das ist barer Unsinn, wir haben ja nicht einmal einen Werkschutz in dem Sinne, sondern wir haben ja überhaupt nur eine Werkfeuerwehr.» Das leuchtet ein. «Klar», sage ich, «die sind ja dann auch nicht bewaffnet, allenfalls mit Feuerspritzen.»

Ich erkundige mich noch nach den Selbstschutzkursen, die in den BDI-Broschüren für die künftigen Führer der Werksmiliz empfohlen werden. Aber auch hier zerstreut Herr Bockenkamp meine Bedenken: «Da ist nichts, überhaupt gar nichts dran. Kein einziger Kursus ist durchgeführt.» – «Da kann ich ja beruhigt sein», sage ich.

«Ja», sagt Herr Bockenkamp erfreut, «es ist gut, daß Sie noch mal rückgefragt haben, wie gesagt, wir haben überhaupt keinen Werkselbstschutz, nicht mal Werkschutz und diese ganzen Voraussetzungen, die für den Werkselbstschutz zutreffen mögen, haben wir nicht.»

Auch bei den *Henschel*-Werken in Kassel ein klares Dementi. Die Reaktionen des Presseleiters: «Gottes willen! Donnerwetter! Das ist Unsinn.» Und als ich frage, ob es nicht sein könne, daß es so geheim laufe, daß er nichts davon erfahre, meint er: «Ausgeschlossen, irgendwas wüßte ich doch dann.» Trotzdem will er sich noch bei der Werksleitung erkundigen, damit ich auch «absolute Gewißheit» hätte, ich solle ihn in einer halben Stunde noch mal anrufen.

Als ich mich nach einer halben Stunde wieder telefonisch bei ihm melde, ist seine Auskunft äußerst knapp, fast preußischer Militärjargon, dennoch kollegial: «Also, Wallraff: Nichts. Hab mich erkundigt. Absolut nichts.» Ich will mich noch bedanken, aber er hat schon aufgelegt.

Trotz dieser Dementis bestanden Zweifel. Hatte nicht auch Bundesinnenminister Paul Lücke erklärt, sogenannte Schubladengesetze gebe es gar nicht, obwohl zuvor einige bekannt geworden waren? Und hatte nicht sein Staatssekretär Hans Schäfer später, als es an dem Vorhandensein solcher Gesetzentwürfe keinen Zweifel mehr gab, das Leugnen seiner Minister damit erklärt, daß solche Entwürfe wegen ihrer möglichen schockierenden Wirkung nicht der Öffentlichkeit vorgelegt werden könnten?

Falls hier nun eine ähnlich «schockierende Wirkung» beim Bekanntwerden von Notstandsvorbereitungen befürchtet werden sollte, falls es tatsächlich Werkschutzangehörige geben sollte, die gleichzeitig *Selbstschutzkommandos* darstellen und bei Streiks künftig mit Schußwaffen gegen die Arbeiter vorgehen müssen – falls die Dinge so liegen sollten: war es nach dem Schulbeispiel des Ministers nicht zu erwarten, daß man mir bei offiziellen Anfragen trotz des gesetzlich festgelegten Informationsanspruchs der Presse, trotz der angeblichen Pressefreundlichkeit unserer Behörden und Industriebetriebe, die Unwahrheit sagen würde?

Wie aber wäre die Wahrheit herauszubekommen? Es gab nur eine Möglichkeit: ich mußte mich als Eingeweihter ausgeben. Als Mitarbeiter von einer Vorgesetzten-Stelle, die ja erfunden sein konnte; zum Beispiel als Mitarbeiter von einem nicht existierenden *Zivilschutzausschuß beim Bundesinnenministerium*.

Mit leicht verstellter Stimme rufe ich zum zweitenmal bei Herrn Bokkenkamp in den *Continental*-Werken in Hannover an. Mein Deckname: «Kröver.»

Der von mir erfundene Zivilschutzausschuß ist für Herrn Bockenkamp durchaus denkbar, denn er begrüßt mich: «Hier spricht Bockenkamp. Schönen guten Tag, Herr Ministerialrat.»

Zuerst mache ich ihm klar, daß es sich «um eine vertrauliche Angelegenheit» handelt; ich sei, so sage ich, soeben bei der Vorbereitung einer Agenda «und will mich vorher noch vergewissern, wie weit der Aufbau des Werkselbstschutzes gediehen ist ...»

Dann meine Frage: «Sind Sie speziell mit der Vorbereitung des Selbstschutzes betraut?»

Bockenkamp bejaht. – Ich frage weiter: «Sind Sie auch in der Lage, wilden Streiks entgegenzutreten oder anderen Unruhen, die z. B. aus lohnpolitischen Maßnahmen heraus entstehen?» – «Ja, wir haben alle Vorbereitungen getroffen», sagt Bockenkamp. Er spricht sehr selbstbewußt und nicht ohne Stolz. «Theoretisch habe ich für jedes Werk den gesamten Plan fertig, und auch personell.» Vorerst habe er allerdings nur hauptberufliche Leute für den Selbstschutz eingesetzt. «Denn», so bedauert er, «nach den bisherigen Notstandsgesetzen ist ja auch der Betriebsrat einzusetzen und hat weitgehendes Mitspracherecht. Ich würde im Augenblick mehr verpatzen, wenn ich da über die Dinge hinausginge, da es sich zur Zeit ja auch so regeln läßt.» Darum macht er «im Augenblick bewußt keine Ausbildung in ehrenamtlicher Sache, mit Ausnahme derjenigen, die als Leiter für die einzelnen Werke vorgesehen sind. Die haben auch teilgenommen an den in Godesberg stattfindenden Kursen beziehungsweise hier an der Landesschule.»

Ich frage weiter: «Wie sieht es mit Waffen aus, ist da vorgesorgt?» Er: «Ja, ich habe siebzig Waffenscheinträger hier und entsprechend Waffen.» Und er fährt fort: «Bei uns ist ja der Vorteil, daß wir 200 hauptamtliche Leute für Werkschutz und Feuerwehr haben, die also hauptberuflich da sind. Auch im Bereitschaftsdienst nichts anderes tun, die machen 12-Stunden-Dienst und in dieser Zeit ist voller Einsatz für Werksicherheitsdienst.»

Der Verdacht ist bestätigt. Die Firma *Continental* muß gerüstet sein. Ihr Selbstschutzverantwortlicher zumindest, Herr Bockenkamp, ist einsatzbereit. Gegen wen Werksicherheitsdienst und Feuerwehr, ohnehin vom Streikrecht suspensiert, ihre in der Ausbildung mit Schußwaffen gelernten Fähigkeiten einsetzen werden? – Ich frage Bockenkamp, ob er etwas von Untergrundtätigkeit spüre. Er: «Ja, zumindest, was die griechischen Arbeiter betrifft.» Diese hätten sich in der «Lambrakis-Gruppe» organisiert. Aber er habe sie laufend unter Kontrolle.

Er verrät auch, wie er das mit der Kontrolle regelt. Er hat seine Spitzel: «Weil ich ja über meine Dolmetscher, die zum Teil Deutsche, zum Teil Griechen sind, die die Möglichkeiten haben, an deren Veranstaltungen teilzunehmen, alles erfahre.» Er spricht noch von «Unterlaufung des DGB, der sich teilweise vor deren Wagen hat spannen lassen».

Was die griechischen Gastarbeiter betrifft: «Deren Umtriebe sind schwer sichtbar, das geschieht alles unter Tarnorganisationen, griechische Gemeinde und so. Innerhalb des Betriebes selbst ist Ruhe.»

Ich will von ihm noch wissen, ob er bei seinen Selbstschutzvorbereitungen keine Schwierigkeiten von gewerkschaftlicher Seite aus hat. Da kann er mich beruhigen: «Das sind also alles Leute, auf die ich mich absolut verlassen kann. Meistens in leitender Stellung. Das geht ja bei uns vom Handlungsbevollmächtigten aufwärts, die sind ja sowieso nicht organisiert. Und sie sind auch absolut vertrauenswürdig, weil sie hier bei uns unter dem Verteilerkreis 1, Leitende Herren, laufen. 200 Mann stark sei die Führungsgruppe, und es sei «ein leichtes, später dann auch die entsprechenden Kräfte, die sich freiwillig gemeldet haben, in den Kreis der Ausbildung einzubeziehen».

Ich lobe ihn: «Das ist ja alles sehr erfreulich. Vielleicht könnten Sie dann auch einmal bei Gelegenheit ein Referat auf einer unserer Tagungen halten und aus der Praxis berichten?»

Herr Bockenkamp wäre bereit: «Wenn ich dann nur noch etwas Zeit zur Vorbereitung hätte, da ich ja durch meine Landtagstätigkeit auch noch etwas gehandikapt bin. Ich bin ja Mitglied des Landtages» (CDU-Abgeordneter).

Zweite Anfrage bei den *Henschel*-Werken in Kassel. Ich lasse mich mit dem zuständigen Werkschutzleiter verbinden, sein Name: Erich Rose.

Er ist erfreut, Auskunft geben zu können. Seinen Vorgesetzten, Horst Ogilvie, könne ich nicht erreichen, der sei auch gerade auf so einer Tagung, auf der Selbstschutzprobleme behandelt würden. Ich frage, ob er die BDI-Empfehlungen kennt. «Ja, das kenne ich alles», bestätigt er, er sei ja auch 34 Jahre Polizeileiter «draußen» gewesen. Er unterscheidet zwischen «draußen» und «drinnen». Drinnen – das ist für ihn innerhalb des Werksgeländes – da könne man viel mehr aufklären als draußen, «weil wir unsere Tätigkeit ja auf die Betriebsordnung begründen».

Wenn er z. B. bei einem Betriebsangehörigen eine Hausdurchsuchung vornehmen wolle, habe er das bisher immer geschafft. Er sage dem Betreffenden dann: «Mensch du, back mal kleine Brötchen. Wenn du nicht freiwillig spurst, schalten wir die Kripo ein und ich sorge dafür, daß du gleich deine Sachen packen kannst.» Und nach dieser gezielten Ansprache, die nach Nötigung aussieht, ist «die Übung so und die Erfahrung, daß sie dann gar nichts dagegen halten». Es könne «höchstens ein Außenstehender sein, der den aufstichelt», aber das habe er in seiner Praxis noch nicht erlebt. Im übrigen müsse man bei Ermittlungen über das Tun und Lassen von Betriebsangehörigen sehr geschickt vorgehen, man könne da «nicht irgendwo reinspringen – hauruck nützt da gar nichts».

Dann bedauert Erich Rose, daß man im Gegensatz zu früher «heute ja alles so vorsichtig machen muß».

Meine Frage, ob auch schon Schießübungen stattfinden, beantwortet er mit: «Jo, jo, jo.» Und zwar mit einer «Startpistole, spanisches Fabrikat, die sich bewährt hat, wo unsere Leute mit vertraut sind. Da haben wir bisher 48 Stück.» Er sagt noch: «Die Ausbildung geschieht ganz unauffällig, die Leute dürfen das gar nicht merken, nicht wahr, daß wir sie haben.»

«Wie ist es in Spannungszeiten, wenn Streiks drohen und so, geben Sie dann die Waffen aus?» – «Jawohl, hammse», antwortet er, «ich persönlich bin ja ein Anhänger von diesen Gasnahkampfwaffen.»

Ich: «Sie haben also nur Gaspistolen?»

Er: «Nee, wir haben auch die scharfen. Nachts auf Streife ist eine Gaspistole natürlich ausreichend.»

Ich: «Ich denke jetzt an Streiks und so.»

Er (spontan): «Da geb ich die scharfen aus. Ohne daß die Betriebsangehörigen das aber merken. Daß wir hier nicht unnötig ...»

Bei *Henschel* laufen die Selbstschutzvorbereitungen nach den Worten Roses vorerst auch noch getarnt unter «Werkschutz» und «Feuerwehrhilfsdienst».

Rose: «Die Selbstschutzvorbereitungen machen wir zusammen. Wir haben zusammen mit den Feuerwehrhilfsleuten inzwischen 60 bis 80 Leute, die das, was wir immer weitergeben müssen, auch beherrschen und imstande sind, es anzuwenden. Die machen ihre normale Arbeit und kommen 14tägig zusammen. An Samstagen finden die praktischen Übungen statt.»

Rose «freut sich darüber, einen jüngeren Stamm zu haben, die meisten mit Bundeswehrerfahrung. – Da ist das Fundament da, der Rahmen, wenn was Größeres auf uns zukommt.» Wie der Krieg oft als Ernstfall umschrieben wird, so nennt Rose Streiks «was Größeres». Er berichtet, wie er dem Größeren entgegenzutreten gedenkt: «Wir hatten viele Nachtwächter drin, ungeeignete. Ich bin jetzt dran, die letzten vier rauszusetzen. Durch den

Krebsgang, den wir in der Produktion haben, bieten sich doch gute junge Leute an, die die Wehrpflicht auch hinter sich haben usw. Und das hat auch der Vorstand trotz aller Sparmaßnahmen erkannt.»

Das hat der Vorstand erkannt. Statt der alten Nachtwächter und Pförtner, die im wesentlichen Diebstähle und Brände verhüten sollten, werden «Werk-Soldaten» herangebildet, die an erster Stelle für straffe Disziplin und Gehorsam unter den Arbeitern zu sorgen haben. Und falls die Anordnungen nicht den verlangten Widerhall finden sollten, würden ihre Waffen schon für den entsprechenden Nachdruck sorgen.

Der «Krebsgang, der in der Produktion steckt», habe auch sonst seine Vorzüge, meint Rose. Wenn jemand «politischen Linksdrall» hat, dann wird er «aus der Produktion herausgenommen, ohne daß er es merkt». Er habe jetzt zwei Fälle gehabt, das seien Ausländer gewesen, «die wurden aus dem Werk entlassen und abgeschoben». – «Wie begründen Sie es?» will ich wissen.

«Das merkt der gar nicht, es ist ja im Moment sehr leicht, weil ja der Krebsgang drin ist, nicht, Arbeitsmangel.» Sie seien im übrigen in der glücklichen Lage, «einen starken, umgekehrt denkenden Betriebsrats-Vorstand zu haben», der auf Firmenseite stehe, meint Rose weiter.

Er berichtet noch von einem besonders krassen Fall: «Wir haben jetzt einen im Wohnheim gehabt, das haben wir so geschickt gemacht ... wir haben ihn, einen halbseitig Gelähmten, nicht wahr, auf die leise Tour vor die Tür gesetzt. Da warn wir ihn aus dem Wohnheim los, und wir hatten ihn aus der Produktion raus.»

«Was lag vor in diesem Fall?» frage ich. Seine Argumentation: «Der hatte mit den Ausländern ein derartig gutes Verhältnis, war Schuldenmajor, geschieden, und kam zu uns ins Wohnheim rein, so daß die Gefahr bestand ... politischen Linksdrall hatte er ...» – «War er früher in der KPD?» unterbreche ich. «Nee, nee», fährt Rose fort, «aber er wohnte in einem Nachbarort, wo ich den Polizeichef kannte, Bürgermeister angerufen, jawohl, war als solcher bekannt, und dann haben wir ihn dort raus und er war sofort auf der Abgabeliste und ist innerhalb von acht Tagen entlassen worden. Da freut sich der Betriebsrat, die andern auch, dafür kann man einen Jüngeren, Besseren behalten.»

Auch in Kassel also: was das Bundesinnenministerium bestreitet, was die Henschel-Presseabteilung als «absolut nichts» bezeichnet, scheint Wirklichkeit zu sein: Vom Gesetzgeber nicht legalisierte Notstandsmaßnahmen gehören bereits zum Alltag.

Ich setze die Umfrage fort.

Zunächst bei den *Adox*-Werken in Neu-Isenburg bei Frankfurt. Der zuständige Mann ist Herr Fahlen. Mein Anruf überrascht ihn nicht: «Wir hatten gestern auch so eine Tagung in Marburg, die *Gemeinschaft zum Schutze der Deutschen Wirtschaft* veranstaltete sie. Ist Ihnen sicher bekannt.» – «Ja, da arbeiten wir ja auch mit zusammen», sage ich. «Da waren ja auch Beamte aus Ministerien, Bundeswehr, Bundesgrenzschutz usw.», berichtet Herr Fahlen mit großer Selbstverständlichkeit. Und weiter: «Ja, ja, da ist auch alles zur Sprache gekommen. Wir waren erschrokken über die Ausführungen, die da gemacht worden sind, wieweit die Untergrundbewegung vorgedrungen ist.»

«Spüren Sie denn bei sich selbst etwas?» frage ich. «Gott sei Dank, unberufen, toitoitoi», ruft er aus, «weder Sabotage noch irgendwelche Hinweise.» Dennoch ist er mißtrauisch, die Notstandstagungen haben bei ihm die Wirkung getan: «Man kann ja nicht immer darauf gehen, ja, man muß sich halt vorbereiten.»

Den Gastarbeitern zum Beispiel traut er überhaupt nicht. Die wenigen, die es im *Adox*-Werk gäbe, hätten sie genau unter Kontrolle. Er habe einen Mann aus seiner Abteilung dafür bestimmt, die Unterkünfte der ausländischen Arbeiter zu überwachen.

«Wie geht das vor sich», erkundige ich mich, «finden Spindkontrollen statt?» Er verneint. «Na, das machen wir so unter der Hand», da sei man «bisher ganz gutgefahren, da es nur wenige Italiener sind, 20 Stück».

Er sei im übrigen mit den Vorbereitungen des Werkselbstschutzes betraut worden. Sie hätten soeben erst einen «Katastrophenplan» aufgestellt. «Ja, im Falle der Gefahr, was dann zu tun ist. Darunter sind auch mit aufgenommen wilde Streiks und dergleichen Dinge mehr. Den Plan haben wir erstellt», erklärt Fahlen. Er spricht von «Katastrophenfällen und so'n Zeug usw.» und «Großbränden» und «das läßt sich natürlich auch leicht übertragen auf irgendwie andere ...»

Er scheut sich, das «irgendwie andere» beim Namen zu nennen, sagt dafür aber: «Man muß bei der Auswahl der betreffenden Leute noch ein bißchen vorsichtig sein. Man muß sie sich genau anschauen, ob man sie dafür einsetzt.»

Um auch noch die offizielle Version zu erfahren, rufe ich ein paar Tage später die Pressestelle der *Adox*-Werke an. Presseleiter Walter weiß nichts von einer Tagung, auf der auch Bundeswehr- und Bundesgrenzschutz-Leute teilgenommen haben. Aber er will sich erkundigen, in einer Viertelstunde wisse er Genaueres.

Als ich wieder anrufe, spricht er noch. Seine Sekretärin entschuldigt ihn: «Er spricht noch mit Herrn Fahlen wegen dieser Sache, auf der anderen Leitung.» Ich rufe noch einmal an und bekomme die offizielle Version: «Bei uns ist es im Augenblick also so, daß wir tatsächlich noch nichts unternommen haben.» Die Meldung über die Tagung mit Bundeswehr und Bundesgrenzschutz nennt Herr Walter «einfach irrsinnig, das dürfte eine Falschmeldung sein».

Als ich mich nach dem sogenannten «Kastastrophenplan» erkundige, beschwichtigt mich Herr Walter: «Nun, den haben wir nur deswegen entwickelt, weil sich hier im Rhein-Main-Raum in letzter Zeit größere Unfälle ereignet haben.» Hierbei handle es sich um «reine Unfallsicherheit und

Arbeitssicherheit», das komme, wie gesagt, «nur bei Brandgefahr und solchen Dingen in Frage und hat mit Notstandssachen nicht das geringste zu tun». – Bei Herrn Fahlen klang das anders.

Nächster Test: die Firma *VDO* in Frankfurt. Werkschutzleiter Dehl ist wahrscheinlich ein Altgedienter. Er beantwortet die meisten Fragen mit «jawoll».

«Jawoll», sie hätten einen Mann, der sich hauptamtlich mit Werkselbstschutz befasse und auch an dieser Tagung teilgenommen habe. Als ich mich erkundige, ob auch Übungen stattfänden, Waffen vorhanden seien und der Werkselbstschutz-Plan erstellt sei, verlangt er nach einem Befehl: «Wissen Sie, das ist in der Industrie immer so, solang es da nicht von irgendwo heißt, es muß jetzt bis dann und dahin das gemacht werden, wird so etwas doch zu sehr am Rande mitgemacht. Solang da nicht der klare, äh, Befehl, möcht ich bald sagen, da ist, hat man also wenig Unterstützung.» Ich frage ihn, ob Listen von «politisch Unzuverlässigen» vorhanden seien. Dehl: «Ja, also wir machen eins, hier bei Einstellungen schon von vornherein, Überprüfungen in politischer Hinsicht.» – «Und wenn sich später herausstellt, daß jemand politischen Linksdrall hat, wie gehen Sie dann vor?» – «Jawoll», antwortet er, «das sind dann meistens auch Ausländer. Und da haben wir an und für sich einen Weg, den ich Ihnen offiziell gar nicht sagen darf. Wir haben also hier einen Weg zu der Ausländerpolizei. Und da haben wir also keinerlei Schwierigkeiten. Wenn also irgend etwas vorliegt, wird der Betreffende sofort abgeschoben, das ist ganz klar!»

Endlich gerate ich an eine Firma, die offenbar noch keine heimlichen Notstandsvorbereitungen durchzuführen scheint: das *Volkswagen*-Werk in Wolfsburg. Werkschutzleiter Wemper scheint die erfundene, aber bei seinen Kollegen der anderen Firmen respekteinflößende Organisation des Zivilschutzausschusses nicht zu beeindrucken. «Das ist ja noch gar kein Gesetz, und überhaupt. Da wird bei uns gar nichts gemacht. Wir sind nicht daran interessiert.»

Sollte die entschiedene Haltung daran liegen, daß bei VW der IG Metall-Vorsitzende Otto Brenner stellvertretender Aufsichtsratsvorsitzender ist?

Noch ein Abstecher ins Ruhrgebiet. Bei den *Stahlwerken Bochum AG* trägt Herr Ruth die Verantwortung. «Wir gehören zum Schwerpunkt Ruhrrevier», stellt er sich vor. «Wie Sie ja wissen werden, sind wir fast 25 Herren, *Phönix Rheinrohr, Mannesmann,* die gesamte *Thyssen*-Gruppe und alles, was dazugehört, ist mit drin. Herr Häuser von der *HOAG* ist unser Schwerpunktleiter», berichtet Herr Ruth weiter, «der hat doch auch regen Kontakt mit bestimmten Abschirmdiensten, z. B. mit dem Abschirmdienst der militärischen Abwehr.» Sie hätten gelernt durch Streiks im süddeutschen Raum seinerzeit, da hätten sie große Erfahrungen sammeln können, sagt er. Die *Gemeinschaft zum Schutze der Deutschen*

Wirtschaft habe vor kurzem erst noch mit den Schwerpunktleitern «Planspiele» durchgeführt, da sei genau durchexerziert worden, wie sie sich bei Streiks usw. zu verhalten hätten. Er habe leider den Bericht darüber noch nicht gelesen, weil der Häuser noch in Urlaub sei. «Wie Sie wissen werden», sagt er noch, «kommen wir ja jeden Freitag zusammen in der Kriminalschule im Landeskriminalamt, Düsseldorf, Tannenbergstraße. Nächsten Freitag sprechen wir über die sogenannte Werksjustiz. Werkfeme sagt man ja in den Zeitungen.»

Ich rufe in der Polizeischule Düsseldorf an, um mich zu erkundigen, was es mit dem Treffen der Schwerpunktleute vom Ruhrrevier auf sich hat. Ich sage, ich sei Journalist und hätte eine Information vorliegen, wonach in der Schule Notstandsmaßnahmen gelehrt würden.

Der zuständige Polizeimeister weiß angeblich von nichts. «Nee, also da ist bisher mit Sicherheit nichts gewesen. Ich müßte das wissen, denn ich bin ja hier tätig.» – «Aber es muß hier stattfinden», sage ich, «und zwar jeden Freitag, ich habe die Information von einem der Teilnehmer.» Da kippt der Polizeimeister um: «Ja, das ist etwas anderes, wir haben hier einen Raum, den diese Leute schon mal mitbenutzen, aber mit deren Ausbildung haben wir nichts zu tun.»

Dann ein weiterer Anruf bei einem Großbetrieb. Herr Willmann vom Ruhrkonzern *Mannesmann AG* stellt sich vor: «Ich bin speziell Bearbeiter von Selbstschutzangelegenheiten.» Sie hätten bereits praktische Erfahrungen mit wilden Streiks gehabt und seien eigentlich bisher immer «Herr der Lage» geworden, sagt er. Sie hätten natürlich auch eine Menge Gastarbeiter beschäftigt, und das werde natürlich von ihnen sehr genau beobachtet, was sich dort tue. Sie hätten «engen Kontakt mit der Kripo, dem Landesamt für Verfassungsschutz und den ganzen behördlichen Stellen». Meine Frage nach «wirksamen Waffen» beantwortet Herr Willmann so: «Es ist so, daß wir unseren Werkschutz bei normalen Diensttätigkeiten grundsätzlich nicht mit Schußwaffen ausrüsten, aber sagen wir mal, na, bei einer gespannten Situation, haben wir Waffen vorgesehen, aber auch so, daß diese Dinger dann nicht öffentlich oder sichtbar getragen werden, um nicht zu provozieren, verstehen Sie?»

Ich verstehe und frage, ob auch Schießübungen stattfinden. «Ja, natürlich, das ist ganz klar», antwortet er. «Das ist unsere Ansicht, das ist auch praktisch durchgeführt, daß wir gesagt haben, ein Mann, der notfalls eine Pistole ausgehändigt bekommt, der muß also einmal rein mit der Waffe umgehen können, er muß aber auch Schießübungen durchführen, damit er mit der Waffe vertraut wird. Also, nicht einen in den Kopf schießen, wenn er in die Beine treffen soll, ja.» Er fährt fort: «Wir machen also laufend Schießübungen und soweit unsere Leute als Waffenträger vorgesehen sind, machen die auch einen Waffenschein. Da werden also richtige Schießbedingungen aufgestellt, und wer die also nicht erfüllt, der muß sie wiederholen, bis es hinhaut.»

Die offizielle Darstellung der *Mannesmann AG*, bei der ich eine Woche später anrufe, sieht anders aus. Ich werde mit Herrn Willmann verbunden, er erkennt mich nicht. Als ich ihm von den «vorliegenden Informationen» erzähle und ihn speziell auf die Waffen anspreche, hat er gleich eine Erklärung zur Hand: «Das ist ganz sicherlich 'ne Ente.»

Ich frage noch: «Könnte es eventuell geheim laufen, so daß Sie nichts davon wissen können?» Willmann (erregt): «Da ist gar nichts geheim, Herr, Herr ... Wenn es geheim laufen würde, was also nicht der Fall ist, würde ich Ihnen auch kein Wort darüber sagen, das ist doch völlig klar, da läuft nichts Geheimes.»

Dann wird er wieder etwas ruhiger und führt eine genaue Begriffsbestimmung durch: ich hätte da sicher etwas verwechselt, was man unbedingt auseinanderhalten müsse. Da gebe es einmal das Selbstschutzgesetz, das zwar vorgesehen, aber noch längst nicht in Kraft getreten sei. Falls es mal in Kraft trete, solle in größeren Werken eine Werkselbstschutzeinheit aufgestellt werden und das sei eine «reine Hilfs- und Rettungsorganisation».

Obwohl er mir soeben versichert hat, daß es sie noch nicht gibt, versucht er trotzdem, mich von der Harmlosigkeit und ihren segensreichen Aufgaben zu überzeugen. – «Die sollen also einmal Menschen retten, wenn es mal zu einem, äh, einer militärischen Auseinandersetzung kommen sollte. Da sind die Aufgaben dieses Personals also rein humanitäre Aufgaben, nicht! Ich wüßte nicht, wozu die Schießprügel haben sollten!»

Was sie lediglich hätten, das sei Werkschutz. «Das sind also Pförtner, Nachtwächter, Streifengänger und so was.» – «Vielleicht läuft's dann im Rahmen des Werkschutzes?» Er: «Nee, nee, nee, wozu braucht ein Pförtner 'ne Pistole, nee!» – «Das ist alles sehr einleuchtend», sage ich, «so soll es ja auch sein.»

Er hat plötzlich einen Verdacht: «Ich kann mir schon denken, wo Sie Ihre Information herhaben. Wahrscheinlich, äh, ich weiß von anderen Betrieben, daß da ein Mann von einem Amt angerufen hat, den es dort gar nicht gibt. Das ist also jemand gewesen, der sich da hat informieren wollen. Da hat man uns inzwischen gewarnt. Da laufen die Ermittlungen auf Hochtouren!» – «Das ist ja eine Schweinerei», sage ich, «so was muß an die Öffentlichkeit!»

Nachtrag zu «Wehe, wenn sie losgelassen»

(Werkschutz–Werkselbstschutz–Reportage)

«Ja, es mußte an die Öffentlichkeit ... Man hat mich gefragt, ob ich bereit wäre, in dieser Sache von vornherein mit Stellung zu beziehen. Ich tue es in der Erwartung, dazu beizutragen, daß die ganze demokratische Presse der Bundesrepublik eingreift ...

Zuerst freilich ein Wort zu der journalistischen Methode, die angewandt wurde, um die Wahrheit zu ermitteln. Da es sich um illegale Maßnahmen reaktionärer Tendenz handelt, denen nachzugehen war, konnte keine ehrliche Frage um Aufklärung hinter die Lügentarnwand dringen. Nur der Anschein der Konspiration, der Zugehörigkeit zum Komplicenwesen ermöglichte, ein erstes Stück weit, Einblick. Es ist wie in Diktaturen: die Uniform allein erlaubt den Zutritt.

...

Die politische Tendenz, die den Vorgängen zugrunde liegt, ist eindeutig, der Zusammenhang indes kompliziert und paradox. Die Organisatoren dieses ‹Werkselbstschutzes› geben sich ja als Hüter von Ordnung, Sicherheit und Recht aus. So wie sie erzogen, aufgewachsen und geschult sind, glauben die meisten von ihnen vermutlich sogar an die Maximen und Parolen, die sie vertreten. Die wohlbekannte, bezeichnende Sprache, in der es geschieht, gibt ihnen selbst keineswegs zu denken, sie ist ihnen, oben wie unten im gesellschaftlichen Vor- oder Nachteilsgefüge, der natürliche Ausdruck gewohnter Anordnungs- und Ausführungsverhältnisse. Die Ideologie der autoritären Ordnungsverfechter läßt sie das Leben insgesamt, vor allem aber den Staat in der ‹Freund-Feind›-Vorstellung sehen. Der Kalte Krieg hat sie gelehrt, dies so gut wie ausschließlich in der Form des Antikommunismus zu tun ...

Die Matadore der ‹Gesinnung wie eh und je› fühlen sich in ihrem Denken, in ihrem Verhalten und in ihren Maßnahmen durch gewichtige Umstände bestärkt. Da ist die Nachwirkung der überaus einseitigen politischen Strafpraxis, die bis in die jüngste Zeit herein bei uns ausgeübt worden ist. Da sind die zwielichtigen und die ganz ungenierten Initiativen, die von 1958 an im Bundesinnenministerium entfaltet wurden, um ein umfassendes Notstandsrecht ebenso für Friedens- wie Kriegszeiten zustande zu bringen. Da ist die Pflege des Anti-links-Eifers, der nach wie vor als das sicherste Zeichen bewährter Staatsbürgersinns und vaterländischen Wohlverhaltens gilt. Da sind Unternehmensleiter und mächtige Arbeitgeberbetreuer, die es nicht ungern, ja gerne sehen, wenn einem ‹allzu großen Einfluß der Gewerkschaften› – dem ‹Gewerkschaftsstaat›, wie sie es nennen – vorgebeugt wird. Und schließlich gibt es weitverbreitete Zeitungen, die im großen wie im kleinen ihrer Berichterstattung Ordnung nicht als eine Funktion der Freiheit vertreten, sondern als die vorgegebene Schutzeinrichtung von Interessen, deren Herrschaft nicht beeinträchtigt werden darf.

So konnte es kommen, daß die Herren Bockenkamp, Rose, Fahlen, Dehl, Ruth, Willmann und wie sie in allen übrigen Fällen heißen mögen, es prima vista als ganz selbstverständlich empfanden, vom ‹Zivilausschuß› in Bonn angerufen zu werden und mit einem der Herren dort ein Gespräch ‹ein wenig außerhalb der Legalität›, ein vertrauensvoll-konspiratorisches Gespräch führen zu dürfen. So weit haben wir es gebracht ...»

Prof. Dr. Eugen Kogon: Auszüge aus seinem Nachwort zur damaligen Zeitschriftenveröffentlichung der Reportage.

Die Reportage wurde damals dementiert, pauschal und überstürzt: Bereits zwei Tage *vor* Erscheinen in der Presse ließ man die ersten Gegendarstellungen los.

In der *Rheinischen Post* vom 27. Mai versuchte unter der Schlagzeile WERKSELBSTSCHUTZ TRÄGT KEINE WAFFEN ein namentlich nicht genannter Mann eines namentlich nicht genannten Düsseldorfer Großunternehmens die auf Tonband festgehaltenen Telefongespräche mit dem Verantwortlichen der Mannesmann AG zu verharmlosen:

«Man vermutet, daß es sich bei dem Unbekannten um denselben Mann handelt, der auch bei anderen Betrieben in dieser Richtung sondiert hat. Diese Leute wollen den Betriebsselbstschutz als ‹Miliz der Unternehmer› disqualifizieren, sie sprechen davon, die Helfer veranstalteten Schieß- und Angriffsübungen, sie würden im Streikfall gegen die Arbeiter eingesetzt und im übrigen hätten ehemalige SS-Leute das Kommando.»

Daß SS-Leute vielfach das Kommando führen, war dem Autor damals nicht bekannt. Inzwischen konnte er sich davon überzeugen – in einem Fall aus nächster Nähe:

Im damaligen Nachbarort Hanau, im Versandhaus Schwab (3000 Beschäftigte) gibt es z. B. den Werkschutzleiter Schmidt, der im Dritten Reich als SS-Hauptsturmführer diente und sich damit brüstet, bereits 1936 in Spanien gegen die Kommunisten gekämpft zu haben. Der ihm unterstellte Werkschutz umfaßt 20 Mann, ausgerüstet mit Pistolen 7,65 und transportablen Funkgeräten.

Schmidt arbeitet eng zusammen mit dem Prokuristen der Firma, Dr. Weimann. Dieser war als NS-Richter nach 1945 zum Tode verurteilt, von den Amerikanern jedoch begnadigt worden. Weimann wies den Werkschutz an, ihm kommunistisch denkende Belegschaftsmitglieder zu melden.

Schmidt und Weimann arbeiten wiederum eng mit dem Hauptkommissar der städtischen Kriminalpolizei in Hanau, Zeller, zusammen, dem auch die Politische Polizei untersteht.

(Über 50 % der Werkschutz- und Werkselbstschutz-Verantwortlichen haben ihre Erfahrung im Dritten Reich gesammelt. Auf Grund von SS- oder SA-Zugehörigkeit waren viele aus optischen Gründen für Bundeswehr und Polizeidienste nicht mehr verwendbar.)

Am Tag des Erscheinens lehnte ein Sprecher des Innenministeriums auf der Bundespressekonferenz zunächst einmal ab, zu dem Artikel eines «Drecksblatts» und seinen «unsauberen Machenschaften» Stellung zu nehmen. Der damalige Innenminister Lücke erstattete Anzeige wegen Amtsanmaßung – allerdings nicht wegen Verleumdung, obwohl der Autor dies öffentlich gefordert hatte, um vor Gericht den Gegenbeweis antreten zu können. Zwei der betroffenen Firmen (Mannesmann und Continental) stellten gleichfalls Verfahrensantrag – auch nur wegen Amtsanmaßung.

Weitere Reaktionen:

«Von vorne bis hinten schlicht und einfach falsch!»

«Geschrieben, um Unruhe zu stiften.» (Bundesinnenministerium)

«In Bonn haben die Behauptungen . . . nervöse Aktivität ausgelöst. Ministerielle Kreise sehen in dem Bericht eine Erschwernis für die Ende Juni vorgesehene erste Lesung der Notstandsverfassung.»

(Frankfurter Rundschau)

Schlagzeilen in der Presse:

BEI STREIKS SCHARFE WAFFEN
LEGALER STAATSSTREICH AUCH BEI UNS
NOTSTAND MIT DER WAHRHEIT
NOTSTANDSGRUPPEN BEREITS AUSGEBILDET
ÜBUNGSFELD FÜR DEN VERFASSUNGSBRUCH?

Kogons Erwartung, «daß die ganze demokratische Presse der Bundesrepublik eingreift», erfüllte sich. Allerdings begnügten nach der ersten Erregung die meisten Organe sich mit den großaufgemachten Dementis der genannten Firmen. Hierbei fällt auf, daß in den Einflußgebieten der Unternehmen (Ruhrgebiet, Hannover, Kassel) die Kommentare der Tageszeitungen fast ausschließlich zugunsten der Großanzeigekunden sprachen.

Was nach Erscheinen des Artikels Bundesinnenministerium und Industrie mit allen Mitteln wegzuleugnen suchten, um sich als nicht zuständig aus der Affäre zu ziehen, war in dem verfrühten Dementi der *Rheinischen Post* noch als Faktum zugegeben worden:

«Nach Ansicht der Fachleute werden der bisherige Werkschutz und der neuartige Werkselbstschutz in den Betrieben *zu einer Einheit verschmolzen.*»

Plötzlich erklärten die Firmen, der Autor habe den legalen Werkschutz mit dem noch nicht existenten Werkselbstschutz verwechselt. Und das BMI beschwichtigte auf eine von CDU und SPD eingebrachte Bundestagsanfrage hin:

«Soweit in der Öffentlichkeit *auch* Vorwürfe gegen den Werkschutz der Betriebe erhoben werden, ist darauf hinzuweisen, daß diese Einrichtung nicht zum Betriebsselbstschutz gehört.

Der Werkschutz ist eine eigene Einrichtung verschiedener größerer Betriebe zu ihrem Schutz im Frieden; er unterscheidet sich schon in dieser Aufgabenstellung von dem aus rein humanitären Gründen für den Verteidigungsfall vorgesehenen Betriebsselbstschutz, der dem *Schutz des Menschen* dienen soll ...

Eine Bewaffnung dieses Werkselbstschutzes ist und war zu keiner Zeit vorgesehen.» (Bundestags-Drucksache V/1948 v. 26. 6. 1967)

Am 21. 8. 1967 brachte das Zweite Deutsche Fernsehen eine Reportage über die Reportage «Die kleinen Privatarmeen hinter den Fabriktoren». Bei den NSU-Werken in Neckarsulm gelang dem ZDF ein Interview «über die Zusammenarbeit mit der Polizei und dem Bundesamt für Verfassungsschutz».

Frage des ZDF:

«So könnte also der Werkschutz über die Personalabteilung der verlängerte Arm des Verfassungsschutzes sein?»

Antwort des NSU-Sprechers, der sich aus Sicherheitsgründen nur im Schattenriß zeigen läßt. «Man kann das so sagen, ja.»

Bilanz des ZDF:

«... die Männer, die hier in bundeseigenen Uniformen Maßnahmen für den Notstand erproben, sind reguläre Werkschutzleute ... Der humanitäre und eigentlich unbewaffnete Werkselbstschutz ist in Wirklichkeit doch bewaffnet, weil die Männer zugleich Werkschutzleute sind. Das wird sogar als völlig legal angesehen, obwohl davon im Gesetz nichts steht ... So selbstverständlich ist das schon bei der Industrie.»

Die überstürzten Stellungnahmen, die von BMI, BDI und den entsprechenden Firmen später möglicherweise bedauert wurden, führten sich mit ihren Widersprüchen oft selber ad absurdum.

So versuchte Bockenkamp, der Sicherheitsbeauftragte der Continental-Werke, der am Telefon so bereitwillig «70 Waffenscheinträger und entsprechend Waffen» für eventuelle «wilde Streiks» zugegeben hatte, der *Welt* gegenüber den Einsatz der Schußwaffen nachträglich dahingehend abzuschwächen, daß schließlich «beim Ausbruch einer Panik Vorsorge getroffen sein müsse!» (Ob er unter Panik auch Streik verstand, sagte er nicht.)

Was er allerdings unter Streik verstand, gab er bei einer polizeilichen Zeugenaussage gegen den wegen Amtsanmaßung angeklagten Autor zum besten: Ein «wilder», d. h. spontaner Streik, der meist aus innerbetrieblichen Schwierigkeiten von der Basis ausgelöst wird, ohne von der Gewerkschaftsspitze organisiert zu sein, ist für ihn ein *«verfassungswidriger»* Streik. Und dagegen sind alle Mittel recht.

Bockenkamp, führender Mann im bundesdeutschen Werkschutz und niedersächsischer CDU-Landtagsabgeordneter, früher «Deutsche Partei», im Krieg Major, will plötzlich nicht mehr wahrhaben, was er am 7. Oktober 1964 der *Welt* gegenüber stolz bekundete: «Bockenkamp ließ in der Landeshauptstadt verlauten, in Bonn würden gegenwärtig Überlegungen angestellt, den über 60000 zum Teil mit automatischen Waffen ausgerüsteten Männern des bundesdeutschen Werkschutzes den Status von Hilfspolizisten zu verleihen. Sie könnten, so folgert Bockenkamp, als eine Art der Polizeireserve, vielleicht sogar Bestandteil der *militärischen Territorialreserve* werden, die gegenwärtig noch unter Blutarmut leidet.»

(Dr. E. Nitschke)

Das war 1964 und stand in der *Welt*. Nachträglich reagiert Bockenkamp auf diesen Artikel in einem Interview mit der Zeitschrift *Welt der Arbeit* sehr ungehalten: Er könne sich «nur noch dunkel an den Artikel erinnern», wisse nur noch, daß das, «was über ihn geschrieben wurde, von vorn bis hinten nicht stimmt». – Werkschutz als Hilfspolizei oder gar militärische Territorialreserve? «Um Gottes willen, das habe ich nie gesagt, das lehne ich innerlich ab!»

Bockenkamp, der die 70 Pistolen nun auf 10 reduziert haben will, muß einem Vertreter der IG Chemie gegenüber zugeben, daß außer den normalen Pistolen auch noch «Maschinenpistolen» im Werk gelagert sind. Und der Betriebsrat im Werk erhält plötzlich Einblick in «Katastrophenpläne», die bereits seit 1963 bei Continental existieren, und in denen auch «wilde Streiks» mitaufgenommen sind.

«Der Betriebsrat lehnt es strikt ab, daß wieder ein Werkssicherheitsdienst neben den 200 Feuerwehrleuten eingerichtet wird. Dieser Sicherheitsdienst war 1940, im Dritten Reich, schon einmal bei den Conti-Werken gegründet worden und wurde auf Verlangen des Betriebsrats 1945 aufgelöst», schreibt die *Gewerkschaftspost*.

Die Verwaltungsspitze der Neu-Isenburger Adox-Fotowerke in Frankfurt verwahrte sich schärfstens gegen die erhobenen Vorwürfe. Offizielles Dementi:

«Davon ist kein Wort wahr.»

Der Amtsanmaßungsanzeige des Bundesinnenministeriums wollte sich der Konzern jedoch nicht anschließen:

«Mit einer Klage könnte für uns auch keine bessere Richtigstellung herauskommen, wie wir sie mit unserer Stellungnahme geben.»

Unterdessen mußte jedoch Adox-Werkschutzleiter Fahlen zugeben, daß er «im großen und ganzen richtig zitiert» worden sei. Er bestätigte, in Marburg an einer Tagung der *Gemeinschaft zum Schutz der deutschen Wirtschaft* (GSW) teilgenommen zu haben, bei der u. a. auch über Notstandsvorbereitungen gesprochen worden sei. Er bestätigte weiter, daß man einen «Katastrophenplan» aufgestellt habe, der die Maßnahmen des Werkes bei Großbränden und Unfällen, aber auch bei wilden Streiks regele.

Die GSW, offiziell ein privatrechtlicher Verein und inoffiziell zur Koordinierung der Interessen von Bundesministerien und Großindustrie bestimmt, verweigerte hierzu jede Stellungnahme. Statt dessen ließ sie ihren Mitgliedsfirmen eine Sonderwarnung zugehen:

«Dieser Vorfall (die Umfrage des Autors) gibt Veranlassung, allen Betrieben erhebliche Vorsicht gegenüber telefonischen Rückfragen über betriebsinterne Angelegenheiten zu empfehlen, insbesondere, wenn es sich um Fragen handelt, bei denen eine Auswertung in politisch bestimmter Richtung möglich erscheint. Dies gilt vor allem dann, wenn der Anrufer nicht einwandfrei identifiziert werden kann. Die Bitte um Angabe der Rufnummer und der Hinweis, daß in Kürze zurückgerufen wird, hätten in dem vorliegenden Fall den Schwindel schnell aufgedeckt!»

Die Presse nahm daraufhin diesen privatrechtlichen Verein GSW unter die Lupe:

«Überraschung hat die Mitteilung . . . ausgelöst, wonach die GSW Ausbildungsveranstaltungen unter anderem unter Mitwirkung von Bundeswehr und Bundesgrenzschutz arrangiere.» (*Frankfurter Rundschau*)

«Die GSW streitet keineswegs ab, daß sie sich ebenfalls für den Schutz der deutschen Wirtschaft gegen kommunistische, das heißt eben ungesetzliche Aktionen wie den Versuch der Unterwanderung, Ausspähung und Sabotage in den Betrieben verantwortlich fühlt. Solange nicht eine völlig andersgeartete Einstellung der kommunistischen Regime, insbesondere in der SBZ, zu unserem Wirtschaftssystem erkennbar ist, ist diese Aufgabe sogar dringlich.»

Diese Selbstdarstellung sandte die *Gemeinschaft zum Schutz der deutschen Wirtschaft* unaufgefordert an den DGB, der sie in seinem *Informationsdienst Gewerkschaftspresse* abdruckte.

«Sie richtet sich auch nicht gegen die Arbeitnehmer, sondern schützt vielmehr durch ihre Tätigkeit deren Arbeitsplätze.»

(Selbstdarstellung der GSW)

Ihre Schutzfunktion besteht darin,

«eng mit dem Verfassungsschutz zusammenzuarbeiten und mit den politischen Kommissariaten der Kriminalpolizei. Manche Entlassung von ‹politisch Unzuverlässigen› und ‹Linksdrall-Leuten› in den Betrieben dürfte wesentlich auf ihr Konto gehen.»

(*Welt der Arbeit*, Hauptorgan des DGB)

Der Sicherheitsbeauftragte der Stahlwerke Bochum AG vergaß, seine Presse-Erklärung mit den Interessen der GSW abzustimmen. Er bestätigte «Planspiele» der GSW, die auf den zu erwartenden Notstandsgesetzen aufbauten:

«Das wird sicher schon geübt.»

So kam es dazu, daß die GSW an sich die Frage richtete:

«Was ist die GSW? Ist sie ein Geheimklub (*Welt der Arbeit* vom 9. Juni 1967), ‹ganz und gar nicht auskunftsfreudig› oder ‹Übungsfeld für den Verfassungsbruch›?»

Und sie lieferte die ausweichende Antwort:

«Die Aufgaben und Zuständigkeiten des Werkschutzes werden von der Werkleitung in Zusammenarbeit mit dem Betriebsrat festgelegt. Darüber sprechen und lehren erfahrene Referenten aus *Betrieben und Behörden.*»

Über ihre Verbindungen zu Bundeswehr und Bundesgrenzschutz gab sie keine Auskunft.

Das folgende «streng vertrauliche» Dokument der GSW gelangte leider erst 1970 in den Besitz des Verfassers. Hier wird ausdrücklich die Verschmelzung von Werkschutz und Werkselbstschutz empfohlen; statt «humanitärer» Aufgaben werden Polizeiersatz-Funktionen und Methoden zur Niederschlagung von eventuellen Streiks festgelegt; beraten von Beamten des Verfassungsschutzes und des «Militärischen Abschirmdienstes». («Höhepunkt der Tagung».)

Gemeinschaft zum Schutz der deutschen Wirtschaft e. V. Essen

GSW-Mitteilungen (1964) Essen/III. Hagen 31, Postfach 615, Telefon Essen 22 71 47/48

Anlage: Einsatzplan für den Fall eines wilden Streiks (Streng vertaulich)

Tritt nur auf *persönliche* Anweisung von Direktor A oder dessen Stellvertreter in Kraft.

1. Benachrichtigung aller Betriebsabteilungen über Streikausbruch. Führungskräfte bleiben in ihren Abteilungen.
2. Aufforderung an Streikende, in festzulegender Zeit die Arbeit wiederaufzunehmen . . .

Veranlaßt durch
Werkschutzleiter:

3. Verstärkung des Werkschutzes . . .
4. Werkschutz:
   a) Sicherung der Fernmeldezentrale und der Trafostation.
   b) Verstärkte Torkontrollen am Haupttor.
   c) Betriebsfremde Personen fernhalten.
   d) Streifengänge an Werkumzäunung und deren Überwachung.
5. Bei Feststellung von Schreihälsen und Rädelsführern sofortiges Eingreifen der Betriebsleitung. Hinweis auf Verstoß gegen Arbeitsordnung, gegebenenfalls Heranziehung des Werkschutzes!
6. Unterrichtung Arbeitgeberverband (veranlaßt durch Personalabteilung).
7. Unterrichtung Polizei, unter Umständen LfV (Landesamt für Verfassungsschutz), veranlaßt durch Sicherheitsbeauftragten.
8. Verbindungsaufnahme mit IG Metall, Gewerkschaftsvertreter auf-

fordern, eindeutige Stellungnahme gegen wilden Streik herbeizuführen (veranlaßt durch Betriebsdirektion).

Protokoll über die zweite Informationstagung der GSW am 6. und 7. 10. 1964 in Essen.

Besorgnis über Artikel in *Die Welt* Nr. 234 vom 7. 10. 1964 (E. Nitschke).

Referate: Reg.-Dir. Dr. Paeschke, LfV (Landesamt für Verfassungsschutz) Düsseldorf: «Neue Erkenntnisse der kommunistischen Taktik.»

Herr Vogel, Landesbeauftragter der GSW für Hessen: «Charakteristische Merkmale der kommunistischen Infiltration und Agitation.»

Major Mischler, MAD: «Moderne Methoden der Sabotage».

(Höhepunkt der Tagung)

Herr Refior, Landesbeauftragter der GSW für Hamburg: «Der illegale Streik, Mißbrauch und Abwehr.»

Teilnehmer der Tagung waren auch ein Herr *Willmann* der Mannesmann AG. Er fordert einen gut geschulten und straff geführten Werkschutz, der Ordnungs- und Ermittlungsfunktionen wahrnehmen sollte.

Herr von Amsberg, Landesbeauftragter der GSW von Niedersachsen: «Die Abwehr verdeckter Kampfmethoden im Betrieb in politischen Spannungszeiten.»

Vorschläge: (in Kombination)

Werksanalysen. Schutz der Energiezufuhr. Werksleitungen.

Werkseigenes Nachrichtennetz für den Fall eines Ausfalles der Telefonleitungen.

Werkselbstschutz und Werkschutz sollten sich nicht nur auf den Luftschutz vorbereiten, *sondern selbst als Polizeiersatz im Werk fungieren können.* Dazu sind folgende Ausrüstungsgegenstände nötig: Lautsprecher, tragbare Sender, Draht, Vorbereitung von Verbotsschildern etc. Die *Feuerwehr* muß notfalls bei Zusammenrottung als *Wasserwerfer* eingesetzt werden können. Ein besonders heißes Eisen sei die Frage der Bewaffnung des Werkschutzes. Als Ersatz könnte vorläufig die Einlagerung von Tränengasbomben dienen.

DGB einschalten: Nur mit Hilfe der Arbeiter und ihrer Funktionäre sei eine erfolgreiche Abwehr möglich.

Der Werkschutzfunktionär Dietrich von der Mannesmann AG verwahrte sich zunächst entschieden gegen die «Unterstellungen»: «Natürlich alles völlig entstellt. Herr Willmann hat das bestimmt nicht gesagt . . . Tonbänder kann man ja auch entsprechend verschneiden. Solch ein Schmierer, der Herr wird sich noch wundern.» Doch zusammen mit dem Leiter der wirtschaftspolitischen Abteilung der AG, v. Eichborn, mußte er zugeben, daß Schießübungen im Werk üblich sind. Dietrich erklärte sogar, daß man die Pistolen nicht für Geldtransporte benötige, denn bei der Mannesmann AG geht alles bargeldlos:

«Für Ruhe und Ordnung im Betrieb braucht man die Dinger!»

Unklarheit herrscht nur über die Anzahl der vorhandenen Waffen, die der Autor bei seinem Anruf nicht erfahren konnte. In den Dementis nun schwanken die Angaben um 100 % : Dietrich spricht von 12, v. Eichborn und Hammacher (Leiter der Abteilung Werkschutz) geben an:

«25 Faustfeuerwaffen, das sind Pistolen, und 50 Belegschaftsmitglieder mit Waffenschein.»

Auf eine Anfrage des Deutschen Fernsehens (WDR) sagte man erst: Nein, dann einschränkend, ja, aber nur zwei Gaspistolen, um sich schließlich auf ca. 20 Pistolen zu einigen. Damit würden allerdings keine Schießübungen abgehalten – beziehungsweise nur im Rahmen von Übungen zur Unfallverhütung! Willmann gestand dabei dem Fernsehen, daß man bei wilden Streiks noch immer mit den Leuten «fertig geworden» sei.

Daß im Bereich des Konzerns bereits eine Werkselbstschutzeinheit aufgestellt war, bestätigen Bundesinnenministerium, Bundesverband der Deutschen Industrie (BDI) und Mannesmann selbst. Und Hammacher gab zu:

«Die Abschlußübung hat in Gegenwart zahlreicher Vertreter der zuständigen Bundes- und Kommunalbehörden stattgefunden.»

Nachdem das Bundesinnenministerium den Werkselbstschutz als «noch gar nicht existierend» geleugnet hatte, gestand es dann, über den Mannesmann-Fall hinaus bei drei weiteren Großbetrieben Werkselbstschutzeinheiten und -übungen mit Steuergeldern in Auftrag gegeben zu haben: bei Krupp-Vidia in Essen, bei Victor in Castrop-Rauxel und der Vereinigten Glanzstoff in Waldniel.

Doch sonst würden keinerlei Werkselbstschutzmaßnahmen praktiziert. Doch noch am 4. April 1967 stand in der Zeitschrift *ZB – Ziviler Bevölkerungsschutz*, die in die Zuständigkeit des Innenministeriums fällt, von weiteren Test-Betrieben zu lesen:

«In den vergangenen Jahren haben außer Behörden und Dienststellen auch zahlreiche kleinere gewerbliche Betriebe ... mit dem Aufbau eines Betriebsselbstschutzes begonnen ... die vom Bundesluftschutzverband ausgebildet werden.»

Dabei werden die «Unterharzer Berg- und Hüttenwerke» genannt, wo

«vorsorgliche Maßnahmen angelaufen sind, obwohl die gesetzlichen Verpflichtungen hierzu noch nicht in Kraft getreten sind ... Es ist gelungen, alle für den Werkselbstschutz erforderlichen 60 Belegschaftsmitglieder zur freiwilligen Mitarbeit zu gewinnen.»

Weiteren Beweis liefert ein Foto der *ZB:* in weiße Strahlenschutzkleidung gehüllte Männer posieren vor Stuttgarter Mehrzweckautos, auf deren Türen steht:

«Werkselbstschutz Daimler-Benz AG».

Die Frage des Autors nach Werkselbstschutzeinheiten hatte Daimler-Benz damals entrüstet abgewiesen.

Der dortige Sicherheitsbeauftragte Dr. Riester war als einziger Beauftragter mißtrauisch geworden und setzte sich sofort mit dem echten Ministerialrat des Bundesinnenministeriums in Verbindung. Er legte in einem Brief Rechenschaft ab über den Vorfall:

«Darauf wurde ich wiederum gefragt, ob in unserer Firma keine Vorbereitungen für den Werkselbstschutz liefen. Ich erklärte, dies sei nicht der Fall, da ja auch eine gesetzliche Grundlage fehle ... Ich hatte den Eindruck, daß der Anrufer nicht bemerkt hat, daß er von mir falsche Auskünfte erhielt.»

Man sieht, wie berechtigt und wie notwendig jener «unfaire Jounalismus» des Autors war, über den so viele sich entrüsteten, um von den illegalen Tatbeständen abzulenken.

Den Werkschutz-Spezialisten Rose kostete seine Auskunftsfreudigkeit den Posten. Die Henschel-Werke in Kassel opferten eine untergeordnete, ausführende Instanz und wollten die Zahl der vorhandenen Pistolen von 48 auf 2 herabgesetzt wissen, da es in der Firma ja auch nur zwei Waffenscheinträger gäbe. Das ist allerdings kein Gegenbeweis, denn innerhalb des Werkgeländes ist für den Einsatz von Pistolen kein Waffenschein erforderlich. (Auf dem Privatgrundstück könnte also der Fall Ohnesorg sich leicht wiederholen – etwa bei einem «wilden» Streik – und leichter noch bagatellisiert werden.)

Neben Leugnungen, Verschleierungen und schnell verpuffter Entrüstung über den Skandal gab es auch warnende und grundsätzliche Stellungnahmen: Viele stellten Strafantrag gegen Bundesinnenminister Lücke wegen Verfassungsverrat, der Schriftsteller Alexander Spoerl beschuldigte ihn auf Grund des Paragraphen 127 des StGB der «unbefugten Bildung bewaffneter Haufen». Erwartungsgemäß wurden all diese Anzeigen niedergeschlagen.

Für eine gründliche Klärung der Vorgänge um den Betriebsselbstschutz und Werkschutz sprach sich der DGB aus und setzte diesen Komplex auf die Tagesordnung einer Sondersitzung über Notstandsfragen.

«Der DGB ist nicht bereit, die alarmierenden Vorgänge nach Dementis durch das Bundesinnenministerium und den BDI auf sich beruhen zu lassen.» (*Frankfurter Rundschau*)

Er forderte eine Überprüfung der Tätigkeit des GSW und des BDI-Arbeitskreises, der die «Empfehlungen» für den Werkselbstschutz erarbeitet hatte.

IG Metall:

«Wenn die Behauptungen ... zutreffen, wird das Mißtrauen der Gewerkschaft gegenüber den Notstandsplänen der Bundesregierung noch bestärkt.»

«Der Bericht bringt Ministerialbürokratie und Industrie in die Nähe des Verfassungsverrats.»

In einem Rundschreiben warnte der Vorstand der IG Metall alle Bezirksleitungen und Ortsverwaltungen vor einer Mitarbeit der Betriebsräte an der Verwirklichung des am 9. September 1965 verabschiedeten, aber bisher nicht in Kraft getretenen Selbstschutzgesetzes. Dafür fehle zur Zeit «jegliche Rechtsgrundlage».

Auch der linke Flügel der CDU griff in seinem Organ *Soziale Ordnung*, «Christlich-Demokratische Blätter der Arbeit», diese Form der Wahrung privatwirtschaftlicher Interessen an und rechtfertigte die Methode des Recherchierens:

«Immerhin drang er (der Autor) mit seinem Trick in eine Phalanx des Stillschweigens und in eine Kameraderie eigenen Stils ein ... Alle Anzeichen deuten in Richtung paramilitärischer Organisationen ... Aber nicht nur die Heranbildung von – noch nicht legitimen – Kadern kam durch Wallraffs Aktion ans Licht. Noch erschreckender ist die Geisteshaltung der Leute, die ihre Arbeiter notfalls und in Notstandsfällen zu schützen hätten ...»

Die starke Kritik von außer- und innerparlamentarischer Öffentlichkeit an den bekannt gewordenen illegalen Aufbaumaßnahmen bewirkte, daß das zugrunde liegende, aber noch nicht in Kraft getretene Gesetz und die koordinierende Organisation erst einmal aus dem Verkehr gezogen wurden. Formaldemokratisch überzeugend verschwand das ins Zwielicht geratene Selbstschutzgesetz von der Bildfläche, und die *Gemeinschaft zum Schutze der deutschen Wirtschaft*, GSW, wurde aufgelöst.

Doch das war kein Anlaß, aufzuatmen: Das Gedankengut des Selbstschutzes sickerte fast unbemerkt in das erweiterte Katastrophenschutzgesetz.

Hierzu Dr. Schlegelberger (CDU) am 11. November 1967 im Bundesrat:

«Damit werden allerdings Bestimmungen aufgenommen, die systematisch mit der Erweiterung des Katastrophenschutzes an sich nichts zu tun haben. Allen systematischen Bedenken zum Trotz hat der Innenausschutz jedoch allein aus praktischen Erwägungen, daß nämlich eine besondere gesetzliche Regelung dieser Materie wenig Aussicht auf Erfolg hätte, seine Bedenken im Interesse einer schnellen Regelung zurückgestellt.»

Die Analyse des Gesetzes «über die Erweiterung des Katastrophenschutzes», am 30. Mai 1968 praktisch unter Ausschluß der Öffentlichkeit durch das Parlament gepeitscht, ergibt folgendes Bild:

Wehrpflichtige können «zum Dienst ... in einem Zivilschutzverband verpflichtet» werden (Art. 12a Abs. 1 GG); das Arbeitssicherstellungsgesetz (Ausführungsgesetz zu Art. 12) sieht die Verpflichtung von Wehrpflichtigen «bei Verbänden und Einrichtungen des Zivilluftschutzes» vor, wenn der Bundestag mit Zweidrittel-Mehrheit den Spannungsfall feststellt oder ihm «besonders zugestimmt» hat. Bereits in Friedenszeiten sind also Zwangsverpflichtungen in Zivilschutzverbänden möglich.

Charakteristisch für die Tarnung:

Der Begriff «Betriebe» taucht im KSchG nur *dreimal* auf. «Einheiten des Selbstschutzes in Behörden und Betrieben» sind organisatorisch vom Katastrophenschutz getrennt. Im KSchG hat die Industrie ihren Wunsch nach völliger Autonomie des betrieblichen Selbstschutzes ohne Einschränkung durchgesetzt: Dem für die Organisation des Katastrophenschutzes auf der Gemeindeebene verantwortlichen Hauptverwaltungsbeamten bzw. dem «Bundesverband für den Selbstschutz» steht nach § 10 Abs. 3 und § 11 Abs. 2 Ziff. 3 nur zu, «für die Förderung des Selbstschutzes in . . . Betrieben» zu sorgen und sie «bei der Unterbringung und Ausbildung im Selbstschutz zu unterstützen».

Auf der Grundlage des § 4 Abs. 1 des KSchG, der – wie die Begründung ausdrücklich vermerkt und wie dem unscheinbaren Wörtchen «insbesondere» zu entnehmen ist – keineswegs sämtliche Einheiten und Einrichtungen des Katastrophenschutzes aufzählt, ist es durchaus möglich, etwa nach dem Vorbild der BDI-Empfehlungen zum Aufbau des Werkselbstschutzes, sog. «Fachdienste für Ordnung und Sicherheit» als politisierte und bewaffnete Werkkampftruppen aufzustellen. Diese «Ordnungs- und Sicherheitsdienste» werden z. T. sicher mit dem Werkschutz identisch sein und de facto dieselben Aufgaben erfüllen: etwa Vorgehen gegen Betriebsangehörige, die den Anordnungen des Arbeitssicherstellungsgesetzes, den Arbeitsplatz nicht zu verlassen, nicht Gehorsam leisten. Oder Einsatz gegen streikende Arbeiter, die sich etwa gegen die Umstellung der Produktion im «Verteidigungsfall» oder «Spannungsfall» auf Kriegsrüstung wenden. Zugleich wird diesen «Ordnungs- und Sicherheitsdiensten» die wichtige Aufgabe zukommen, Verbindung mit außerbetrieblichen Instanzen und Organisationen, die ähnliche Dienste leisten, aufrechtzuerhalten (Bundeswehr, Bundesgrenzschutz u. a.).

Auch die GSW wurde nur zum Schein aufgelöst: mit dem erweiterten Stammpersonal, größeren Vollmachten und anderem Namen wirkt sie auf Bundes- und Landesebene weiter, als «Selbstschutzberatungsstellen der gewerblichen Wirtschaft». Sie existieren bereits in Hamburg, Köln, Mönchengladbach; darüber hinaus gibt es für Baden-Württemberg die «Landesstelle für Betriebsschutz e. V.», Stuttgart, für Nordrhein-Westfalen den «Verband für die Sicherheit in der Wirtschaft e. V.», Essen, und für Hessen, Rheinland-Pfalz und Saarland die «Vereinigung für Sicherheit in der Wirtschaft e. V.», Frankfurt a. M.

Zur «vorbeugenden Abwehr gegen subversive Kräfte aller Art» sollen alle «lebensnotwendigen und verteidigungswichtigen Betriebe in diese

Verbände» aufgenommen werden.

«Das schließt die Fortsetzung und den weiteren Ausbau der bewährten Werkschutzlehrgänge durch die neuen Landesorganisationen ein.» (!)

«Zur Koordinierung der Tätigkeit der Landesverbände beabsichtigen die drei Spitzenorganisationen, eine *Bundesstelle* einzurichten. Während die Landesorganisationen die fachliche Betreuung der Betriebe übernehmen – Informationen, Erfahrungsaustausch, Objektschutz und Schulung der betrieblichen Sicherheitsorgane, insbesondere des Werkschutzes –, soll die Koordinierungsstelle in erster Linie sachkundiger Gesprächspartner der Bundesressorts und der Bundesbehörden sein.» (Aus: Bericht des Deutschen Industrie- und Handelstages, DIHT 1968.)

Es ist nicht nur alles beim alten geblieben: Von Gesetzen untermauert, schreitet die Militarisierung der deutschen Wirtschaft voran.

«Es ist Dienst an Deutschland, wenn man Illegalitäten aufdeckt, und es ist Verbrechen an Deutschland, wenn man sie mit halben oder ganzen Verschleierungen zu verdecken sucht. Das ‹es war alles ganz falsch› war eine der typisch obrigkeitlichen Äußerungen ...

... es darf nicht so kommen, daß wir wieder einmal vor einem Ossietzky-Komplex stehen, mit allem, was nicht nur zur Person, sondern zu der von ihm einst verfolgten Sache gehört.»

(Aus einem Schreiben zur Reportage, von Fritz Sänger, Bundestagsabgeordneter der SPD, Mitglied des Deutschen Presserats.)

Der Prozeß wegen Amtsanmaßung wurde am 8. Dezember 1969 vor dem Frankfurter Schöffengericht verhandelt:

Christian Schmidt-Häuer, Die Zeit, *12. 12. 1969*
Frankfurt, im Dezember

Betriebsingenieur Düll, klein und rundlich, fühlt sich am wohlsten, wenn er dem Frankfurter Schöffengericht, vor dem er als Zeuge aussagt, mit «Jawoll» antworten kann. Doch der Gerichtsvorsitzende Scholz fragt ihn fast gar nicht. Die Vernehmung wird vielmehr vom Angeklagten vorgenommen, dem Kölner Schriftsteller Günter Wallraff und seinem Verteidiger Hannover aus Bremen.

«Jawoll», sagt Werkschützer Düll, Wallraffs Bericht habe übereingestimmt mit dem, was Düll dem «Ministerialrat» gesagt habe.

Wallraff: «Dann sagen Sie bitte mal etwas über die Listen von Unzuverlässigen und politischen Überprüfungen bei Ihnen!» Düll: «Wir haben überhaupt keine Listen.» Wallraff: «Aber Sie haben mir doch erklärt – ich zitiere: ‹Und da haben wir an und für sich einen Weg, den ich Ihnen offiziell gar nicht sagen darf. Wir haben also hier einen Weg zur Ausländerpolizei ... Wenn also irgend etwas vorliegt, wird der Betreffende sofort abgeschoben, das ist ganz klar!›»

Düll, hilflos: «Wir haben nie jemanden überprüft oder abgeschoben.»

Wallraff: «Wie erklären Sie sich den Widerspruch?»

Düll: «Das erkläre ich mir mit der Überraschung, daß damals jemand vom Ministerium anrief.»

Verteidiger Hannover: «Herr Düll, Sie unterstellten offenbar, daß es im Bonner Innenministerium gut ankommen würde, wenn Sie von Überprüfungen und Abschiebungen berichteten.» Der Anwalt, der den Beweis erbringen will, daß Wallraffs Ministerialrats-Rolle zur Wahrheitsfindung unumgänglich war, fragt: «Hätten Sie auch einem Journalisten solche Antworten gegeben über Absichten, über Überprüfungen und so weiter?»

Düll kleinlaut: «Ich glaube nicht.»

Einen anderen Zeugen, der sich widerspricht, nimmt Hannover ins Gebet: «Herr Fahlen, hier haben Sie ein Gericht vor sich! Sie dürfen uns jetzt nicht behandeln wie Journalisten, sondern wie Ministerialräte.»

Ziel der richterlichen Verhandlungsführung und der Staatsanwaltschaft ist es, einerseits Wallraff goldene Brücken zum strafbefreienden Verbotsirrtum zu bauen und andererseits einer Nachprüfung des Wahrheitsgehaltes der Wallraff-Reportage auszuweichen, da hierdurch offensichtlich sowohl das Bonner Innenministerium wie mehrere Firmen beträchtlich belastet würden. Werkschützer aus Hannover und Stuttgart, die die Wiedergabe der Wallraffschen Gespräche mit ihnen als «glatt erfunden» bezeichnet haben, sind wegen «unzumutbarer» Anreise nicht geladen worden. Alle Anträge der Verteidigung auf nachträgliche Vorladung dieser Zeugen und des früheren Innenministers Lücke werden abgelehnt.

Die ausgelöste öffentliche Diskussion scheint ihr Teil dazu beigetragen zu haben, daß der Staatsanwalt gestern selbst auf Freispruch plädierte: Wallraff habe im Verbotsirrtum gehandelt, er habe also, mit anderen Worten nicht recht gewußt, was er da tat, er habe, wie es in der Rechtsprechung so schön heißt, «die gehörige Anspannung seines Gewissens unterlassen und dadurch versäumt, das Unrechtmäßige seines Handelns zu erkennen». Wallraff war nicht bereit, diese scheinbar goldene Brücke zu betreten, weil er sie mit Recht als einen Ausweg ansah, den die Justiz sich selber schuf – um nämlich der Notwendigkeit zu entgehen, über den *Inhalt* der Wallraff-Reportage zu sprechen. Wallraff wollte in seinem Verfahren auf die Sache selbst zu sprechen kommen. Aber wie er sich auch mühte, dem Ankläger das Konzept zu verderben, wie sehr er auch darauf hinwies, er habe genau gewußt, was er tue: der Staatsanwalt, der die von Wallraff berichteten Fakten durchaus als wahr hinnahm, plädierte auf Freispruch wegen Verbotsirrtums. Das Gericht wollte es heute noch etwas eleganter machen: von einer Amtsanmaßung könne keine Rede sein, weil ein Telefongespräch keinen Hoheitsakt darstelle. Und was die Titelführung betrifft, so zog sich das Gericht auf den rechtlich sehr umstrittenen Begriff des «Tatbestandsirrtums» zurück: Wallraff habe angenommen, in einem «übergesetzlichen Notstand» zu handeln. Das hat er in der Tat, auf *Notwehr* wollte er immer hinaus. Aber eben nicht «irrend», nicht in blindem Drange, sondern sehr bewußt, in aufklärerischer Absicht. Das Urteil wird ihn also einerseits freuen, aber keineswegs befriedigen.

Werner Hill, «Auf ein Wort», 1. Progr., 9. Dezember 1969

Die Maske der herrschenden Klasse als Instrument der Amtsanmaßung.

Günther Wallraff ist am 9. Dezember 1969 von der Anklage der Amtsanmaßung und der unbefugten Titelführung freigesprochen worden. Aber mit ihm hat das Frankfurter Schöffengericht die Leute freigesprochen, deren Maske Wallraff angenommen hatte. Ministerialräte und andere Repräsentanten der herrschenden Klasse bleiben durch § 132 a StGB gegen unbefugte Führung ihrer Amts- oder Dienstbezeichnungen, Titel und Würden geschützt, auch wenn, wie hier, ein Journalist die Maske eines Mitglieds der herrschenden Klasse nur deshalb aufsetzt, um sich Zugang zu deren Ganovenkomplicenschaften zu verschaffen und die Öffentlichkeit über sie aufzuklären. Hätte das Schöffengericht Wallraff auch hinsichtlich des Vorwurfs der unbefugten Titelführung aus objektiven Gründen freigesprochen, so wäre die unvermeidliche Folge die gewesen, daß in Zukunft die Träger der Staatsgewalt (Artikel 20 Abs. 2 Satz 1 GG: «Alle Staatsgewalt geht vom Volke aus») den Leuten, die sich darauf berufen, im Namen des Volkes zu regieren, zu verwalten und zu judizieren, besser hätten auf die Finger schauen können. Davor wußte das Schöffengericht die in § 132 a gemeinten Titel- und Würdenträger zu schützen, indem es einen Freispruch aus subjektiven Gründen aus dem juristischen Bastelkasten hervorzauberte.

Aber dieses Verfahren hat mit den §§ 132 (Amtsanmaßung) und 132 a (unbefugte Titelführung) peinliche Tatbestände aus ihrem Schattendasein hervorgeholt. Peinlich deshalb, weil hier Bestimmungen zur Anwendung kamen, die auf die übliche Scheinneutralität strafgesetzlicher Normen verzichten und das Gericht schon vom Gesetzeswortlaut her zur Klassenjustiz verpflichten. Durch § 132 a wird nämlich nur derjenige mit Strafe bedroht, der Amts- oder Dienstbezeichnungen, Titel oder Würden führt, die ihm nicht zustehen, nicht aber derjenige, der sich zu Unrecht als Proletarier, Demokrat, Student, Arbeiter, Sozialist, Demonstrant ausgibt. Und auch die in § 132 vor der Nachahmung durch Unbefugte geschützten Amtshandlungen betreffen nur die typischen Herrschaftsfunktionen der herrschenden Klasse im Gewande (legalen oder illegalen) Staatshandelns. Kein Gesetz, kein Staatsanwalt, kein Gericht hindert die Schergen der herrschenden Klasse, sich in demokratische oder sozialistische Organisationen einzuschleichen oder sich als Demonstrant zu tarnen, um später in der Zeugenrolle «Rädelsführer» zu produzieren. Niemand schützt uns davor, daß diese Masken als Provokateure und Steinewerfer auftreten und damit der Polizei und der politischen Justiz die bequeme Handhabe zur Kriminalisierung demokratischer Aktionen liefern. Aber die Angehörigen der herrschenden Klasse selbst lassen sich vom Gesetz und der dem Gesetz verpflichteten Justiz einen Schutz andienen, dessen Funktion, wie der Fall Wallraff mit Deutlichkeit zeigt, antidemokratisch ist und sich zur Verschleierung ihrer Herrschaftsmechanismen und Verbrechen mißbrauchen läßt.

Heinrich Hannover, R. A.

Verbotene Aufrüstung

Teil I: Seuchen auf Bestellung

unter Mitarbeit des VDS (Verband deutscher Studentenschaften) Projektbereich Kriegsforschung

Am 16. Februar 1969 verstarb die Frau des ehemaligen Leiters des Instituts für Aerobiologie in Grafschaft, Dr. med. Karl Bisa, Helena Bisa.

«Ihr Leiden und Opfer sind himmlische Saat, nach dem Willen Gottes», verheißt der Totenzettel. Gott «möge das Opfer ihres Leidens in Gnaden annehmen», bitten die trauernden Hinterbliebenen mit dem Witwer an der Spitze. Die Todesursache der erst 46jährigen ist aus der Anzeige nicht ersichtlich.

Ersetzt man «Willen Gottes» durch «Panne bei einem Auftrag für das Bundesverteidigungsministerium», wird deutlich, wessen «Opfer» Frau Bisa tatsächlich wurde. Die «himmlische Saat» war eigentlich nicht für sie bestimmt, sondern für Gegner in einem künftigen Krieg.

Die Gründung des Instituts für Aerobiologie erfolgte 1959 auf Initiative des Bundesverteidigungsministeriums mit dem Auftrag, Forschungen auf dem speziellen Sektor der bakteriologischen und chemischen Kriegführung durchzuführen. Leiter des Instituts war bis Ende 1968 der Mediziner und Bakteriologe Dr. Bisa. Die Aufträge wurden über die Abteilung T (Wehrtechnik), Referat T II 2, vergeben. Zuständiger Referent des Bundesverteidigungsministeriums war bis 1967 Ministerialrat Dr. Glupe, seitdem Ministerialrat Dr. Strathmann.

Eine Lieferung des chemischen Kampfstoffes Soman nach Dienstschluß wurde Frau Bisa zum Verhängnis. Sie stellte den Behälter über Nacht in einen Aktenpanzerschrank. Der Behälter war undicht, und Spuren des Giftes gelangten auf ihre Haut. Die typischen Vergiftungssymptome dieses Kampfstoffes stellten sich ein: «Speichelfluß, Schwitzen, Übelkeit, Erbrechen, Krämpfe, unkontrollierter Abgang von Stuhl und Harn, Zuckungen, ruckweise Bewegungen, Taumeln, Kopfschmerzen, Benommenheit, Verwirrtheit, Konvulsionen, Erstickungsanfälle, Lähmungserscheinungen». Sieben Jahre lang suchte Frau Bisa in den verschiedensten Sanatorien Heilung, keines erklärte sich für zuständig. Die Spätfolgen sind weitgehend unbekannt. Die Versicherung bestritt einen Zusammenhang mit der Soman-Vergiftung und verwies auf das Bundesverteidigungsministerium. Das Ministerium wies ein von Dr. Bisa selbstverfaßtes ärztliches Gutachten als unwissenschaftlich ab. Im Sommer 1968 wurde Frau Bisa aus den Essener Krankenanstalten als hoffnungsloser Fall in die Privatklinik ihres Mannes, ins Fredeburger Krankenhaus, übergeführt, wo sie – zuletzt vollständig gelähmt – im Februar 1969 starb.

Bei einer Kontrolle der Sicherheitsvorkehrungen im Institut stellte sich heraus, daß der Panzerschrank von Kampfstoffpartikeln verseucht war. Darauf erschienen Beauftragte des militärischen Abschirmdienstes (MAD) und fotokopierten sämtliche Akten, um anschließend die Originale (einschließlich der im Panzerschrank aufbewahrten Institutsfahne!) zu vernichten. Danach wurde zur Unterbringung der Kampfstoffvorräte eine Stahlgarage zur Verfügung gestellt.

Ungeachtet dieser folgenschweren «Panne» wird die Arbeit fortgesetzt. Stellten bisher Soman und VX-Stoffe als giftigste Substanzen die oberste Grenze des Forschungsbereiches des Grafschafter Instituts dar, so wird jetzt gefordert, Soman als unterste Stufe der weiteren Arbeit anzusehen.

Die Lektüre des Programms der Bundesregierung zur Förderung der wissenschaftlichen Forschung zeigt, wie weit «freie Forschung und Wissenschaft» bereits für militärische Zwecke mißbraucht werden.

Da heißt es im Bundesforschungsbericht II vom 28. Juli 1967 (S. 2054) u.a.:

«Forschung und Entwicklung für die Verteidigung: Um . . . die eigene wissenschaftliche und technische Kapazität fördern zu können, wird ein immer größerer Anteil des Verteidigungshaushalts für Forschung und Entwicklung eingesetzt.

Die Sicherheit der Bundesrepublik Deutschland ist nur dann gewährleistet, wenn Waffensysteme einsatzbereit sind oder in absehbarer Zeit einsatzbereit gemacht werden können, die dem letzten Stand der Technik entsprechen. Das Bundesministerium der Verteidigung arbeitet zur Durchführung seines Forschungsprogramms mit etwa 120 Hochschulinstituten, 65 hochschulfreien Instituten, 7 auf seine Initiative gegründeten und ausschließlich oder überwiegend finanzierten modernen Forschungsinstituten der Fraunhofer-Gesellschaft zusammen.»

Im Jahre 1966 hat die Bundesregierung für das Programm Forschung und Entwicklung für die Verteidigung 756 Mill. DM ausgegeben (Bundeshaushalt 1967: bereits rd. 1 Mrd. DM).

Für 1968 und 1969 dürften die Zahlen noch um einiges höher liegen.

Die eigentliche Diskussion über B- und C-Waffenforschung in der Bundesrepublik begann erst mit zwei Pressekonferenzen in Ost-Berlin, am 6. Dezember 1968 und 15. Januar 1969, auf denen Wissenschaftler und Ingenieure, die bis dahin nach ihren Angaben in der bundesrepublikanischen B- und C-Waffenforschung gearbeitet hatten, über Einzelheiten dieser Forschung berichteten. Zum Beispiel über die Bundeswehrdienststellen und Industriekonzerne, die die Aufträge geben, und über Professoren und Gremien, denen die Leitung dieser Forschungen untersteht.

Natürlich wurde der Inhalt beider Pressekonferenzen sofort dementiert. Aber das Dementi war wenig überzeugend. Oberst Domröse, der Sprecher des Bundesverteidigungsministeriums, gab zu, daß im Auftrag der Bundeswehr mit B- und C-Kampfstoffen experimentiert worden sei, allerdings ausschließlich zur Entwicklung von Schutzmaßnahmen. Vor allem die sehr detaillierten Angaben von Dr. Ehrenfried Petras, neun Jahre lang Mitarbeiter im Institut für Aerobiologie in Grafschaft, die letzten Jahre Leiter des Labors für Mikrobiologie, ließen sich damit nicht aus der Welt schaffen. Kann man Arbeiten am Botulinus-Toxin z. B. als «Verteidigungsforschung» bezeichnen? Von diesem Gift genügen 500 Gramm, um die gesamte Menschheit auszurotten. Da das Toxin außerordentlich schnell wirkt, sind Gegenmaßnahmen so gut wie ausgeschlossen. Warum sind die Arbeiten am Institut für Aerobiologie in Grafschaft geheim? Nehmen wir an, in diesem Institut befinden sich nur 0,5 Gramm Botulinus-Toxin – die Bundesregierung spricht ja von den minimalen Mengen an Gift, die für die Forschung freigegeben seien –, so könnte man mit diesem halben Gramm als Waffe bis zu 30 Millionen Menschen umbringen. Die Herstellung eines Schutzmittels ist ziemlich aussichtslos. Wegen der Geheimhaltung kann die Öffentlichkeit nicht kontrollieren, was tatsächlich mit den Giften geschieht.

Auch die Entwicklung der Kampfstoffe Tabun, Sarin, Soman wurde in der Nazizeit als Insektizidforschung getarnt. Dieselben Forscher, die seinerzeit den Giften ihre eigenen Namen gaben – Sarin z. B. zusammengesetzt aus den Namen Schrader, Ritter, Linde und Ambros – waren nach 1945 erneut in leitenden Funktionen der chemischen Industrie tätig. Schrader, der als «Vater der modernen Arbeiten von 1937 bis 1945 in Geheimpatenten der IG Farben verankert wurden, Grundformel der organischen Phosphorsäureester – Geheimpatent 169/39, Tabun – Geheimpatent DRP 767511 usw., wurde nach dem Krieg Leiter des wissenschaftlichen Laboratoriums für Pflanzenschutz der Bayer AG Wuppertal-Elberfeld und arbeitete bis zu seiner Pensionierung weiter mit umfangreichem Mitarbeiterstab an Problemen der Phosphorsäureester.

1955 noch reichte er zusammen mit anderen Forschern für die Bayer-Werke A.G. einen Patentantrag für V-Kampfstoffe ein. Die Einatmungsgiftigkeit solcher V-Kampfstoffe beläuft sich auf das Fünffache des Somans. Demnach sind V-Kampfstoffe bei der Aufnahme durch die Haut etwa zweitausendmal, bei Aufnahme durch die Lunge etwa dreihundertmal giftiger als das aus dem Ersten Weltkrieg bekannte Senfgas.

Die Produktion von B- und C-Waffen erfordert einen sehr viel geringeren technischen Apparat als die Produktion einer Atombombe.

In einem einfachen Glas können z. B. Pestbakterienkulturen gezüchtet werden, die sich innerhalb weniger Minuten auf das Doppelte vermehren. Dann impft man sie mit einem Antibiotikum. Man erhöht langsam die Dosis, bis der Stamm völlig immun geworden ist. Danach nimmt man das nächste Antibiotikum, bis dieser Pestbakterienstamm gegen sämtliche bekannten Antibiotika der Welt voll immun ist. Es dauert Jahre, Jahrzehnte, bis vielleicht ein neues Antibiotikum gegen diese nunmehr «resistenten» Pestbakterien gefunden ist.

Eine solche Waffe könnte als Aerosol eingesetzt werden. Aerosole sind Schwebeteilchen. Die Idealgröße für den Einsatz hat einen Durchmesser von einem halben μ. In dieser Größe fällt das Aerosol in 4 Tagen nur 3,50 Meter. Bei einer Windgeschwindigkeit von 5 km/Stunde z. B. legen die Aerosole in dieser Zeit 480 km zurück. Mit dieser «Waffe» lassen sich riesige Gebiete in kürzester Zeit verseuchen. Als Aerosole kann man fast sämtliche modernen Kampfstoffe sowohl biologischer als auch chemischer Natur einsetzen.

Fünf Jahre, nachdem die «Traveler Research Corporation» in Hartford (Connecticut/USA) einen Vertrag mit dem Pentagon abgeschlossen hatte, in dem es um die Verbreitung der Beulenpest auf dem Luftweg ging, stieg die Zahl der Pesttoten in Vietnam sprunghaft an. Während fünf Jahre zuvor nur eine einzige Provinz betroffen war, gab es Ende 1966 in 22 der 29 nördlich Saigon gelegenen Provinzen Pestfälle. Zwischen dem 1. Januar und dem 5. August 1966 allein wurden 2002 Pestfälle gemeldet.

Ein Leitartikel in der US-Militärzeitschrift *Military Surgeon* versucht den Hippokrates-Eid des Arztes, der lautet: «Meine Verordnungen werde ich treffen zum Nutzen der Kranken nach meiner Fähigkeit und meinem Urteil, sie schützen vor allem, was ihnen Schaden und Unrecht zufügen könnte. Nie werde ich auch auf eine Bitte hin, ein tödlich wirkendes Gift verabreichen oder auch nur einen Rat dazu erteilen», für militärische Zwecke ins Gegenteil umzukehren. In dem Leitartikel «The Pledge of Geneva and ABC Warfare» aus dem Jahre 1952 heißt es bereits richtungweisend: «In bestimmten Situationen kann ein Militärchirurg oder ein ziviler Arzt zu Tätigkeiten herangezogen werden, die nicht der Heilung dienen. Vielleicht muß er wissenschaftliche Untersuchungsarbeiten fördern oder durchführen, deren Zweck nicht die Erforschung neuer Heilmittel für Kranke ist, sondern die Auffindung weiterer und stärkerer atomarer, bakterieller und chemischer Angriffswaffen.»

Spätestens seit Ende Juli diesen Jahres ist bekannt, daß die Amerikaner chemische Waffen in der Bundesrepublik lagern. Das kürzlich veröffentlichte «Dokument 10-1», dessen Echtheit die Amerikaner mit dem abschwächenden Zusatz «veraltet und geändert», bestätigen, beweist, daß der Einsatz dieser Waffen auch in Deutschland vorgesehen ist.

Verschiedene Abhandlungen der letzten Zeit behaupten, über 80 Universitäts-Institute der Bundesrepublik seien an der B- und C-Waffenforschung beteiligt. Das wird niemand glauben wollen, weil bei ihrer breiten Streuung eine Geheimhaltung schwer vorstellbar ist. Es stimmt trotzdem.

Erhält ein Wissenschaftler einen Forschungsauftrag zur Weiterentwicklung eines Insektizids, wird er zwangsläufig im Rahmen dieser Forschungen mehrere verschieden giftige neue Stoffe vorlegen. Der Auftraggeber kann nun entweder die für Insekten stärker giftigen chemischen Verbindungen verwenden, er kann andererseits die Verbindungen auswählen, die für Menschen hochtoxisch sind. Vielleicht gewinnen diese den Menschen gefährlichen Gifte ihre eigentliche Gefährlichkeit erst in der Koordinierung dieser Forschungsergebnisse, mit denen aus einem ganz anderen Gebiet, etwa der Aerosol-Forschung.

Nur in Einzelfällen vergibt heute das Verteidigungsministerium seine Forschungsaufträge direkt. Oft werden unverdächtige Zwischenträger eingeschaltet, hauptsächlich die Fraunhofer-Gesellschaft zur Förderung der angwandten Forschung e. V. und die großen Chemiekonzerne.

Die Fraunhofer-Gesellschaft wurde 1949 gegründet und unterhält 17 Forschungsinstitute, davon 5, die auf Initiative des Verteidigungsministeriums gegründet wurden und überwiegend von ihm finanziert werden. Dazu gehört auch das Institut für Aerobiologie in Grafschaft. Nach den Äußerungen von Dr. Petras, der dort als Mikrobiologe arbeitete, werden dort folgende Forschungsgebiete bearbeitet:

1. Aerosole: Kleinstteilchen, die tagelang in der Luft schweben. Mit einer einzigen Aerosol-Bombe, die mit einem biologischen Kampfstoff bestückt ist, können Flächen von über 100 km² (!) lückenlos verseucht werden. Ihre Wirkung übertrifft sogar die der Wasserstoffbomben.

2. Phosphororganische Verbindungen. Es werden Vergiftungsbilder nach Inhalation und Injektion aufgestellt. Bearbeitet werden u. a. auch die VX-Kampfstoffe. 0,00003 g dieser Gifte pro Kilogramm Körpergewicht genügen, um einen Menschen zu töten.

3. Das Durchdringungsvermögen von neuentwickelten phosphororganischen Verbindungen durch die menschliche Haut.

4. Die Theorie synthetischer Ultragifte und die technische Vorbereitung auf den Umgang mit diesen Giften.

5. Man bereitet Experimente mit hochgiftigen Mikroorganismen und Virusstämmen, insbesondere dem Botulinus-Toxin vor.

Die Fraunhofer-Gesellschaft hat Forschungsverträge mit etwa 120 Universitätsinstituten abgeschlossen. Der Jahresetat der Gesellschaft beträgt 30 Millionen DM. Die Hälfte davon entfällt auf Forschungen für das Bundesverteidigungsministerium.

Der zweite Großauftraggeber für Universitätsinstitute ist die Bayer A.G. Leverkusen. Als IG Farben-Nachfolger hat Bayer eine lange Tradition auf dem biologischen und chemischen Sektor. Viele der leitenden Herren haben einschlägige Erfahrungen auf dem Sektor der B- und besonders der C-Kampfstoffe, viele waren im Dritten Reich schon mit solchen Forschungen beschäftigt.

In- und ausländische Zeitungen, Zeitschriften und andere Publikationen berichteten mehrfach über Forschung für biologische und chemische Waffen in der Bundesrepublik und in ausländischen Zweigstellen der Bayer A.G.

Forschungsaufträge, deren Zweck eindeutig erkennbar ist, die eine Entwicklung bis zur einsatzfähigen B- oder C-Waffe beinhalten, werden nur vom Bundesverteidigungsministerium, Abteilung T, Referat T II 4 direkt an absolut zuverlässige Spezialisten vergeben. Die Bundesregierung gerät mit ihren stetig wiederholten Dementis in eine ausweglose Situation. Wer glaubt schon, daß Männer wie z. B. Dr. Walter Lorenz und Dr. Bernhard Schrader von der Bayer A.G. in Wuppertal, die im Zweiten Weltkrieg nachweislich an der Entwicklung von B- oder C-Waffen arbeiteten, heute zwar auf denselben Gebieten forschen wie damals, doch diesmal in entgegengesetzter Zielrichtung eben unter der Bezeichnung «Verteidigungsforschung».

Umfrage bei Giftexperten:

Die folgende Umfrage wurde im Beisein von Zeugen und in Anwesenheit eines Rechtsanwaltes durchgeführt.

Wir entschlossen uns zu dieser unkonventionellen Befragungsmethode, da der dringende Verdacht bestand, daß einige der befragten Wissenschaftler an Forschungen über chemische oder bakteriologische Massenvernichtungsmittel direkt oder indirekt beteiligt sind. Gewählt wurde das Amt des Mitwissers, des Auftraggebers, um ein Stück weit hinter die Lügentarnwand der offiziellen Dementis vorzudringen.

Ich glaube, daß diese ungewöhnliche Methode gerechtfertigt ist durch die ungeheuerlichen Vorhaben derer, die den Einsatz von B- und C-Waffen in ihre militärische Planung einbezogen haben.

Prof. Dr. Kewitz ist der Leiter des Instituts für Veterinär-Pharmakologie und Toxikologie der FU Berlin. Bis 1958 konnte Kewitz in den USA Erfahrungen sammeln, im Forschungszentrum Edgewood/Maryland. In Edgewood befindet sich eines der chemischen Forschungs- und Produktionszentren der US-Armee.

Gegen Prof. Kewitz wurde öffentlich der Verdacht geäußert, in Zusammenarbeit mit den Bayer-Werken, Leverkusen, und im Zweigbetrieb Dormagen ein *Cumarinderivat* getestet zu haben. Diese chemische Verbindung hat die unangenehme Wirkung, beim «Genuß» kleinster Mengen das prothrombinbildende Ferment aus dem Blut zu verdrängen, so daß es schon bei geringsten Verletzungen zu keiner Blutgerinnung mehr kommt. Der Giftstoff ist geschmack-, geruch- und farblos und kann – von Flugzeugen aus versprüht – seine Wirkung über das Trinkwasser tun. Eine der heimtückischsten Krankheiten, die Bluter-Krankheit, gegen die bis heute kein wirksames Gegenmittel entwickelt werden konnte, wird so aus der Retorte erzeugt. Die Pervertierung des ärztlichen Auftrags: «Medizin» als Kampfstoff, zur Herstellung eines unblutigen Blutbades.

Prof. Kewitz ist nicht überrascht, mit dem Bundesverteidigungsministerium verbunden zu werden, nur der Zeitpunkt kommt ihm ungelegen.

Die vorgetäuschte, tatsächlich existierende Amtsstelle im Bundesverteidigungsministerium, Abt. T II 4, Ministerialrat Dr. Strathmann:

«Herr Professor, es geht um die eilige Vergabe noch einiger Forschungsaufträge. Könnten Sie kurzfristig zu einem Termin zu uns nach Bonn kommen?»

Kewitz: «Wissen Sie, was hier in Berlin vor sich geht wegen der Forschungsaufträge vom Verteidigungsministerium?!»

(Prof. Kewitz spielt auf Veröffentlichungen in letzter Zeit an, die diese Forschungsaufträge zum Gegenstand haben, jedoch sowohl vom Bundesverteidigungsministerium als auch von Kewitz und anderen genannten Wissenschaftlern entschieden dementiert wurden. Derartige Aufträge bestünden nicht, wurde da vor aller Welt erklärt, solche Kontakte gäbe es nicht.)

Dem Auftraggeber gegenüber braucht diese Ableugnung nicht aufrechterhalten zu werden, hier heißt es vom Eingeweihten zum Eingeweihten: «Wegen der Forschungsaufträge vom Verteidigungsministerium.»

Ministerialrat Strathmann (auf die durch die Veröffentlichung hervorgerufene Unruhe eingehend): «Aber das sind doch im Grunde genommen nur Kindereien, wir können doch deswegen nicht unser ganzes Programm durcheinanderwerfen.»

Kewitz: «Ich werde hier ständig durch die Presse gezogen ... Ich kann es nicht ändern, aber es ist so ... Ich bin nicht dazu bereit, Herr Strathmann ...»

Strathmann: «Nun, ist das so brisant im Moment bei Ihnen? Ich meine, es ist eine dringende Sache. Es geht um *die Synthese von Erregertoxinen, die das Blut zersetzen,* und ich meine, Sie haben da die besten Erfahrungen.»

Kewitz protestiert nicht, er widerspricht nicht, obwohl er mit diesem ungeheuerlichen Forschungsauftrag in engste Verbindung gebracht wird. Nur der Zeitpunkt stört ihn, die beunruhigte Öffentlichkeit, es könnte weiterer Verdacht geschöpft werden, er fürchtet um seinen «guten Ruf».

Es tritt der vielbeschäftigte «Dr. med.» hervor: «Ich glaube nicht, daß ich im Moment dazu komme, ich habe so viel anderes zu tun im Moment, also hier wird im Moment gerade ein Lehrstuhl aufgebaut. Da sind also dringliche Arbeiten therapeutischer Art zu machen ...»

Strathmann: «Ja nun, aber die Pflichten der Verteidigung! Sie könnten mit einem weiteren Assistenten rechnen, das ließe sich ohne weiteres machen.»

Das Versprechen der imaginären vorgesetzten Dienststelle, den Vielbeschäftigten mit einem zusätzlichen Assistenten zu entlasten, wirkt. Kewitz hat keine grundsätzlichen Bedenken, er ist in Gedanken bereits bei der Absicherung.

Kewitz: «Herr Strathmann, bespricht man so etwas am Telefon?»

Strathmann: «Nein, ich möchte sowieso, daß wir das unter vier Augen in Bonn im Ministerium bereden.»

Kewitz will «im Moment» jedes Risiko vermeiden: «Ich würde doch sagen, in Berlin und nicht in Bonn.»

Strathmann: «Gut, ich verstehe Sie. Ich komme auf Sie zurück, wenn sich das alles etwas beruhigt hat.»

Prof. Dr. Otto Klimmer leitet die Abteilung Toxikologie des Pharmakologischen Instituts der Universität Bonn. Im Dritten Reich bewährt – Klimmer war Leiter der «Gasschutzschule» in Berlin-Gatow –, hat er sich heute wieder engagiert: Klimmer ist Mitglied des «Wehrmedizinischen Beirats» der Bundeswehr und Stellvertretender Vorsitzender des Ausschusses «Medizinischer ABC-Schutz». Er ist Mitarbeiter der «Zentralen Giftkartei», die auf Weisung des Bundesgesundheitsministeriums in Zusammenarbeit mit dem in Berlin-Dahlem ansässigen Bundesgesundheitsamt seit Oktober 1967 aufgebaut wird. In dieser «Zentralen Giftkartei» werden alle herkömmlichen und zentralen Giftstoffe erfaßt und Angaben über gegenwärtige und fernere Verwendung des jweiligen Giftes. Der Aufbau dieser Kartei erfolgt unter bestimmten Geheimhaltungsbestimmungen, in die Arbeit ist nur ein kleiner eingeweihter Kreis von Wissenschaftlern einbezogen. Angeblich soll das Ziel dieser Kartei langfristig darauf hinauslaufen, innerhalb der NATO neben den USA in der Bundesrepublik ein zweites Zentrum für alle Fragen der Giftstoffe und ihres militärischen Einsatzes zu schaffen.

Für Prof. Klimmer ist es nichts Ungewöhnliches, als er vom «Fachreferenten des Bundesverteidigungsministeriums» am Telefon verlangt wird.

Ministerialrat Strathmann: «Guten Abend, Herr Professor. Sie müssen entschuldigen, daß wir Sie so spät privat noch stören. Wir sind eben zu einer Sondersitzung zusammengetreten, und zwar geht es um einen sehr eiligen Auftrag, der uns sehr am Herzen liegt. Haben Sie Anfang der Woche zu einem grundsätzlichen Gespräch Zeit?»

Prof. Klimmer ist zu Diensten: «Wenn Sie bitte einen Moment warten. Ich schaue gerade mal auf meiner Flugkarte nach. Ich bin nämlich am Montag und Dienstag im Bundesgesundheitsamt in Berlin und komme erst Dienstagabend wieder ... Hier, ich kann es Ihnen genau sagen, ich bin am Dienstag um 17.50 Uhr in Wahn zurück.»

Strathmann: «Dann ginge es ja noch. Am besten, wir könnten Sie da gleich abholen lassen.»

Klimmer (erfreut): «In Ordnung. Ich komme mit der BEA-Maschine (Britisch European Airways).»

Strathmann: «Ich würde sagen, zur Absicherung lassen Sie sich den

Ausweis zeigen, ja. Der Chauffeur ist mit einem Sonderausweis ausgestattet.»

Für Klimmer kein Grund zur Verwunderung oder Ursache für Mißtrauen, ganz im Gegenteil. Obwohl offiziell dementiert, muß sich seine Zusammenarbeit mit dem Bundesverteidigunosministerium unter dem Siegel der Verschwiegenheit auf Geheimbasis abspielen.

Klimmer: «Ja, klarer Fall.»

Strathmann: «Hätten Sie im kommenden Jahr auch genügend Zeit für den Auftrag, die müßten Sie mitbringen.»

Klimmer: «Das ist schwer zu sagen, da ich nicht weiß, um was es sich handelt.»

Strathmann (um Absicherung und Geheimhaltung besorgt): «Ich möchte das am Telefon eigentlich nicht ...»

Klimmer: «... ja, sicher ...»

Strathmann (sagt es dann doch): «Es handelt sich um ein Chlordan-Derivat und die spezielle Verwendbarkeit für *uns.*»

Bei Chlordan handelt es sich um ein Insektizid, das durch einfache chemische Änderung – eben in Form eines seiner Derivate (Abkömmlinge) – als hochgiftiger chemischer Kampfstoff gegen Menschen verwendet werden kann.

Durch den Zusatz «*... und die spezielle Verwendbarkeit für uns*» muß für Klimmer, den Fachmann, jedes Mißverständnis ausgeschlossen sein. Zumal er über dieses Spezialgebiet «insektizide chlorierte Kohlenwasserstoffe» – Chlordan ist solch ein Kohlenwasserstoff – Abhandlungen veröffentlicht hat.

Er scheint den großen Auftrag zu wittern: «... wir müßten gleich ins Konkrete gehen an dem Abend, ja?»

Strathmann: «Das sowieso. Das Schlechte ist nur, daß uns durch die ganzen Störversuche in letzter Zeit schon Institute abgesprungen sind.»

Klimmer will mit solchen unpatriotischen Gesellen nichts zu tun haben (bedauernd): «Das wird auch weiterhin so sein, die Schwierigkeit wird sein, daß sich für derartige *ehrenamtliche* Posten in Zukunft keine jüngeren Kräfte mehr finden lassen. Ich hab das schon gehört.»

Klimmer, ein Mann der alten Schule, der seine Erfahrungen im Dritten Reich sammeln durfte, sieht diese Hingabe bei den jüngeren Kollegen nicht gewährleistet, die könnten am Ende vom demokratischen Virus infiziert sein und sich weigern, an der Entwicklung von Massenvernichtungsmitteln mitzuarbeiten.

Strathmann (die Interessen «seiner» Dienststelle wahrnehmend): «Ehrenamtlich ist gut gesagt. Wir haben immerhin enorme Gelder da reingesteckt. Das kann man nicht allein mit ehrenamtlich bezeichnen.»

Klimmer: «Ja, ja.»

Strathmann: «Bringen Sie Dienstag abend so viel Zeit mit, daß wir alles unter Dach und Fach bekommen. Damit wir's perfekt haben.»

Klimmer: «Ja, das können wir machen.»

Strathmann: «Würde es stören, daß es direkt von der US-Armee kommt? Es werden an dem Gespräch einige Herren aus USA teilnehmen.»

Klimmer: «Tja, das ist natürlich eine etwas delikate Angelegenheit.»

(Hierdurch dokumentiert Klimmer, daß er einer «delikaten» Anwendung dieses Mittels durch die Amerikaner – z. B. im Vietnam-Krieg – nicht abgeneigt gegenübersteht.)

Strathmann: «Natürlich zeichnen *wir* offiziell dafür, da können Sie sicher sein. Darf ich von Ihrer grundsätzlichen Bereitschaft schon mal unterrichten?»

Klimmer: «Ja!»

Strathmann: «Sie werden auf jeden Fall noch von mir hören!»

Anläßlich einer offiziellen Anfrage vor einigen Wochen hörte sich das bei Prof. Klimmer noch ganz anders an: «Die Arbeit mit derartigen Stoffen, die gegen Mensch und Tier eingesetzt werden könnten, lehne ich persönlich ab», ließ Klimmer verlauten. «Der Umgang mit diesen Stoffen in einem derartigen Institut wäre schon aus Sicherheitsgründen nicht möglich.»

Und 3.: «Wir haben weder vom Bundesverteidigungsministerium noch von einer anderen Dienststelle des Bundes oder der Länder einen Auftrag für derartige Forschungsarbeiten erhalten. Wäre dies der Fall gewesen, hätten wir dies schon aus den oben angeführten sachlichen und persönlichen Gründen abgelehnt.»

Und 4.: «Soweit mir bekannt ist, darf in der Bundesrepublik laut alliierten Kontrollratsbeschlüssen kein Kampfstoff entwickelt oder hergestellt bzw. erprobt werden.»

Prof. Klimmer ist folglich bestens informiert. Er handelte in voller Kenntnis der Strafbarkeit seiner Zusage. Am 3. September 1969 hatte er dem *Bonner General-Anzeiger* gegenüber seine Tätigkeit burschikos so erklärt: «Wir sind eben Giftleute, die sich nicht mit Zuckerwerk, sondern von Berufs wegen mit hochgiftigen Stoffen auseinandersetzen.»

Prof. Dr. Hermann Eyer ist Leiter des Max-von-Pettenkofer-Instituts für Hygiene und Medizinische Mikrobiologie der Universität München, außerdem Mitglied des «Wehrmedizinischen Beirats» der Bundeswehr. Auch Eyer wäre in der Lage, «Führungs»-Zeugnisse für seine besondere Eignung auf diesem Sektor vorzulegen: Mitglied der SA seit 1933, der NSDAP seit 1935. 1939–1945 Leiter des Fleckfieber- und Virusforschungsinstituts des OKH in Krakau.

In einem Schreiben des Hygienisch-bakteriologischen Instituts der Universität Erlangen vom 22. Februar 1939 heißt es: «In weltanschaulicher Beziehung steht Herr E. voll und ganz auf seiten der nationalsozialistischen Idee. Schon in seiner Habilitationsschrift kommt zum Ausdruck, daß er z. B. die bevölkerungspolitischen Maßnahmen des Nationalsozialismus sowohl in ihrer Notwendigkeit wie in ihrer Tragweite erfaßt und durch seine Arbeit zu begründen und zu fördern versucht.»

Eyer selbst teilt in einem Schreiben vom 11. November 1941, in dem er über seine Arbeit im besetzten Polen berichtet, Prof. Dr. Zeiß mit: «Im übrigen stehen wir hier ganz unter dem Eindruck der jüngsten Führerrede und sind erneut in die Sielen gegangen, um auf unsere Art an der Erreichung des Endziels mitzuwirken.»

In einem Schreiben ans Auslandsamt der Dozentenschaft vom 11. März 1942 wird Eyer in die Reihe der Wissenschaftler eingereiht, die «ein besonderes Interesse an Ostproblemen haben und gern bereit seien, aktiv mitzuarbeiten».

Jetzt ist Eyer vorsichtig. Als er einen Forschungsauftrag angeboten bekommt, «um die Immunitätsbarriere für Pesterreger zu überwinden», reagiert er abschätzend. (Der Auftrag würde darauf hinauslaufen, alle bisher bekannten Impfstoffe für Pesterreger wirkungslos zu machen, d. h. eine der schrecklichsten Seuchen der Menschheit würde aus der Retorte neu entstehen.) Aus dem ehemaligen Nazi-Ideologen ist ein «verantwortungsbewußter» Wissenschaftler geworden. Er will damit nichts zu tun haben.

«In diesem Bereich der Kriegführung will ich nicht mitwirken.»

Aber dann tut er es indirekt doch, aus der anfänglichen Weigerung wird ein Abwälzen der Verantwortung auf andere, er selbst bleibt *sauber*, er kennt nur die Verantwortung für sein eigenes Handeln und wird damit zum Mitwisser und Komplicen.

«Wenn Sie jemanden zu mir schickten, könnten wir mal sehen. Wenn ich die Sache genau überblicke, werde ich Ihnen sagen können, wer für derartige Dinge am besten – ich glaube, daß meine Kenntnis ausreicht – in Frage kommt. Da gibt es gewisse Dinge, die sind bestimmten Leuten von vornherein geläufig.»

Von vornherein geläufig bedeutet, daß bestimmte Leute an gewissen Dingen arbeiten.

Professor Dr. Gärtner ist Leiter des «Hygiene-Instituts» der Universität Kiel. Laut DDR-Broschüre: *Bonn bereitet Giftkrieg vor* (1969) arbeitet das Institut am «Einsatz von Viren als biologische Waffe». Dieser Forschungsbereich unterliegt allerstrengsten Geheimhaltungsbestimmungen.

Ministerialrat Strathmann: «Wir befinden uns hier gerade in einer Sondersitzung. Es handelt sich um die Vergabe eines sehr dringenden Forschungsauftrages. Können Sie in dieser Woche noch zu einem Gespräch hier nach Bonn kommen?»

Gärtner (reserviert): «Nein. Ich weiß auch gar nichts von einem Forschungsauftrag.»

Strathmann: «Es ist noch ein ganz neuer Auftrag, der jetzt vergeben werden muß ... Es liegen uns hier Gutachten vor, nach denen Sie in Frage kommen könnten. Es geht speziell ... Ich möchte das am Telefon nicht in der Breite sagen ...»

Gärtner: «Ja, wollen Sie nicht vielleicht Herrn ... eh, Flottenarzt Lahmers bitten, dieses Gespräch mit mir zu führen oder Herrn Flottenarzt Wandel.»

Strathmann: «Sicher, ich meine, wären Sie einverstanden, wenn die Herren Sie aufsuchen würden?»

Gärtner: «Ja, ich kenne beide Herren gut, und mit einem von beiden will ich mich gern unterhalten. Ich muß natürlich auch noch wissen, um was es sich handelt.»

Strathmann: «Ich kann Ihnen das kurz mal andeuten, es geht also um den Auftrag, die Immunitätsbarriere für Pockenerreger zu überwinden.»

Gärtner sagt: «Ja.»

Strathmann: «Welchen Zeitpunkt kann ich avisieren?»

Gärtner: «Hier am Ort kann ich im Grunde jeden Tag. Wenn Sie einen der beiden Herren bitten, sich zu einem solchen Gespräch mit mir in Verbindung zu setzen. Wir treffen uns dann irgendwo.

Ich kenne beide Herren sehr gut», betont Gärtner noch einmal.

Strathmann: «Ich glaube auch. Sie hatten diesen Auftrag zuletzt, das lief auch darüber. Das hatten Sie ja auch gemacht.»

Gärtner: «Ja?»

Strathmann: «Das läuft nämlich getrennt.»

Gärtner: «Ja, bitte?»

Weitere Anfragen konnten nicht mehr durchgeführt werden. Die Betroffenen waren bereits gewarnt. Ein Sprecher des Bundesverteidigungsministeriums erklärte (am 23. September 1969, lt. *ap* und *Bonner General-Anzeiger*): «Durch fingierte Telefonanrufe ist am Wochenende der Versuch unternommen worden, Wissenschaftler in der Bundesrepublik und in Westberlin irrezuführen ... Der oder die Anrufer haben sich unter dem richtigen Namen eines Referenten des Bundesverteidigungsministeriums gemeldet und den Professoren wehrtechnische Forschungsaufträge angeboten ... Nach Angaben des Sprechers durchschauten jedoch die angesprochenen Wissenschaftler diese politische Manipulation ... Das Verteidigungsministerium nimmt an, daß diese Anrufe offenbar im Interesse östlicher Stellen getätigt wurden ...»

«Über eins müssen Sie sich klar sein, meine Herren», hatte Major Henke, stellvertretender Bataillonskommandeur der «ABC-Abwehrtruppe» in Zweibrücken zu uns Gefreiten der ROA gesagt, «Sie werden nicht ausgebildet, um den nächsten Krieg zu verhindern, sondern um ihn zu gewinnen.» Wir sollten uns deshalb durch die Bezeichnung unserer Waffengattung als «ABC-Abwehrtruppe» nicht täuschen lassen. Im «Ernstfall» würde, trotz Genfer Abkommen, nicht nur die Abwehr von – sondern auch der Angriff mit biologischen und chemischen Kampfstoffen zu unseren Aufgaben gehören.

Diplom-Politologe Gert Peter, ehemals Fähnrich der «ABC-Abwehrtruppe», Zweibrücken.

(Eidesstattliche Aussage)

«Die Anwendung biologischer Kampfmittel als Kriegswaffe ist ebenso wie die von chemischen Kampfstoffen durch die internationale Konvention (Genf 1925) untersagt. Die Erfahrung hat jedoch gezeigt, daß im Kriegsfall praktische Überlegungen eine größere Rolle spielen als sittliche Bedenken, zumal die Konvention verschiedene Auslegungen zuläßt ...»

Aus der internen Schulungsschrift ATP/B-U 3 der ABC-Abwehrschule Sonthofen der Bundeswehr.

Erste Reaktionen:

Frankfurter Rundschau (17. Oktober 1969)

Der Senat der Kieler Universität hat einen Sonderausschuß gebildet, der feststellen soll, ob Hinweise zutreffen, daß am Hygiene-Institut dieser Hochschule biologische Waffen im Auftrag der Bundeswehr erforscht werden. Solche Hinweise sind in einem in der letzten Ausgabe der Zeitschrift *konkret* abgedruckten Gespräch mit dem Direktor dieses Instituts, Professor Horst Gärtner, enthalten.

In dieser Ausgabe sind Auszüge aus einem Telefongespräch wiedergegeben, das der durch seine Industriereportage bekannt gewordene Journalist Günter Wallraff mit Professor Gärtner geführt hatte. Wallraff hatte sich dabei als Ministerialrat Strathmann vom Bundesverteidigungsministerium ausgegeben. Dabei sollte es um die Überwindung der «Immunitätsbarriere für Pockenerreger» gehen. Bei einem Gelingen solcher Forschungsarbeiten würde nach Ansicht von Medizinern dem Pocken-Impfstoff die Wirkung genommen werden.

Der Staatssekretär im Kieler Kultusministerium, Reinhold Borzikowsky, teilte am Donnerstag mit, daß das Hygiene-Institut keinerlei Forschungsaufträge vom Bundesverteidigungsministerium erhalten habe. Auch habe Professor Gärtner niemals Forschungsgelder oder Honorare vom Ministerium entgegengenommen. Diese Angaben, so erklärte Borzikowsky, stützten sich auf Aussagen des Professors und auf eidesstattliche Versicherungen aller Assistenten und Angestellten des Instituts. Die «notwendigen Strafanträge» würden unverzüglich gestellt werden.

An der Universität Kiel kursieren seit Monaten Gerüchte, daß Kiel einer der Schwerpunkte in der Wehrforschung ist. Diese Gerüchte stützen sich auf die Tatsache, daß der Wehrtoxikologe Professor Ludwig Schmidt einen Lehrauftrag hat und zugleich am Schiffahrtsmedizinischen Institut der Bundesmarine arbeitet. Überdies war bisher nicht zu erfahren, welchem Zweck eine geplante Gaszentrifuge für das Institut für physikalische Chemie dienen soll. Um den möglichen Untersuchungsergebnissen des «Sonderausschusses» zuvorzukommen, beeilte sich ein Regierungssprecher des Kultusministeriums in Kiel mitzuteilen (*Frankfurter Rundschau* vom 6. November 1969):

II Kiel, 6. November (Eig. Bericht). Das Kieler Universitätsinstitut für physikalische Chemie unter Professor Martin arbeitet an einer Urangaszentrifuge. Das teilte am Donnerstag in Kiel ein Sprecher des Kultusministeriums mit. Die Entwicklungen von Professor Martin seien wichtig, um angereichertes Uran als Kernbrennstoff für Atomkraftwerke zu erhalten. Die Zentrifuge diene allein friedlichen und zivilen Zwecken. Nähere Einzelheiten dürften nicht bekanntgegeben werden, um Interessenten keinen Einblick in eine wissenschaftliche Entwicklung zu geben, die dann möglicherweise Urangaszentrifugen zur Herstellung von Atomsprengkörpern für Rüstungszwecke verwenden könnten.

Weiter gab der Regierungssprecher bekannt, das Pharmakologische Institut der Universität mache Versuche mit Tabungas und Somangas. Es werde die Wirkungsweise von hemmenden Präparaten untersucht, welche die Wirkung der Nervengase reduzieren sollen. Diese Forschung werde vom Verteidigungsministerium finanziert. Er weise dem Kieler Institut das Geld über die Fraunhofer-Gesellschaft zu.

Auszüge aus dem vertraulichen Protokoll der nichtöffentlichen Senatssitzung der Christian-Albrecht-Universität Kiel vom 14. Oktober 1969: Gegenstand der kurzfristig einberufenen Senatssitzung war der Bericht in *konkret*.

Tagesordnungspunkt 1, der Fall Gärtner:

«Der Rektor der Universität Kiel, Prof. Weisbecker, liest das *konkret*-Interview vor: «Das ist das, was in dem *konkret*-Interview steht. In der Einleitung wird auch betont, daß die Umfrage im Beisein von Zeugen und eines Rechtsanwalts durchgeführt worden ist. Herr Gärtner, bitte ...»

Einer der beiden studentischen Senatsvertreter, Stabel: «Ich glaube, daß es zunächst Aufgabe des Antragstellers ist, hierzu etwas zu sagen. Dieses Interview hat natürlich uns ganz erheblich schockiert, als wir es lasen. Wir haben es deshalb auf die Tagesordnung gesetzt, um die Klärung zu erzielen, ob in einem Institut dieser Universität in geradezu verbrecherischer Weise Forschung betrieben wird oder ob dieser Vorwurf nicht haltbar ist. Dazu, meine Herren, muß ich Ihnen folgendes sagen: Die Genese sämtlicher Konflikte mit Professoren an der Kieler Universität hat bisher gezeigt, daß es nicht möglich ist, für Studenten oder für Assistenten oder für andere Kontrollierende an dieser Universität eine Einsicht in das letzte Material zu bekommen. Wir haben bisher immer erlebt, daß nach dem Motto, eine Krähe hackt der anderen kein Auge aus, sehr, sehr viele Punkte unter den Tisch gefallen sind. Ich weiß, daß eine Reihe von sehr, sehr schwerwiegenden Vorwürfen in diesem Rahmen hier unter den Tisch gefegt worden sind. Auch dieses befürchten wir hier. Ich möchte dazu eine ganze Reihe von konkreten Fragen stellen. Herr Gärtner: Stimmt das Interview in der hier angegebenen Weise?»

Gärtner: «Das Interview hat stattgefunden. Ich bin angerufen worden, und es hat sich dieser Herr namens Strathmann gemeldet. Das Gespräch ist in etwa so abgelaufen, wie die in Anführungszeichen gesagten Passi es sagen. Die Deutungen, die hinzugefügt worden sind, sind nicht richtig. Die Wortkombinationen sind meines Wissens auch nicht richtig . . .»

Stabel: «Ich habe eine weitere Frage dazu. Stimmt dann auch folgender Satz von dem fiktiven Herrn Strathmann. *‹Es geht also um den Auftrag, die Immunitätsbarriere für Pockenerreger zu überwinden›?*»

Gärtner: «Dieser Satz stimmt, ja.»

Schlinke, Asta-Vorsitzender: «Stimmt es, daß Sie auf das Projekt in der Form eingegangen sind, wie es in dem Interview dargestellt ist?»

Gärtner: «Nein, das stimmt nicht. Denn ich bin überhaupt auf kein Projekt eingegangen. Ich habe lediglich nach einer Ablehnung, nach Bonn zu kommen, gesagt, ich wollte, da übereilt, in dieser Form mich nicht unterhalten darüber, über dieses Thema, das war da ja noch gar nicht gestellt.»

Schlinke: «Natürlich, es ist doch von dem Projekt ‹Herabsetzung der Immunitätsbarriere› gesprochen worden.»

Gärtner: «Zunächst war gar nichts gesagt worden, auch ich hatte gesagt, man kann hierüber nicht reden, worüber man nichts weiß. Ich kann ja am Ort irgend jemand empfangen. Das war vorher gesagt. *Ich weigerte mich ganz klar.*»

Stabel: «Darf ich eine Zusatzfrage stellen? Sie sagten, Sie hätten das Projekt abgelehnt, stimmt das? Haben Sie am Telefon abgelehnt, so ein Projekt zu bearbeiten?»

Gärtner: «Vielleicht darf ich jetzt mal meine Deutung bringen . . . Es wurde von meiner Sekretärin gesagt, es ist hier das Verteidigungsministerium in Bonn, ein Ministerialrat Strathmann, wollen Sie den sprechen? Ich habe dazu gesagt, ‹ja›, ich hatte keinen Anlaß, jemanden, der von so fern anruft, nicht zu hören . . . Und dann kam dieser Satz, ‹es handelt sich darum, die Barriere bei den Pocken zu überwinden›, und ich habe gesagt, ‹ja gut, also ich bin bereit, mich zu unterhalten . . .› Dieser hier stark diskriminierte Satz ist für einen Fachmann völlig indiskutabel. Er läßt sich in der verschiedensten Weise deuten, und als ich diesen Satz hörte, habe ich gesagt ‹ja›, um anzudeuten, daß ich es akustisch nicht verstanden hatte. Es geht nämlich darum, daß es bei den Pocken eine Immunitätsbarriere auch andersherum gibt, daß man nämlich durch die Pockenimpfung eine Immunität erzeugt, die nur kurzfristig ist. Das Impfgesetz legt eine Barriere von 10 Jahren fest. Im internationalen Reiseverkehr ist diese Barriere für zu lang erkannt worden, man rechnet mit drei Jahren. Nach drei Jahren muß man sich wieder impfen lassen, um die Immunitätsbarriere zu überwinden ...»

> Experten auf diesem Gebiet urteilen teilweise anders. Wir fragten den Virologen, Herrn Prof. Oswin Günther, am Chemotherapeutischen Forschungsinstitut in Frankfurt: «Hat diese Formulierung etwas mit Schutzimpfung zu tun, oder mit B-Waffen?» Prof. Günther: «Es kann meines Erachtens nur so verstanden werden, daß man entweder den Patienten empfänglicher für Pocken machen will, oder daß man beabsichtigt, die Barriere, die durch die Immunität errichtet wird gegen die Pocken, zu durchbrechen, das wäre gegen ärztliche Funktion, so fasse ich es auf. Ich würde bei so einem Auftrag eher daran denken, daß man den Pockenvirus irgendwie bösartiger macht, also daß Viren umgezüchtet werden.»
>
> *konkret*: «Herr Professor, dürfen wir Sie in der Hinsicht zitieren, daß Sie auf Anfrage des Bundesverteidigungsministeriums diese Assoziation der ‹Bösartigkeit› gehabt hätten?»
>
> Prof. Günther: «Ich meine, daß es eine Interpretation im Sinne einer Bösartigmachung ist, das würde ich aus diesem Begriff herauslesen.»
>
> aus *konkret*, Oktober 1969 –

Stabel: «Eine Zwischenfrage: Glauben Sie, Herr Prof. Gärtner, daß das Bundesverteidigungsministerium daran interessiert sein könnte, im Sinne Ihrer Deutung (humane Zwecke) einen Auftrag zu vergeben?»

Gärtner: «O ja, natürlich kann ich das. Das ist ganz offensichtlich, denn wenn man mit einer Impfung eine lebenslange Immunität erzeugen könnte oder mit dem 12. Lebensjahr eine z. B. 25 Jahre andauernde Immunität, dann brauchte man die Impfung nicht durchzuführen.»

Schlinke: «Wenn dieser Auftrag vom Verteidigungsministerium kommt, hätten Sie mindestens so reagieren müssen, wie es sich für einen Mediziner, glaube ich, gehört: d. h. dann hätten Sie zunächst einmal in aller Öffentlichkeit dieses Projekt diskutieren müssen, ehe Sie darauf eingegangen wären ... Aus dem ganzen Interview geht hervor, daß eine Ablehnung von Ihrer Seite keinesfalls ausgesprochen worden ist, sondern daß Sie augenscheinlich sogar daran interessiert waren, sich mit den entsprechenden Leuten hier in Kiel über das Projekt zu unterhalten.»

Gärtner: «Dazu muß ich Ihnen sagen, daß das Projekt weder interessant war, noch ich mich für zuständig fühlte, daß ich lediglich der Ansicht war, ich will nicht unhöflich sein, ich will dieses mit einem Herrn in Kiel besprechen, um dann nach Kenntnis der Dinge abzusagen ...»

Stabel: «Sie müssen verstehen, daß ich hier ein gesundes Maß an Mißtrauen habe, da mir bisher auf allen Veranstaltungen der Kieler Universität immer mit dem Brustton der Überzeugung gesagt wurde, Forschungsaufträge von der Wissenschaft: wir nicht!»

Gärtner: «Ich hatte noch nie einen Forschungsauftrag vom Bundesverteidigungsministerium ... Ich bin speziell gar kein Spezialist auf dem Gebiet der Pocken, so daß ich Ihnen zu diesem Problem nicht viel erzählen könnte ...»

Hier stellt Prof. Gärtner sein Licht unter den Scheffel, er hat speziell über das Gebiet der Pocken einiges veröffentlicht, was ihn als Spezialisten ausweist. Z. B. im *Lehrbuch der Medizinischen Mikrobiologie*, erschienen 1965 im Gustav Fischer Verlag, Stuttgart. Gärtner (weiter): «Das ganze lief dahin, daß ich, um das Gespräch abzuwürgen und mit mir bekannten Leuten also weiterzureden und denen zu sagen, daß ich nicht interessiert sei, daß ich auf Kieler Herren verwiesen habe ... Der eine Herr ist Wehrbereichsarzt, der andere Herr Leiter einer Forschungsabteilung im Lazarett in Kronshagen. Beide kenne ich, beide kenne ich *gesellschaftlich.*»

Immerhin: Kollegen von Professor Gärtner scheinen derartige «gesellschaftliche» Kontakte mit Leitern von militärischen Forschungsabteilungen nicht nur privat zu pflegen. Der Wehrtoxikologe Prof. Ludwig Schmidt, der nebenbei noch einen Lehrauftrag an der Kieler Universität hat und dort u. a. auch Bundeswehrstipendiaten betreut, ist zum Beispiel Spezialist auf dem Sektor der B- und C-Waffen-Kriegführung. In einem Vortrag, den Schmidt am 4. Dezember 1964 vor Generälen der Luftwaffe hielt, lobte er die «enge und vertrauensvolle Zusammenarbeit zwischen militärischer Führung und wissenschaftlicher Beratung, ohne die ein moderner Krieg nicht mehr zu führen ist». Marineoberstabsarzt Dr. med. Schmidt führte weiter aus: «Der verantwortungsbewußte militärische Führer wird niemals z. B. einen A-Waffensprengkörper einsetzen, ohne sich von seinen Wissenschaftlern beraten zu lassen ...» Es ist erforderlich, «die wissenschaftlich-militärische Forschung auf dem Gebiet der ABC-Waffen und darüber hinaus auf allen Gebieten, wo sich militärische Einrichtungen auf wissenschaftliche Grundlagen abstützen müssen, auch in Deutschland mehr als bisher zu fördern ...

Über diese Probleme ist bisher zu wenig bekannt. Man wird abwarten müssen, wie sich das Gebiet der B-Waffen weiterentwickelt. Es wird Aufgabe der Militärwissenschaftler sein, sehr genau alles zu verfolgen, was auf diesem Gebiet passiert ...

Das Bild des Krieges hat sich seit dem Sturm auf die Düppeler Schanzen vor 100 Jahren grundlegend gewandelt. In einem modernen Krieg muß der Einsatz von ABC-Waffen in Rechnung gestellt werden. Das Bestehen wird nur möglich sein durch das *harmonische Zusammenspiel* aller Stellen einer Wehrmacht, nur durch das echte *Teamwork* zwischen einer militärischen Führung mit Verständnis für die wissenschaftliche Problematik des modernen Krieges und Wissenschaftlern mit *tiefer Einsicht* für Probleme, die im Kriege der Massenvernichtungsmittel auf die militärische Führung zukommen.»

Stabel: «So ganz unberechtigt sind die Forderungen nach Offenlegung der Forschungsaufträge und nach Einsicht in die Richtung der Forschung nicht. Und zwar, damit so etwas nicht passiert. Man muß zunächst wissen, daß 120 Institute in der Bundesrepublik an Forschungsaufträgen der Bundeswehr arbeiten. Wir haben jahrelang versucht, in allen Kommissionen dieser Universität einen Zugang zu erhalten zu den Forschungsprojekten. Nun erklären Sie mir mal bitte, wo bleiben 1,8 Milliarden DM des Bundesverteidigungsministeriums und 1,2 Milliarden, für die das amerikanische Verteidigungsministerium auf deutschem Boden forschen läßt? – Das Minimalste, was überhaupt an Bereinigung möglich ist, ist, daß Herr Gärtner so schnell wie möglich entweder einer Kommission dieses Senats oder anderen Institutionen sämtliche Forschungsprojekte auf den Tisch legt...»

Gärtner: «Es gibt in meinem Institut keine Fremdforschungsprojekte. Das Institut hat einen großen Arbeitsauftrag auf dem Gebiet der Epidemiologie hier im Lande, es gibt Aufgaben genug. Wir haben ein großes Virologieinstitut in Hamburg. Die Virusabteilung, um die es hier ja ging, spielt an meinem Institut eine ausgesprochene Nebenrolle. Sie ist geradezu kümmerlich, und es ist nur ein Herr darin beschäftigt, der sich mit der Aufklärung von z. B. Pockenkomplikationen auch befaßt hat in den letzten Jahren.»

Stabel: «Sie behaupteten eben, über Pocken haben Sie nicht geforscht!»

Gärtner: «Ja, die Pocken kommen in, Verzeihung, ein Mitarbeiter, ein Mitarbeiter.»

Schlinke: «So was muß man sich mal vorstellen, also so was!»

Prof. Karl: «... wieviel Vertrauen kann man dieser Zeitschrift entgegenbringen, die solche Methoden hat. Diese Methoden erinnern mich sehr an die SS-Methoden zu unserer Zeit, wo Leute aus irgendeinem Grunde ... versucht haben, jemand hereinzulegen ... Sagen Sie dazu mal was...»

Schlinke: «Hier stellt sich wieder mal heraus, mit welcher Argumentation hier versucht wird, zu kaschieren, indem Sie uns hier SS-Methoden vorwerfen, obwohl völlig klar ist, daß in der Bundesrepublik gegen das Kontrollratsgesetz in der Beziehung ständig verstoßen wird... und obwohl wir auch wissen, daß an anderen Instituten und Universitäten so geforscht wird, da kommen Sie und werfen uns hier praktisch SS-Methoden vor. Wir können nur sagen, das sind die simpelsten, das sind die schwächsten Methoden, die wir haben, um solchen Schlichen überhaupt erst mal auf die Spur zu kommen. Aber es ist typisch, wie hier gedacht wird, daß man sich natürlich sofort mit den Mächtigen identifiziert ...»

Stabel: «Dieses *konkret*-Interview ist am 2. Oktober veröffentlicht worden, heute schreiben wir den 14. Oktober. Inzwischen sind 12 Tage vergangen. Wenn, wie Herr Gärtner zugibt, ein Mitarbeiter an seinem Institut, wie war das noch, an Pockeneinwirkungen arbeitet, an Komplikationen?»

Gärtner: «An der Aufklärung von Impfkomplikationen.»

Prof. Naucke: «Wenn man dieses Interview liest, und ich spreche hier als Jurist, Herr Kollege Gärtner, erschrickt man einfach deswegen, weil hier unmittelbar davon gesprochen wird, daß es um den Auftrag geht, die Immunitätsbarriere für Pockenerreger zu überwinden, das heißt, Leute kränker zu machen, als sie sind ...»

Rektor Prof. Weisbecker: «Herr Gärtner, darf ich dazu mal sagen, daß ich, wenn ich hier den Ausdruck höre: ‹Überwindung der Immunitätsbarriere›, es mir daran liegt, die Immunitätsbarriere zu erhöhen und die Laufzeit zu verlängern.»

Prof. Naucke: «Magnifizenz, wenn die Anfrage vom Gesundheitsministerium kommt, ja!»

Stabel: «Genau! ... Magnifizenz, darf ich jetzt eine Frage stellen? Herr Lüllmann, arbeiten Sie an Forschungsaufträgen des Bundesverteidigungsministeriums?»

Prof. Lüllmann: «Ja.»

Stabel: «Danke. Arbeiten Sie an Phosphorsäureestern, die fluoriert sind?»

Lüllmann: «Ja.»

Stabel: «Das weiß ich, das ist mir bekannt ... Ich wollte mit dieser Frage zunächst einmal klarstellen, daß so etwas an dieser Universität gibt.»

Lüllmann: «Ja.»

Prof. Lüllmanns dreimaliges karges «ja» ist das Eingeständnis, daß an der Kieler Universität sehr wohl im Auftrage des Bundesverteidigungsministeriums gearbeitet wird, obwohl das bisher vom zuständigen Kultusministerium, vom Rektor der Universität und von Prof. Gärtner sowie vielen seiner Kollegen kategorisch dementiert wurde. Der Fachterminus «fluorierte Phosphorsäureester» bedeutet nichts weiter, als daß der Pharmakologe Prof. Dr. med. Lüllmann mit *chemischen Kampfstoffen*, mit *hochtoxischen Nervengiften arbeitet.*

So wurde durch einen Assistenten bekannt, daß in Lüllmanns Pharmakologischem Institut z. B. mit dem chemischen Kampfstoff *Soman* experimentiert wurde, dessen Herstellung und Weiterentwicklung in der Bundesrepublik – ebenso wie die Herstellung von B-Waffen – sowohl durch internationale Verträge als auch durch alliierte Verordnungen und neuerdings Bundesgesetze verboten ist. Inzwischen hat Prof. Gärtner – im Einverständnis mit dem Kultusministerium – Klage gegen den Autor und gegen *konkret* eingereicht: «Vorläufiger Streitwert: 200000 DM.»

In anderen Universitäten haben Studentenkommissionen Kontrollrechte verlangt; Prof. Klimmers Institut in Bonn wurde bereits einer Inspektion unterzogen, und man konnte sich davon überzeugen, daß Prof. Klimmer zumindest im Moment keine Kampfstoff-Forschung mehr in seinem Institut durchführt . . .

Teil II: Giftgas für die Bundeswehr

Die Bundeswehr richtet sich auf den Einsatz von verbotenen chemischen und bakteriologischen Waffen ein: Forschungsinstitute und Wissenschaftler arbeiten im Auftrag des Bundesverteidigungsministeriums an den Herstellungs- und Einsatzmöglichkeiten dieser international geächteten Massenvernichtungsmittel. Bundesregierung und Bundesverteidigungsministerium haben es lange genug verstanden, an einer Stellungnahme zu diesen Vorwürfen vorbeizukommen. Der zuständige Ministerialrat des für die B + C-Forschung zuständigen Referats «T II.2», Dr. Strathmann, unter dessen Namen und Amt ich Wissenschaftler nach ihrer Beteiligung an diesen geheimen Vorbereitungen befragte und teilweise verblüffende Bekenntnisse erhielt, wurde nach Veröffentlichung dieser C- und B-Kriegswaffen-Vorbereitungen erst einmal in eine andere Abteilung versetzt, und sein Posten verwaiste zwecks Beruhigung der beunruhigten Öffentlichkeit vorübergehend. Inzwischen avancierte jener Experte Dr. Strathmann zum persönlichen Berater von Bundesverteidigungsminister Schmidt.

Seitdem die MONITOR-Fernsehsendung einige der Enthüllungen aufgriff und auf Grund eigener Recherchen der Bundeswehr den geplanten Einsatz von ebenfalls verbotenen, aber vorhandenen C-Handgranaten nachwies, sah sich der Verteidigungsminister zwar immer noch nicht zu einer eigenen Stellungnahme genötigt, jedoch versuchte man fortan mit allen Mitteln, die im In- und Ausland stärker werdende Kritik einzulullen und bediente sich dazu zuerst einmal eines Freundes der CDU-Politik, des ZDF-Moderators Gerhard Loewenthal, der mit Eifer und Energie darangging, eine Art «Gegendarstellung» des Bundesverteidigungsministeriums gegen *konkret* und seine Kollegen von MONITOR – beide feinerweise nicht beim Namen genannt – über den Bildschirm laufen zu lassen. Damit leitete die Bundeswehr eine Verharmlosungs- und Tarnungsaktion sondergleichen ein. Scheinbar wurden alle geheimen Kampfstoff-Depots und Munitionslager der Presse zur Besichtigung geöffnet, um sie von der angeblichen Harmlosigkeit zu überzeugen. Ausgesuchte und genehme Journalisten wurden eingeladen und «informiert». Sie sahen das, was man sie sehen lassen wollte, und berichteten entsprechend.

In der Erprobungsstelle 53 der Bundeswehr in Munsterlager war Großalarm. 9 Soldaten und 3 Zivilangestellte mußten mit Schwefellostvergiftungen ins Lazarett eingeliefert werden; mit besonders heimtückischen Kampfstoffverletzungen, die noch nach mehreren Jahren unheilbare Spätschäden des Nervensystems hervorrufen können. Die Männer waren Opfer einer von ehrgeizigen Militärs allzu hastig aufgebauten Kampfstoffversuchsanstalt geworden. Dieser Unfall passierte im September 1967. Einige Soldaten, die mit ziviler Schadensersatzklage drohten, wurden mit schneller Beförderung abgefunden.

Aufbau und Arbeit, der unter strengster Geheimhaltung arbeitenden Erprobungsstelle waren und sind kaum durch ihre vorgegebene offizielle Aufgabe, der Enderprobung von Kampfstoffschutzmöglichkeiten, zu rechtfertigen. Die Tradition von Munsterlager auf dem C-Waffensektor reicht bis in den Ersten Weltkrieg zurück. Im Zweiten Weltkrieg installierte man hier eine Anlage, mit der Hitlers «Endsieg» durch die sogenannte «Aktion Sprühteufel» erzwungen werden sollte. Hier wurde u.a. Schwefellost und Tabun in Granaten abgefüllt, die nachher in Bunkern verschwanden. Die einschlägigen Erfahrungen des jetzigen Leiters der E-Stelle, Dr. Kosack, stammen aus jener Pionierzeit: Er arbeitete damals schon intensiv an C- Kampfstoffen. Die Erprobungsstelle untersteht dem Bundesamt für Wehrtechnik und Beschaffung, das wiederum dem Referat T III 7 des Verteidigungsministeriums, zuständig für die Entwicklung von B + C-Waffen. Dieses Referat gliedert sich in 4 Abteilungen: Verwaltung und Aerosoltechnik, A- und B-, C-Waffen.

Leiter der E 53 war seit 1964 Dr. Hennings, der sich zuvor 20 Jahre erfolgreich auf dem Gebiet der Heringskonservierung betätigt hatte. Er war einer der wenigen, der von Anfang an über Zweck und Bedeutung der überdimensionalen BC-Halle informiert war. Das 5-Millionen-Bauprojekt, 1967 fertiggestellt, unterstand einem Oberbaurat aus Munster, der als Geheimnisträger geeignet erschien, war er doch der Sohn des Generals von Bülow. Anfangsschwierigkeiten bei der Erstellung dieser Kampfstoffgroßversuchshalle wurden rigoros beseitigt: im BWB (Bundesamt für Wehrtechnik und Beschaffung) Koblenz waren einige Beamte auf Grund der Überdimension der Halle stark beunruhigt. Sie rechneten vor, daß die Halle mit 2500 cbm Fassungsvermögen etwa die fünffache Größe aufwies wie zur Erprobung von Abwehrmaßnahmen eben noch vertretbar sei. Nach ihren Berechnungen mußte die Halle für die *Einsatzerprobung* von C-Waffen bestimmt sein. Denn während für die Entwicklung und Erprobung von Gegen- und Abwehrmitteln kleinste Mengen chemischer Kampfstoffe und somit kleinste Versuchsräume ausreichen, kann man in der Riesenhalle neue Aerosolgeneratoren, die BC-Waffen versprühen, genauso unter Ernstfallbedingungen testen, wie die Wirksamkeit neuentwickelter Kampfstoffe und Kampfstoffgemische. Protestversuche und Beschwerden wurden mit Strafversetzungen beantwortet. Die Ursachen des

Großunglücks der 12 Schwefellostvergifteten wurden bis heute geschickt vertuscht. Die minimalsten Sicherungsvorkehrungen waren bei dem ersten Planungsenthusiasmus außer acht gelassen worden: die Entlüftungsanlage der BC-Halle hatte nur ein Viertel der erforderlichen Leistung gebracht.

Nach dem Umbau wurden die Arbeiten unter Leitung von Oberstleutnant Mersch wiederaufgenommen: Bis heute wurden 68 Großversuche mit den C-Kampfstoffen Stickstofflost, Schwefellost und Tabun durchgeführt.

Für einen einzigen Großversuch aber werden die gleichen Mengen chemischer Kampfstoffe benötigt, die die Amerikaner nach offiziellen Angaben in einem ganzen Jahr «für die Entwicklung von Gegenmitteln» an die Bundesrepublik liefern!

Schlüsselfiguren dieser geheimen Erprobungen sind Ministerialrat Dr. Scheichl, Leiter des Referats III.7, und Oberst Sisimato aus dem Führungsstab, dem auch die gesamte ABC-Schulung untersteht. Nach Aussagen ehemaliger Mitarbeiter sind die beiden wiederum nur ausführende Figuren einer politisch weit rechts stehenden Gruppe von höheren, z. T. sogar höchsten Bundeswehroffizieren, die über den wirklichen Stellenwert und Vorbereitungsstand einer geheimen BC-Aufrüstung innerhalb der Bundeswehr besser informiert seien als z. B. die beiden letzten Verteidigungsminister.

Die Grundsteine für diese verbotene Aufrüstung wurden allem Anschein nach vom damaligen Verteidigungsminister Franz Josef Strauß gelegt, der bereits 1958 die Chancen der Bundeswehr folgendermaßen darlegte:

«Dabei soll die Ausbildung an A-, B- und C-Waffen, also an Atom-, bakteriologischen und chemischen Waffen, in den Vordergrund treten. Man muß den Soldaten der Bundeswehr die allermodernsten Waffen in die Hand geben und sie bis zur letzten technischen Perfektion daran ausbilden. Eine solche Armee wird dann ein machtvolles Instrument in der Hand des Politikers sein.» Und daß diese Massenvernichtungsmittel nicht nur zur Abschreckung gedacht waren, zeigt folgendes Zitat: «Notfalls schlagen wir zu, und zwar mit allem, was wir haben, auch wenn es für uns sehr bittere Stunden geben wird, auch wenn das Risiko tödlich ist» (Strauß, zitiert im *Spiegel*, April 1957).

Außer mit C-Kampfstoffen wird in der Erprobungsstelle 53 auch mit sogenannten «pathogenen Keimen» – das sind biologische Kampfstoffe und Krankheitsträger – gearbeitet. Bisher hat man es vorgezogen, hierüber absolute Geheimhaltung zu verhängen. Wir sind in der Lage, die auf diesem Sektor tätigen Personen namentlich zu nennen: Jetziger Leiter der Arbeiten ist Dr. von Sprockhoff (Biologe), sein Stellvertreter Dr. Häufele, ehemals Brauerei-Ingenieur.

Von Sprockhoffs Stab kann bereits einige Erfolge verbuchen: so wurden als ideale Kampfstoffe entdeckt einzelne Sorten pathogener Keime, die zuvor atomar bestrahlt werden, worauf das Gegenserum wirkungslos bleibt (z. B. bei Cholera). Ebenfalls in Munster arbeitet im Auftrag der Bundeswehr Frau Dr. Schulz mit Psychopharmaka, die als gezielt eingesetzte Kampfstoffe zwar nach wie vor umstritten sind, jedoch von einigen amerikanischen Experten als «Kampfstoffe der Zukunft» angesehen werden. Frau Dr. Schulz führt Selbstversuche mit Meskalin durch und experimentiert mit stärkeren Psychopharmaka an Hunden.

Die einzigen Versuchstiere der Erprobungsstelle seien Meerschweinchen und Ratten, wurde anläßlich der spektakulären Fernsehempfänge von den Verantwortlichen des Lagers ausdrücklich hervorgehoben. Das stimmt nicht. Seit einigen Jahren werden Versuchstiere, die vom Körpergewicht und Reaktionsvermögen Menschen gleichen, mit Kampfstoffen behandelt, um die genaue Wirkungsweise neuentwickelter «taktischer Gemische» (Mischung aus mehreren Kampfstoffen bestehend, als besonders heimtückisch hat sich eine Kombination von VX mit Soman bewährt) und die «letale» (tödliche) Dosis herauszufinden. Schafe und Affen sind für diesen Zweck in Stallungen untergebracht. Unbetäubt werden sie den Kampfstoffen ausgesetzt und verenden – an Brettern festgebunden – oft erst nach mehreren Tagen unter grauenhaften Qualen.

ZDF-Moderator Loewenthal sah die Sache als abgeschlossen an. Im ZDF-Magazin kam er zu der abschließenden Feststellung: «Ich glaube, nur wirklich Böswillige können jetzt noch behaupten, die Bundeswehr entwickle C-Waffen.» Zu dieser, wenn nicht böswilligen, so doch absolut naiven und leichtfertigen Äußerung kam der CDU/CSU-fromme Fernsehmann, nachdem sein Team einmal kurz in die Hexenküche von Munsterlager hereinriechen durfte.

Loewenthal, staats- und obrigkeitshörig, moderierte, weshalb nicht sein kann, was nicht sein darf:

«Deutschland ist ein Signatarstaat des Genfer Protokolls von 1925, das die Anwendung von biologischen und chemischen Waffen in jedem Krieg ächtet. Die Bundesrepublik hat bereits am 23. Oktober 1954 auf die Herstellung von chemischen und biologischen Waffen verzichtet und unterwirft sich damit den internationalen Kontrollen, die regelmäßig und mit großer Genauigkeit im Rahmen unserer Mitgliedschaft durchgeführt werden.»

Loewenthal zum Trotz sind die C-Waffen im Kampfstoffbunker der Erprobungsstelle 53 (neben größeren Mengen Lost lagern dort einige Kilogramm des hochgiftigen Kampfstoffes VX [1 kg kann bis zu 200000 Menschen töten] und 50 kg des vom Bayer-Chemiker Schrader entwickelten Nervengiftes Tabun) jeder ernst zu nehmenden Kontrolle praktisch entzogen. Denn die WEU-(Westeuropäische Union)-Kontrollkommissionen rekrutieren sich fast ausschließlich aus NATO-Offizieren, und ein BC-

Krieg liegt durchaus im Rahmen der NATO-Konzeption, wie die bisher bekannt gewordenen Einsatzpläne zeigen. Zum Beispiel der kürzlich vom *stern* veröffentlichte, streng geheime US-Plan «10–1», der aus rein strategischen Überlegungen, nämlich um den «Feind» keine Gebiete eines Partnerstaates besetzen zu lassen, den Einsatz von A-, B- und C-Waffen in ganz Europa, sogar in neutralen Ländern, durch die US-Armee vorsieht.

Außerdem ist es üblich, daß einzelne WEU-Kontrolleure, die ihre Aufgabe ernst nehmen und bei Inspektionen gründliche Überprüfung verlangen, ob vorhandene Kampfstoffe auch tatsächlich nur in kleinsten Mengen und ausschließlich zur Gegenmittelforschung verwendet werden, als «schwarze Schafe» bekannt sind und vorsätzlich falsch informiert werden. Z. B. fiel 1966 ein Franzose, Mitglied der WEU-Kommission, der die Munsterlager besuchte, durch hartnäckige Fragen auf. Daraufhin enthielt man ihm den Vorratsbunker der E 53 vor. Als er nachfragte, wieviel Kampfstoff zur Zeit in der E-Stelle gelagert sei, antwortete ihm der damalige Leiter Dr. Hennings schlicht: «Nichts.»

Die ZDF-Redakteure halten Forschung auf dem C-Waffengebiet «zur Abwehr» mit «minimalen Mengen» giftiger Chemikalien für notwendig.

Die Bundeswehr bezieht für ihre Tests aber nicht nur «minimale Mengen» (ZDF) oder – wie es die *Kölnische Rundschau* dem Bundesverteidigungsministerium zu Gefallen sagt – «klitzekleine Mengen» chemischer Kampfstoffe, das würde den weitgesteckten Zielen maßgeblicher Militärs nicht ausreichen.

Obwohl vom Bundesverteidigungsministerium immer wieder entrüstet und nachhaltig dementiert, wird im folgenden nachgewiesen, daß eine westdeutsche Firma im Auftrag eben dieses Ministeriums C-Kampfstoffe herstellt, was im krassen Widerspruch zum WEU-Vertrag steht. Um keine Mißverständnisse aufkommen zu lassen: es handelt sich nicht etwa um Stoffe, die auch im zivilen Bereich Verwendung finden und deren Herstellung in gewissen Grenzen erlaubt ist. Es handelt sich um hochtoxische und eindeutige Kampfstoffe wie das Hautgift Lost und das Nervengas Tabun.

Das Verteidigungsministerium kennt die Rechtslage: «Die Liste 1 [= Verbotsliste, Anm. d. Verf.] enthält Substanzen, die ausschließlich für kriegerische Verwendung geeignet sind. Dazu gehören beispielsweise Stoffe wie Sarin, Tabun, Soman, Schwefellost, Stickstofflost usw. Stoffe dieser Liste dürfen in der Bundesrepublik Deutschland nicht hergestellt werden, und diesbezüglich werden sogenannte Nichtherstellungskontrollen durchgeführt», so ein Sprecher des Ministeriums in der ZDF-Magazin-Sendung.

In Hamburg-Bahrenfeld, Schnakenburgallee 167, hat eine traditionsreiche Chemiefabrik ihren Sitz. Ihre Fabrikationsstätten verstecken sich hinter einer brüchigen Mauer, überwuchert von verwilderten Hecken. An einer Wand ist das Firmenschild erkennbar: «Dr. Hugo Stoltzenberg Chemische Fabrik, Gasmasken und Atemfilter.»

Die Firma wurde 1923 gegründet und hatte bis zum 18. Mai 1967 noch eine Zweigstelle in West-Berlin.

Das Fertigungsprogramm der Firma weist offiziell die «Vollblickmaske», eine durchsichtige Gasmaske, «Bunkerausstattungen», «durchsichtiges Gas- und Schwelstoffilter», «Schulungsmaterialien über Reizstoffe», «gelben Phosphor in Stangen», «Nebel weiß und farbig» und «Desinfektionsmittel» aus.

Weniger offiziell hat der Firmeninhaber Hugo Gustav Adolf Stoltzenberg – erklärter Preuße, inzwischen 87 Jahre – bereits Mitte der zwanziger Jahre ein anderes Programm in die Produktion mit aufgenommen: chemische Kampfstoffe. Damals – nach Angabe von Stoltzenberg – zur Bekämpfung von Eingeborenen-Aufständen in den spanischen Kolonien von ihm geliefert, verschafft er sich noch heute in seinem neuen Kundenkreis Respekt, wenn er sinniert: «Die starben dahin und dachten, es sei eine neue Krankheit, die ihnen der Himmel geschickt hat, und dabei war es Kampfstoff aus meiner Fabrik.»

Stoltzenberg war einer der führenden Kampfstoffexperten im Nazi-Deutschland. In dem Lehrbuch *Schulversuche zur Chemie der Kampfstoffe* (!) von W. Kinttof aus dem Jahr 1935 ist die Hamburger Firma mehrfach erwähnt. Im Vorwort dankt ihr der Verfasser für die Überlassung von Klischees; häufig wird auf Kampfstoff-Erzeugnisse des Hauses verwiesen.

Im Mai 1928 hatte sich die unrühmliche Tradition der Firma Stoltzenberg in den Schlagzeilen der Weltpresse niedergeschlagen. In ihrem Werk war ein 10-Tonnentank mit dem Giftgas Phosgen explodiert. Der Wind trug seinerzeit die Gasschwaden über den dünn besiedelten Stadtteil Wilhelmsburg; dennoch: zehn Tote, über 300 teilweise schwer Erkrankte. Franzosen und Engländer forderten damals Aufklärung, ob Deutschland mit dieser Firma den Artikel 171 des Versailler Vertrages gebrochen habe (Herstellungs- und Verwendungsverbot von Kriegsmaterial). Die Menge von 10 Tonnen Kampfstoff ließ auf Kriegszwecke schließen, da der Weltjahresbedarf an Phosgen für friedliche Zwecke (Farbenverarbeitung und Parfümherstellung) insgesamt nur 40 Tonnen betrug, und Stoltzenberg mit diesem Produkt bisher im Welthandel nie in Erscheinung getreten war. Mit dieser «Panne» ging die Firma in die Geschichte der Arbeiterbewegung ein: das «Rote Gaslied» kündet davon.

Bei dieser Firma rufe ich an, als Bundesamt für Wehrtechnik und Beschaffung (BWB), das dem Verteidigungsministerium untersteht und für die Vergabe von Kampfstoffbestellungen zuständig ist. (Das Telefongespräch wird von Zeugen mitgehört und mitstenografiert.)

Mein Anruf klingt offenbar vertraut. «Da ist Koblenz», sagt die Dame von der Telefonzentrale und stellt gleichzeitig durch. Ich bin mit dem Prokuristen der Firma, Herrn Leuschner, verbunden.

«Guten Tag, Herr Leuschner», sage ich, hier ist Kruse, BWB. Ist es möglich, daß wir in der nächsten Zeit noch mal eine größere Menge Stickstofflost über Sie beziehen?»

Die Abteilung Kruses, zuständig für die Belieferung der Erprobungsstelle 53, ist wahrscheinlich nur eine von mehreren Bundesbehörden, die der Bundeswehr ihre Kampfstoffe beschafft.

«Ja, können wir machen», sagt er nur, «wieviel soll's denn sein?» – «Nun, diesmal brauchen wir fast die doppelte Menge vom vorigenmal», sage ich, und «wieviel hatten wir beim letztenmal noch bestellt, wie liegt denn jetzt der Preis?»

Leutschner: «Die Preise sind ziemlich hoch. Es wird viel verlangt zur Zeit. Sie hatten damals – soweit ich mich erinnere – ca. 35 kg von uns bekommen. Den Preis kann ich Ihnen im Moment nicht genau sagen, denn mein Buchhalter ist zur Zeit nicht da.»

Mir ist bekannt, wann die Firma Stoltzenberg zuletzt Stickstofflost nach Munsterlager geliefert hat, aber ich will die Bestätigung aus berufenem Munde, um sie so beweiskräftig zu machen.

Kruse: «Wann war noch unser letzter Auftrag. Ich glaube so 1966?» Leuschner kennt seine Kunden und – tappt in die Falle. Leuschner: «Ja, so 1964.» Plötzlich wird er mißtrauisch: «Ist denn der Kosack noch in Munsterlager? Aber Sie sind doch nicht Dr. Kosack?» Kruse: «Nein, ich mach das nur in seinem Auftrag.» Leuschner ist beruhigt: «Ja, ja, ich kenne ihn nämlich gut, ich habe die ganzen Jahre mit ihm zusammengearbeitet . . .»

Die ganzen Jahre mit ihm zusammengearbeitet . . . Wieviel Kampfstoff mag Dr. Kosack schon bei ihm bestellt haben?

«Kruse»: «Ich habe nicht mehr genau den Überblick. Wie teuer ist der Stickstofflost zur Zeit?»

Leuschner: «Fast der doppelte Preis ist das zur Zeit. Die ganzen Apparaturen und Zeitaufwände haben sich verschoben.»

Fast der doppelte Preis bedeutet etwa 1800 bis 2000 DM pro kg Stickstofflost. Die Bundesregierung läßt sich ihre Kampfstoffversorgung en gros etwas kosten.

Leuschner weiter: «Das ist ja auch immer wieder mehr oder weniger eine Gefälligkeit von uns; so furchtbar gerne macht das ja keiner.»

«Kruse»: «Das hindert uns aber nicht, das weiter zu machen.»

Leuschner hat vollstes Verständnis, wittert er doch immerhin auch ein neues Geschäft: «Ja, ja, natürlich.»

Ein vertraulicher Plauderton ist gefunden. Man bespricht sich von Fachmann zu Fachmann, von Geheimnisträger zu Geheimnisträger. «Kruse» (besorgt): «Was macht denn die gräßliche Stickstoffverletzung des alten Herrn?» (Dr. Stoltzenberg hatte sich beim letzten Auftrag beim Abfüllen des Losts den Arm verätzt.)

Leuschner: «Es geht ihm wieder einigermaßen . . . Die Ätzung ist längst vergessen.»

«Kruse»: «Und die Spätschäden, da können doch noch nach zehn Jahren Gehirnschädigungen auftreten.»

Leuschner: «Ja, da muß man sehr vorsichtig sein.»

«Kruse»: «Wann erfahre ich den Preis für die 60–70 kg?»

Leuschner: «Ich schätze morgen. Ich muß mich noch mal in die Bücher vertiefen, wie gesagt, mein Buchhalter ist nicht da.»

Die Fa. Stoltzenberg hat außer Schwefellost und Stickstofflost auch noch andere Kampfstoffe zu bieten. Leuschner kommt auf die Versetzung von Dr. Neuhaus, dem ehemaligen Leiter der C-Abteilung der Erprobungsstelle, zu sprechen: «Ja, ja, die Geschichte habe ich mitgemacht. Ich hatte damals den Fehler gemacht. Wir haben Tabun in gewissen Mengen noch da, aber wir dürfen nicht nachliefern.»

Die Firma darf vorerst das Nervengift Tabun nicht mehr ausliefern. Denn bei dem großen Lostunfall war durchgesickert, daß längst nicht alle dort gelagerten Kampfstoffe, wie vorgeschrieben, aus den USA stammen.

Leuschner wiederholt, diesmal noch präziser: «Ich hatte damals den Fehler gemacht, Tabun zu liefern. Das ging über Stoltzenberg, aber ich habe die Arbeit gemacht.» Und zu seiner Rechtfertigung. «Man muß doch was tun, hilft doch nichts.»

«Kruse» kündigt eine Kontrolle der WEU an: «Was noch bevorsteht, ich weiß nicht, ob Sie den entsprechenden Hinweis schon bekommen haben, die WEU-Kontrollkommission wird, das haben wir erfahren, einen Besuch auch Ihrer Firma abstatten.»

(Leuschner bleibt insgesamt gelassen, nur eine leichte Nervosität ist an seiner Stimme herauszuhören.) Er sagt: «Ach so, ja, ja.» Scheinbar ist er irritiert, daß er noch nicht offiziell darüber unterrichtet worden ist.

Wann die letzte Kontrolle stattfand, weiß Leuschner nicht mehr. «Das ist schon Jahre her.» Schwierigkeiten gab's da, wie könnte es anders sein, keine.

Leuschner: «Da haben wir nichts bekommen.»

Es ist unwahrscheinlich, daß mit der Firma Stoltzenberg der einzige bundesdeutsche Kampfstoffproduzent aufgespürt wurde. Es ist wieder einmal nur die Spitze des Eisbergs, die sichtbar gemacht wurde, aber was daruntersitzt, ist deutlich zu spüren. Mit einer Reihe von Kleinstbetrieben lassen sich solche Programme, weniger kontrolliert als bei einem Großbetrieb, verwirklichen. Bereits im Dritten Reich hatte man mit Hilfe kleinerer Spezialfabriken chemisch aufgerüstet. Erfolg: Die Geheimhaltung war fast perfekt.

Angesichts der Kampfstofflieferung der Fa. Stoltzenberg an die Bundeswehr, entlarvt sich ein Brief von Verteidigungsminister Helmut Schmidt, den er auf Grund meiner Veröffentlichungen sozusagen als Persilschein

DER BUNDESMINISTER DER VERTEIDIGUNG

BONN, den 5. Februar 1970

Herrn
Professor Dr. Kurt Hansen
Farbenfabriken Bayer AG

5090 L e v e r k u s e n
Bayerwerk

Sehr geehrter Herr Professor Hansen !

In den vergangenen Jahren, insbesondere auch in letzter Zeit, ist verschiedentlich der Vorwurf erhoben worden, daß die Farbenfabriken Bayer AG, Leverkusen, sich angeblich auf dem Gebiet der Forschung und Produktion von Kampfstoffen betätige.

Hiermit bestätige ich Ihnen ausdrücklich, daß das Bundesverteidigungsministerium oder seine angeschlossenen Dienststellen Bayer und auch der übrigen chemischen Industrie in der Bundesrepublik keinerlei diesbezügliche Aufträge erteilt hat oder zu erteilen gedenkt.

Mit freundlichen Grüßen

den Bayer-Werken und in einem der gesamten deutschen Industrie ausstellte, als Unwahrheit. Der Verteidigungsminister tritt als Weißmacher auf, um die gegen die WEU-Verträge verstoßenden illegalen Kampfstoffaufträge seiner Dienststelle zu decken:

Erste Reaktionen:

Nach Erscheinen des Artikels in *konkret* reagierten die Verantwortlichen mit den üblichen Dementis. Das Verteidigungsministerium wollte plötzlich nichts mehr mit seinem Kampfstoffproduzenten zu tun haben. Ein Sprecher des Ministeriums erklärte: «Das Bundesamt für Wehrtechnik und Beschaffung und auch andere Dienststellen haben zu keiner Zeit weder von der vorgenannten Firma noch von einer anderen Firma in der Bundesrepublik Lost bezogen.»

Auch Prokurist Leuschner von der Firma Stoltzenberg stand plötzlich nicht mehr zu seinen so bereitwillig gegebenen Auskünften. Vor der Presse erklärt er, so ein Gespräch habe überhaupt nie stattgefunden. Auf die Frage, wie er sich die Behauptungen erkläre, sagte Leuschner: «Früher haben wir mal etwas gemacht.» (*Bonner Generalanzeiger* vom 17. Juli 1970.) Die sich widersprechenden Dementis und die doppelte Verleugnung beweisen, unter welcher Geheimhaltung die Geschäftsbeziehungen zwischen Bundeswehr und Stoltzenberg (und aller Wahrscheinlichkeit nach auch mit anderen Kampfstofflieferanten) ablaufen, und wie sich beide Teile über die Illegalität ihres Tuns und gleichzeitige Brechung der WEU-Verträge im klaren sein müssen.

Bernt Engelmann

Die Laufmasche
Tatsachenroman (4882)

Großes Bundesverdienstkreuz
Tatsachenroman (1924)

Hotel Bilderberg
Tatsachenroman (4471)

Trotz alledem
Deutsche Radikale 1777-1977
(sachbuch 7194)

Ferner erschien:

Bernt Engelmann/Günter Wallraff
Ihr da oben – wir da unten
Engelmann und Wallraff haben sich in diesem Buch zusammengetan, um die Besitzelite der bundesdeutschen Gesellschaft gemeinsam in die Zange zu nehmen (6990)

rororo

C 1057/3

Arbeit/Arbeitslosigkeit

Lothar Zimmermann (Hg.)
Humane Arbeit – Leitfaden für Arbeitnehmer
Band 1 **Arbeitsgestaltung und Mitbestimmung** (4941)
Band 2 **Gesundheitsgefahren bei der Arbeit** (4942)
Band 3 **Computereinsatz: Auswirkungen auf die Arbeit** (4943)
Band 4 **Organisation der Arbeit** (4944)
Band 5 **Belastungen und Streß bei der Arbeit** (4945)

Michael Bolle/Peter Grottian (Hg.)
Arbeit schaffen – jetzt!
Konzepte gegen Arbeitslosigkeit. Texte für Arbeitnehmer (5133)

Mike Cooley
Produkte für das Leben statt Waffen für den Tod
Arbeitnehmerstrategien für eine andere Produktion. Das Beispiel Lucas Aerospace (4830)

Wolfgang Däubler
Das Arbeitsrecht 1
Leitfaden für Arbeitnehmer. Erweiterte, überarbeitete Auflage (4057) Juli 85
Das Arbeitsrecht 2
Ein Leitfaden für Arbeitnehmer (4275)

Cornelia Edding
Einbruch in den Herrenclub
Von den Erfahrungen, die Frauen auf Männerposten machen (5251)

F. Fröbel/J. Heinrichs/O. Kreye
Die neue internationale Arbeitsteilung
Strukturelle Arbeitslosigkeit in den Industrieländern und die Industrialisierung der Entwicklungsländer (4185)

Herausgegeben von Freimut Duve

rororo aktuell

C 2007/8

Arbeit/Arbeitslosigkeit

Rudolf Hickel/Harald Mattfeld (Hg.)
Millionen Arbeitslose!
Streitschrift gegen den Rat der Fünf Weisen. Eine Bilanz nach zwanzig Jahren (5338)

Werner Hofmann
Grundelemente der Wirtschaftsgesellschaft
Ein Leitfaden für Lehrende (1149)

Ulrich Klotz/Klaus Meyer-Degenhardt
Personalinformationssysteme
Auf dem Weg zum arbeitsgerechten Menschen (5255)

Christiane Rumpeltes
Arbeitslos
Betroffene erzählen (5024)

Technologie und Politik 15
Die Zukunft der Arbeit 3
Leben ohne Vollbeschfätigung (4627)

Herausgegeben von Freimut Duve

aktuell rororo

C 2007/8a

Technologie und Politik

Das Magazin zur Wachstumskrise

Heft 5: **Kartelle in der Marktwirtschaft**
Mit Beiträgen von Bodenstein/Leuer/H. Brandt/H. Ostermeyer u.a. (4007)

Heft 15: **Die Zukunft der Arbeit 3**
Leben ohne Vollbeschäftigung? (4627)

Heft 16: **Demokratische und autoritäre Technik**
Beiträge zu einer anderen Technikgeschichte (4716)

Heft 18: **Grünes Bauen**
Ansätze einer Öko-Architektur. Herausgegeben und zusammengestellt von Ullrich Schwarz (4936)

Heft 19: **Schöne elektronische Welt**
Computer-Technik der totalen Kontrolle. Herausgegeben und zusammengestellt von Norbert Müllert (4937)

Heft 22: **Militarisierte Wissenschaft**
Herausgegeben von Werner Butte (5441)

4936

4937

Herausgegeben von Freimut Duve

aktuell rororo

C 2011/9

frauen aktuell

Herausgegeben von Susanne von Paczensky

Eine Auswahl

rororo aktuell 5443

S. Plogstedt / K. Bode
Übergriffe
Sexuelle Belästigung in Büros und Betrieben. Eine Dokumentation der Grünen Frauen im Bundestag.
rororo aktuell 5353
Dieser Band macht deutlich, wie verbreitet, wie vielfältig, wie verletzend die Übergriffe männlicher Chefs und Kollegen sind.

rororo aktuell 5120

Elisabeth Vogelheim (Hg.)
Frauen am Computer
Was die neuen Technologien den Frauen bringen.
Eine Einführung.
rororo aktuell 5529
Wenn die Frauen sich nicht in die Computerzukunft einmischen, werden sie die Analphabeten von morgen sein.

Barbara Kavemann / Ingrid Lohstöter
Väter als Täter
Sexuelle Gewalt gegen Mädchen «Erinnerungen sind wie eine Zeitbombe»
rororo aktuell 5250

rororo aktuell 5538

Heike Mundzeck
«Als Frau ist es wohl leichter, Mensch zu werden»
Gespräche mit Dorothee Sölle, Margarethe von Trotta, Heidemarie Wieczorek-Zeul
rororo aktuell 5354
Drei Frauen beschreiben ihre Lebenswege: ihre Kindheit, was ihnen geschenkt wurde, was sie sich hart erringen mußten und was sie weiterhin erwarten.

rororo aktuell 5352

Lisa Scheuer
Vom Tode, der nicht stattfand
Theresienstadt, Auschwitz, Freiberg, Mauthausen.
Eine Frau überlebt.
rororo aktuell 5239

Christine Swientek
«Ich habe mein Kind fortgegeben»
Die dunkle Seite der Adoption.
rororo aktuell 5119

Das trostlose Leben der Karin P.
Geschichte einer Pennerin
rororo aktuell 5633

Awa Thiam
Die Stimme der schwarzen Frau
Vom Leid der Afrikanerinnen.
rororo aktuell 4840

rororo aktuell 4530

Barbara Yurtdaş
Wo mein Mann zuhause ist . . .
Tagebuch einer Übersiedlung in die Türkei.
rororo aktuell 5137

C 2173/2